Helmut Pinter

# Salmler

## Schwarmfische im Aquarium

58 Farbfotos
36 Zeichnungen
2 Karten

E.U.
VERLAG
EUGEN
ULMER

Fachliche Beratung: Dr. Jürgen Lange, Berlin
Zeichnungen von Renate Pinter

CIP-Titelaufnahme der Deutschen Bibliothek

**Pinter, Helmut:**
Salmler: Schwarmfische im Aquarium/
Helmut Pinter. –
Stuttgart: Ulmer, 1988
ISBN 3-8001-7180-5


Wollgrasweg 41, 7000 Stuttgart 70 (Hohenheim)
Printed in Germany
Einbandgestaltung: A. Krugmann mit Fotos
(Vorderseite: *Hemigrammus ulreyi,* Flaggensalmler) von Burkhard Kahl
(Rückseite: *Paracheirodon innesi,* Neontetra)
von Helmut Pinter
Satz: Bernecker, Melsungen
Druck und Bindung: Röck, Weinsberg

# Vorwort

Die Fische, mit welchen sich das vorliegende Buch befaßt, werden von den Aquarienfreunden zusammenfassend als Salmler bezeichnet. Doch handelt es sich bei den Salmlern nicht um eine Familie, sondern um eine systematische Unterordnung, die aus einer Anzahl von Familien mit insgesamt weit über tausend Arten besteht, die in Afrika und Mittel- und Südamerika beheimatet sind. Die meisten von ihnen sind kleine, anspruchslose, oft farbenprächtige Schwarmfische, die sich ausgezeichnet als Aquarienfische eignen. Damit ergibt sich auch der große Umfang der für eine nähere Beschreibung in Frage kommenden Arten. Diese Artenfülle führt zwangsweise zur Notwendigkeit einer gezielten Auswahl. Berücksichtigt wurden neben biologisch besonders interessanten Arten vor allem solche, die schon häufiger lebend eingeführt und als Aquarienfische bekannt sind. Unter den behandelten Arten sind auch einige, die früher häufiger gehalten und auch im Aquarium vermehrt wurden, z. Z. aber nicht erhältlich sind. Erfahrungsgemäß werden solche Arten jedoch früher oder später erneut importiert. Jedoch ist es nicht die Aufgabe dieses Buches, alle lebend eingeführten Salmler aufzuzählen. Die Anzahl der bisher lebend eingeführten Arten ist ohnehin nicht genau bekannt, da zahlreiche Arten nicht selten unerkannt als sogenannte „Beifänge" zusammen mit Massenimporten anderer Fische nach Europa gelangten.

Besonderer Wert wurde auf die Darstellung von Eigenheiten bei der Vermehrung dieser Fische im Aquarium gelegt. Dabei wird nicht nur auf biologische Verhaltensmuster bei der Fortpflanzung, wie z. B. Brutpflege, innere Befruchtung usw., eingegangen, sondern auch auf die notwendigen Voraussetzungen für eine erfolgreiche Vermehrung im Aquarium.

Ein Buch dieser Zielsetzung kann sich jedoch niemals allein auf die Erfahrungen seines Verfassers stützen. Freunde und Kollegen, denen ich hiermit meinen Dank aussprechen möchte, sind mir bei meiner Arbeit behilflich gewesen. So danke ich Dr. Jürgen Lange (Berlin) für die freundliche Durchsicht des Manuskriptes und den Herren Jan-Eric Larsson (Mölndal/Schweden), Paul van den Sande (Antwerpen), Alexander Kochetow (Moskau) und Jens Meulengracht-Madsen (Kopenhagen) für die Überlassung von Fotos. Meine Tochter Renate fertigte die zahlreichen Fischzeichnungen an. Herr Erich Seidel (Akvarium AB Kallhäll/Schweden) hat mir zahlreiche Importfische zum Fotografieren überlassen. Weiterhin möchte ich, ohne einzelne namentlich zu nennen, all den Aquarienfreunden danken, die mir in einem sich über Jahrzehnte erstreckenden mündlichen und schriftlichen Erfahrungsaustausch wertvolle Hinweise geben konnten. Und zum Schluß gilt mein besonderer Dank dem Verlag für die ausgezeichnete Zusammenarbeit und die großzügige Ausstattung des Buches, die es möglich machte, viele der behandelten Arten farbig abzubilden.

Wenn mein Buch dazu beiträgt, den Aquarienfreunden genauere Kenntnisse für die Haltung und Vermehrung von Salmlern im Aquarium zu vermitteln, so erfüllt es seine Aufgabe.

Stockholm, im März 1988

Helmut Pinter

# Inhaltsverzeichnis

# Was ist ein Salmler?

In der Aquaristik wird der Name Salmler in der Regel für alle Angehörigen der Salmlerverwandten angewandt. Nicht selten spricht man auch einfach von „Characiden“, doch ist dies nicht ganz korrekt, denn die Familie der Characidae ist nur eine von mehreren Familien, welche zusammen die Unterordnung der Salmlerverwandten (Characoidei) bilden. Insgesamt umfaßt die Unterordnung der Characoidei 1200–1300 rezente, d. h. gegenwärtig lebende Arten, von denen ca. 200 Arten in Afrika und 1000–1100 Arten in Mittel- und Südamerika vorkommen. Systematisch bilden die Salmlerverwandten zusammen mit den Karpfenverwandten (Cyprinoidei) und den Messeraalverwandten (Gymnotoidei) die systematische Ordnung der Karpfenfischartigen (Cypriniformes), welche mit ihren rund 4000 rezenten Arten nicht nur die artenreichste Ordnung der Knochenfische ist, sondern die artenreichste Ordnung aller Wirbeltiere überhaupt. Nahe verwandt mit der Karpfenfischartigen sind weiterhin die Welsartigen (Siluriformes), die von manchen Systematikern als besondere Unterordnung mit in die Ordnung der Cypriniformes einbezogen werden.

Ein gemeinsames Merkmal für die Fische der Karpfenfischartigen und der Welsartigen ist der sogenannte „Webersche Apparat“, ein besonderes Organ, welches die Schwimmblase mit dem Innenohr verbindet. Mit Hilfe dieses Organs können Veränderungen des Schwimmblasenvolumens oder durch Schall verursachte Schwingungen auf das Innenohr übertragen werden. Die Übertragung erfolgt durch eine Kette lose miteinander verbundener Knöchelchen. Dank dieses Organes können die Fische selbst geringfügige Druckveränderungen wahrnehmen, und sie sind auch in der Lage, Laute verhältnismäßig gut zu erfassen. Diese Eigenschaft hat, wie wir noch sehen werden, eine gewisse Bedeutung für das Verhalten mancher Arten. Der Aufbau des Weberschen Apparates zeigt bei den verschiedenen Gruppen der Salmlerverwandten Unterschiede, die mitunter als Hilfsmittel bei der systematischen Klassifizierung herangezogen werden. Von ihrer Form her können die Salmlerverwandten sehr unterschiedlich sein, es kommen Arten mit allen erdenklichen Körperformen vor, von spindelförmig langgestreckt bis hochrückig und seitlich abgeplattet. Lediglich oberseitig angeplattete Formen fehlen. Manche von ihnen wirken in ihrer Erscheinung etwas „vorderlastig“, mit vorgewölbter Kehl- und Brustpartie. Von wenigen Ausnahmen abgesehen besteht die Beflossung aus acht Flossen. Die drei unpaaren Flossen (Rücken-, Schwanz- und Afterflosse) wie auch die paarigen Flossen (Brust- und Bauchflossen) werden bei fast allen Arten ausschließlich von Weichstrahlen getragen. Hartstrahlen kommen nur bei ganz wenigen Arten vor. Die meisten Arten haben außerdem auf dem Schwanzstiel eine strahlenlose Fettflosse. Daß sämtliche Salmlerverwandten oft mit dem Populärnamen „Salmler“ bezeichnet werden, hängt mit dieser Fettflosse zusammen, die ja auch ein typisches Merkmal der Lachsfische (Salmonoidei) ist. Eine nähere systematische Verwandtschaft zwischen den Lachsfischen und den Salmlerverwandten liegt jedoch nicht vor. Bei manchen Arten ist die Beflossung ausgewachsener Fische bei den Geschlechtern unterschiedlich. Die Männchen dieser Arten haben größere oder auch lang ausgezogene Rückenflossen. Bei den Männchen anderer Arten ist die Schwanzflosse vergrößert oder mit ausgezogenen Strahlen versehen. Diese Flossenattribute spielen beim Imponierverhalten der Männchen untereinander sowie beim Paarungsspiel eine Rolle. Bei Arten mit innerer Befruchtung (Glandulocaudinae) haben die stark vergrößerten Afterflossen der Männchen mancher Arten eine besondere Aufgabe beim Paarungsakt. Ein weiteres Hilfsmittel, welches den Nahkontakt der Geschlechter bei der Paarung erleichtert und das man bei Männchen von Arten mit innerer Befruchtung, aber auch bei vielen anderen Arten findet, sind feine Widerhäkchen an den Afterflossenstrahlen. Diese Häkchen lassen sich nur bei stärkerer Vergrößerung erkennen. Da aber die Männchen beim Herausfangen meist mit diesen Häkchen am Netz hängenbleiben, sind sie ein zuverlässiges Geschlechtsmerkmal. Unmittelbar zur Paarung heften sich die Männchen mit Hilfe dieser Häkchen an der Afterflosse des Weibchens fest (siehe auch Kap. Verhalten, S. 27).

Der Körper der Salmlerverwandten ist mit Ausnahme des Kopfes beschuppt. Die Kiefer der meisten Arten sind gut bezahnt, und bei manchen ist auch das Dach der Maulhöhle mit Zähnen besetzt. Abhängig von der Ernährungsweise sind die Zähne bei den einzelnen Unterfamilien bzw. Gattungen recht unterschiedlich ausgeformt. Auch die Anzahl der Zähne kann sehr unterschiedlich sein, und neben gut bezahnten Arten gibt es auch solche mit stark reduziertem Gebiß, wie z. B. die Keulensalmler (Hemiodinae), die ähnlich wie unsere Karpfenfische ihr Maul vorstülpen können. Gänzlich zahnlos sind die Kiefer der Barbensalmler (Curimatinae), von denen jedoch manche Arten Lippenzähne haben. Bei der systematischen Klassifizierung der Salmlerverwandten sind Merkmale ihrer Bezahnung von großer Bedeutung. Da sich aber

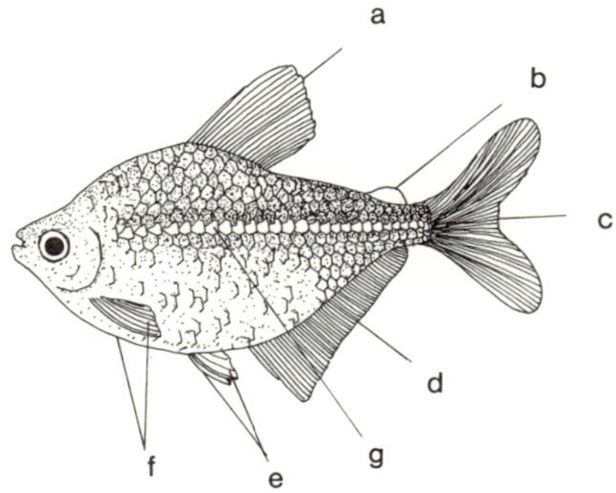


Für Salmlerverwandte typische Beflossung: a) Rükkenflosse, b) Fettflosse (kann bei gewissen Arten fehlen), c) Schwanzflosse, d) Afterflosse, e) Bauchflossen, f) Brustflossen. Mit Ausnahme der strahlenlosen Fettflosse werden die übrigen Flossen ausschließlich von Weichstrahlen getragen

diese Merkmale meist nur am toten Fisch und nur mit den notwendigen Hilfsmitteln nachprüfen lassen, sind sie für den Aquarienfreund weniger interessant.

Die inneren Organe weisen kaum Besonderheiten gegenüber anderen Fischgruppen auf. Die Lage der einzelnen Organe ist aus der Abb. 1a ersichtlich. Die zweiteilige Schwimmblase ist wohlausgebildet und steht mit dem Darm in direkter Verbindung. Bei den Raubsalmlern (Erythrinidae) konnte nachgewiesen werden, daß sie Darm- und Schwimmblase kombiniert als Organ zur direkten Luftaufnahme verwenden können.

Die meisten Arten der Salmlerverwandten sind Schwarmfische, die in der Natur in größeren oder kleineren Schwärmen, oder zumindest in sogenannten „Schulen" von einigen -zig Exemplaren, angetroffen werden. Für den Zusammenhalt der Schwärme spielen nicht selten leuchtende Signalfarben, Signalflecke oder andere optische Erkennungszeichen eine wichtige Rolle. Da ihr Gesichtssinn gut ausgebildet ist, können sie diese Erkennungsmerkmale auch noch bei schwachem Lichteinfall – z. B.

in stark von Landvegetation oder auch von Schwimmpflanzen überwucherten Gewässern – wahrnehmen. Von ganz wenigen Ausnahmen abgesehen, sind sie jedoch tagaktive Fische. Geruchs- und Geschmackssinn sind meist gut ausgebildet, und bei manchen Arten spielen schwarmtypische Duftstoffe für den Schwarmzusammenhalt eine Rolle (vergl. auch Kapitel Verhalten, S. 27).

Ohne ausgeprägt nahrungsspezialisiert zu sein, sind die meisten Salmlerverwandten carnivor, d. h. fleischfressend. Die Nahrung der kleineren Arten besteht zu einem großen Teil aus im Wasser lebenden Insektenlarven und aus Anflug, d. h. Fluginsekten, die auf die Wasseroberfläche fallen oder dort springend erbeutet werden. Ausgesprochene Raubfische unter den Salmlerverwandten sind die Pirayas (oder Piranhas) der Unterfamilie Serrasalminae. Gefährlich werden diese verhältnismäßig kleinen Fische (15–30 cm) durch ihr Auftreten in großen Schwärmen, durch das sie sehr wohl in der Lage sind, selbst größere Säugetiere im Wasser anzugreifen und mit ihren rasiermesserscharfen Zähnen innerhalb kurzer Zeit buchstäblich zu skelettieren. Voraussetzung für derartige Angriffe auf größere landlebende

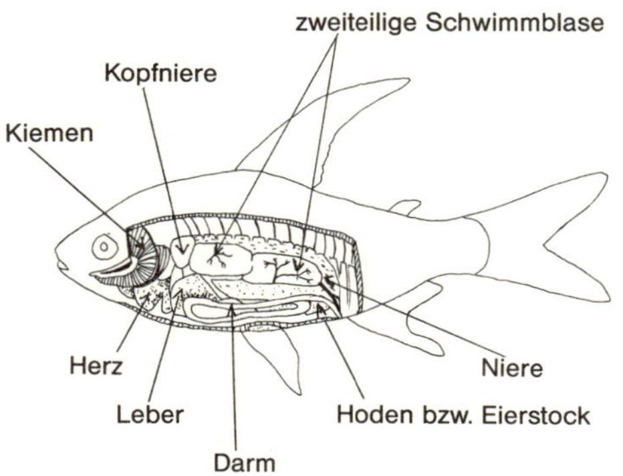


Anatomische Darstellung der inneren Organe

Tiere scheint jedoch zu sein, daß Blut in das Wasser gelangt, d. h. daß bereits vorher anderweitig verletzte Tiere angegriffen werden. Die wirkliche Hauptnahrung der Pirayas besteht aus Fischen, und einige von ihnen fressen auch Wasserpflanzen. Eine einseitig auf Fischnahrung spezialisierte Art ist der fast 1 m lang werdende Wolfssalmler *(Rhaphiodon vulpius)*, der in den Stromgebieten des Amazonas und Paranas etwa dieselbe Rolle spielt wie unser Hecht. Ein wirklicher „Marodeur“, der alles was er nur irgendwie bewältigen kann angreift, ist der über weite Gebiete Südamerikas häufige Tigersalmler *(Hoplias malabaricus)*. Den Gegensatz zu diesen Raubfischen bilden die Arten, die hauptsächlich von Pflanzenkost leben, d. h. herbivor sind. Zu diesen Pflanzenfressern gehören manche Kopfsteher (Anostomidae) sowie die Geradsalmler (Citharinidae) und die Barbensalmler (Curimatidae). Auch die Scheibensalmler der Gattung *Metynnis* leben überwiegend von pflanzlicher Kost. Aber auch in Gattungen, die überwiegend carnivor sind, kann man einzelne Arten finden, die Pflanzenfresser sind. Als Beispiel für eine solche Art sei der Rautenflecksalmler *(Hemigrammus caudovittatus)* genannt. Einige Rautenflecksalmler können in wenigen Tagen den Pflanzenwuchs eines normalen Zimmeraquariums bis auf die Wurzeln abfressen. Die meisten als Aquarienfische gehaltenen Arten fressen, obwohl sie in der Natur zum größten Teil von tierischer Nahrung leben, im Aquarium ohne Schwierigkeiten Ersatzfutter verschiedenster Art.

Die ältesten Fossilien, die salmlerverwandten Fischen zugeschrieben werden, wurden in Europa in den Schichten des Oligozän, der Tertiärperiode vor ca. 70 Mill. Jahren, gefunden. Andere Funde sind aus den Kreidelagern Südamerikas bekannt, sie sind ca. 65 Mill. Jahre alt. Die fossilen Funde salmlerverwandter Fische sind jedoch äußerst dürftig und meist nur fragmentarisch und lassen kaum Rückschlüsse

So sah der deutsch-jüdische Gelehrte Bloch den *Hepsetus odoe,* der zu den Salmlern zählt. Er bezeichnete ihn als Guinesischen Lachs oder *Salmo odé* (aus Marcus Elieser Bloch „Naturgeschichte der ausländischen Fische“ [1785–1795])

auf ihre Vorgeschichte zu. Auch die zoologische Wissenschaft hat sich mit den Salmlerverwandten, trotz ihrer Artenvielfalt, nur langsam befaßt. 1758 erwähnt die zehnte Auflage von Carl von Linnés „Systema Naturae“ nur wenige Arten. Darunter allerdings eine Pirayaart *(Serrasalmus rhombeus)* und den als Aquarienfisch wohlbekannten Prachtkopfsteher *(Anostomus anostomus).* Auch ein Beilbauchfisch *(Gasteropelecus sternicla)* war Linné bereits bekannt. In den Jahren 1785–1795 beschreibt der deutsch-jüdische Arzt und Zoologe Marcus Elieser Bloch in seiner neunbändigen, mit wundervollen Kupferstichen illustrierten „Naturgeschichte der ausländischen Fische“ weitere Salmlerverwandte, darunter den Tigersalmler *(Hoplias malabaricus)* und mehrere *Leporinus*-Arten. Der französische Zoologe George Leopold Chrétien Dagobert de Cuvier, der als Begründer der vergleichenden Anatomie eine bahnbrechende wissenschaftliche Leistung erbrachte, veröffentlichte zusammen mit seinem Schüler Achille Valenciennes in den Jahren 1794–1864 das umfassendste Werk über Fische, welches je geschrieben wurde. Dieses Werk „Histoire naturelle des Poissons“ besteht aus insgesamt 20 Bänden, von denen die Bände 9 bis 20 nach Cuviers Tod (1832) von Valenciennes herausgegeben wurden. Die Arbeiten von Cuvier und Valenciennes erweiterten die Kenntnisse der salmlerartigen Fische um mehrere Gattungen und eine große Anzahl von Arten. Von den Wissenschaftlern, die sich insbesondere in der zweiten Hälfte des vorigen Jahrhunderts der Erforschung der Salmlerverwandten widmeten, sollen hier lediglich die Amerikaner Cope und Gill, die Deutschen Müller und Troschel und die Österreicher Kner und Steindachner erwähnt werden. Von den von diesen Ichthyologen gemachten Erstbeschreibungen seien die von Franz Steindachner besonders genannt. Sie können in ihrer erstaunlichen Exaktheit in Text und Zeichnung selbst heute noch als beispielhaft gelten.

Umfassende Arbeiten, die zu zahlreichen Erstbeschreibungen führten, entstanden in den letzten Jahrzehnten des vorigen Jahrhunderts und den ersten Jahrzehnten unseres Jahrhunderts am Britischen Museum in London. Die Leitung der ichthyologischen Abteilung lag in den Jahren 1875–1895 in den Händen des gebürtigen Deutschen Albert Günther, dem nach 1895 der als Ichthyologe ebenso kenntnisreiche Belgier George Albert Boulenger folgte. In Günthers achtbändigem „Catalogue of Fishes“ (in deutscher Übersetzung 1880 als „Handbuch der Ichthyologie“ erschienen) und in Boulegers „Catalogue of the Freshwater fishes of Africa“ wurden zahlrei-

che Erstbeschreibungen, insbesondere von afrikanischen Salmlerverwandten, veröffentlicht.
Trotz der Mammutarbeit, die in diesen zahlreichen Erstbeschreibungen niedergelegt wurde, führten alle diese Arbeiten zu einer Ein- und Aufteilung, die der Arten- und Formenvielfalt dieser Fische nicht gebührend Rechnung trug und die eine gemeinsame logische Linie vermissen ließ. Die ganze Systematik der Salmlerverwandten hat bis heute darunter zu leiden. Sie ist wesentlich verworrener und unklarer als die irgend einer anderen vergleichbaren Unterordnung oder Familie.
Den ersten wirklichen Versuch, zumindest alle amerikanischen Arten der Salmlerverwandten zusammenfassend und nach einheitlichen Richtlinien zu behandeln, machte ein gebürtiger Schwabe, der 1863 in Flehingen geborene Carl H. Eigenmann, der fast sein ganzes Leben in Amerika, teils in den USA, teils auf zahlreichen Forschungsreisen in Mittel- und Südamerika, verbrachte. Aus seiner Feder stammt, neben zahlreichen anderen Publikationen, „The American Characidae", erschienen zwischen 1917–1921. In diesem Werk sind alle bis dahin bekannten amerikanischen Salmlerverwandten beschrieben. Eigenmann versuchte auch durch die Ausarbeitung spezieller Bestimmungsschlüssel eine gewisse Ordnung in die Unübersichtlichkeit der einzelnen Gattungen zu bringen. Unter Eigenmanns Schülern hat sich in späteren Jahren besonders George S. Myers großen Verdienst um die Erforschung der südamerikanischen Arten erworben.
Während der letzten Jahrzehnte haben sich eine ganze Anzahl von Wissenschaftlern der Erforschung dieser Fische gewidmet, von denen hier Boehlke, Hoedeman, Schultz, Weitzman, Fink und Géry genannt sein sollen. Stanley H. Weitzman veröffentlichte 1966 eine in 16 Familien aufgeteilte Klassifizierung der Salmlerverwandten, die in etwas abgeänderter Form 1977 von Géry übernommen wurde. Der Artenbeschreibung dieses Buches liegt die Gérysche Einteilung zugrunde. Der Aquarienfreund sollte diese Einteilung als ein Ordnungsschema betrachten, das viele Fragen der Stammesgeschichte und des Verwandtschaftsgrades von Gattungen und Arten untereinander nicht schlüssig zu beantworten vermag.

# Die Systematik der Salmlerverwandten

Zur Einteilung größerer untereinander verwandter Gruppen von Organismen bedient man sich sogenannter „systematischer Modelle". Aufgabe jedes systematischen Modelles ist es, innerhalb der zu beschreibenden Gruppe eine möglichst genaue Einteilung und Abgrenzung der verschiedenen Einheiten (Familien, Gattungen usw.) zu erreichen. Bei den Salmlerverwandten ist die Aufstellung eines solchen Modelles, allein von der Artenfülle her, äußerst schwierig.

Als erschwerend kommt noch hinzu, daß die Erforschung dieser Fische keineswegs abgeschlossen ist. Besonders in den südamerikanischen Verbreitungsgebieten werden immer noch wissenschaftlich bisher unbekannte Arten entdeckt. Die Eingliederung solcher neuer Arten in ein vorhandenes System kann neue Fragen aufwerfen. Auch interpretieren nicht alle Systematiker die jedem Modell zugrundeliegenden anatomischen Merkmale unbedingt einheitlich. Dies gilt insbesondere für Fragen, welche die Artabgrenzung betreffen oder für eine eventuell notwendige Aufteilung einer Art in mehrere Unterarten. In diesen Bereichen gibt es immer wieder systematisch strittige Fragen.

Da es nicht Aufgabe eines für die Aquarienfreunde bestimmten Buches sein kann, diese strittigen Fragen näher zu behandeln, wird die Einteilung der in diesem Buch beschriebenen Arten nach dem z. Z. modernsten Standardwerk über Salmlerverwandte, „Characoids of the world" von Jacques Géry (1977), vorgenommen.

In diesem Werk teilt Géry die Salmlerverwandten zunächst in drei Gruppen ein:

1. Die Salmlerverwandten Afrikas
2. Die Salmlerverwandten Amerikas
3. Die Echten Salmler (Characidae) Amerikas

Innerhalb dieser Gruppen ist die erste Gruppe in drei Familien aufgeteilt, von denen zwei mehrere Unterfamilien umfassen.

Die zweite Gruppe zählt insgesamt zehn Familien, von denen sechs mehrere Unterfamilien haben.

Die dritte Gruppe besteht aus nur einer Familie, den echten (südamerikanischen) Salmlern (Characidae). Sie ist in insgesamt elf Unterfamilien aufgeteilt.

Es folgt hier die Einteilung der Salmlerverwandten nach Géry. Nach den wissenschaftlichen Namen der Familien bzw. Unterfamilien ist der entsprechende deutsche Name angegeben, soweit ein solcher als gebräuchlich gilt. Falls ein deutscher Name nicht vorhanden ist, erfolgt ein kurzer Hinweis auf die typischen Merkmale des betreffenden Fisches. Um dem Aquarienfreund die Orientierung zu erleichtern, werden bei allen als Aquarienfischen interessanten Familien bzw. Unterfamilien einige aquaristisch gut bekannte Arten als „Leitfische" angegeben.

**Gruppe 1: Die afrikanischen Familien**

**Familie Hepsetidae**
(Afrikanische Hechtsalmler)

**Familie Alestidae**
(Echte [afrikanische] Salmler)
unterteilt in die Unterfamilien:

- **Alestinae** (aquaristische Leitfische: Kongosalmler)
- **Hydrocyninae** (Tigerfische)

**Familie Citharinidae** (Geradsalmler)
unterteilt in die Unterfamilien:

**Citharininae** (aquaristische Leitfische: *Citharinus*-Arten)

**Distichodinae** (aquaristische Leitfische: *Distichodus-*, *Nannaethiops-* und *Neolebias-*Arten)

**Ichthyborinae** (Raubsalmler mit hochspezialisierter Lebensweise)

**Gruppe 2: Die amerikanischen Familien**

**Familie Erythrinidae**
(Raubsalmler)

**Familie Ctenoluciidae**
(Amerikanische Hechtsalmler)

**Familie Crenuchidae**
(Prachtsalmler; aquaristischer Leitfisch: *Crenuchus spilurus)*

**Familie Characidiidae**
unterteilt in die Unterfamilien:

**Characidiinae** (Bodensalmler; aquaristische Leitfische: *Characidium*-Arten)

**Elachocharacinae, Geisleriinae** (wenig erforschte Arten; bisher kaum als Aquarienfische gehalten)

**Familie Lebiasinidae**
(Schlanksalmler)
unterteilt in die Unterfamilien:

**Lebiasininae** (kleine Fische mit Raubfischcharakter; stellenweise zur Bekämpfung der Malariamücke in Gewässern ausgesetzt, in denen sie ursprünglich nicht heimisch waren; keine Aquarienfische)

**Pyrrhulininae** (aquaristische Leitfische: *Nannostomus; Pyrrhulina-*, *Copeina-* und *Copella*-Arten)

**Familie Anostomidae** (Kopfsteher)
unterteilt in die Unterfamilien:

**Leporellinae** (bisher nur wenig bekannte Arten, über die noch keine Aquarienbeobachtungen vorliegen)

**Anostominae** (Engmaulsalmler, aquaristische Leitfische: Prachtkopfsteher *[Anostomus anostomus]*, *Leporinus-* und *Abramites*-Arten)

**Familie Hemiodidae** (Keulensalmler)
unterteilt in die Unterfamilien:

**Hemiodinae** (aquaristische Leitfische: *Hemidopsis*-Arten)

**Parodontinae** (wenig bekannte Arten, Aquarienbeobachtungen liegen bisher nicht vor)

**Familie Curimatidae** (Barbensalmler)
unterteilt in die Unterfamilien:

**Chilodinae** (aquaristischer Leitfisch: Punktierter Kopfsteher *[Chilodus punctatus]*)

**Prochilodinae** (aquaristische Leitfische: *Prochilodus*-Arten)

**Curimatinae** (aquaristische Leitfische: *Curimatopsis*-Arten)

**Anodinae** (pelagisch lebende Fische größerer Gewässer; nicht als Aquarienfische gehalten)

**Familie Gasteropelecidae** (Beilbauchfische, aquaristische Leitfische: *Carnegiella*-Arten)

**Familie Serrasalmidae** (Sägesalmler)
unterteilt in die Unterfamilien:

**Myleinae** (Mühlstein- und Scheibensalmler; aquaristische Leitfische: *Metynnis*-Arten)

**Serrasalminae** (Pirayas)

**Catoprioninae** (Wimpelpirayas)

**Gruppe 3: Die Echten Salmler Amerikas**

**Familie Characidae** (Echte Salmler)
unterteilt in die Unterfamilien:

**Agoniatinae** (pelagisch lebende Fische, nicht als Aquarienfische gehalten)

**Rhaphiodontinae** (Wolfssalmler; stark bezahnte Raubfische, nicht als Aquarienfische gehalten)

**Characinae** (aquaristische Leitfische: *Roeboides-*, *Charax-* und *Exodon*-Arten)

**Bryconinae** (Glanzsalmler; aquaristische Leitfische: *Brycon*-Arten)
**Clupeacharacinae** (nur eine Gattung kleiner Fische, über die bisher keine Aquarienbeobachtungen vorliegen)
**Paragoniatinae** (aquaristischer Leitfisch: Glassalmler *[Prionobrama filigera]*)
**Aphyocharacinae** (Rotflosser, aquaristische Leitfische: *Aphyocharax*-Arten)
**Glandulocaudinae** (Drachenflosser, aquaristischer Leitfisch: Zwergdrachenflosser *[Corynopoma riisei]*)
**Stethaprioninae** (aquaristischer Leitfisch; *Poptella orbicularis*)
**Tetragonopterinae** (aquaristische Leitfische: *Hemigrammus*- und *Hyphessobrycon*-Arten)
**Rhoadsiinae** (mittelgroße Fische aus Mittelamerika, bisher nicht als Aquarienfische gehalten)
**Cheirodontinae** (aquaristische Leitfische: Neontetras [*Paracheirodon*-Arten], *Petitella*- und *Pristella*-Arten)

Diese Aufstellung mag als ein allgemeiner Überblick genügen. Bei den Artbeschreibungen werden nur Arten behandelt, über die aquaristische Beobachtungen und Erfahrungen vorliegen. Arten, deren Zucht im Aquarium schon häufiger gelungen ist, sind erwähnt, auch wenn sie z. Z. nicht im Handel erhältlich sind.

Die Anpassung der wissenschaftlichen Namen an den neuesten Stand führt zwangsweise mit sich, daß bei manchen Arten ein seit langer Zeit angewendeter Name geändert ist, bzw. daß eine Art einer anderen Gattung zugeordnet wurde. Um das „Finden" einer gesuchten Art zu erleichtern, sind Synonyme, d. h. der (oder die) früher angewandten nunmehr ungültigen Namen, bei der Beschreibung angegeben. Diese Namen wurden auch mit in das Register aufgenommen. Deutsche Namen sind nur angegeben, wo solche wirklich gebräuchlich sind. Von der Verwendung konstruierter deutscher Namen wurde abgesehen.

Bei der Beschreibung von Gattungs- und Artmerkmalen wurden besonders solche Kennzeichen und Unterscheidungsmerkmale erwähnt, die auch der Aquarienfreund am lebenden Fisch gut erkennen kann. Aus diesem Grunde wurde von Angaben der Anzahl der Flossenstrahlen bzw. Schuppen sowie von Angaben, welche die Bezahnungszusammensetzung betreffen, abgesehen. Diese Angaben lassen sich bei diesen überwiegend kleinen Fischen an lebenden Exemplaren oft nicht einmal mit einer Lupe erkennen.

# Verbreitung und Heimatgewässer

In **Afrika** findet man Vorkommen von Salmlerverwandten in großen Teilen des Festlandes. Lediglich im wasserarmen, zumeist aus Wüsten und Gebirgen bestehenden, Nordwesten des Kontinents fehlen sie. Auch im äußersten Süden Afrikas und auf der Insel Madagaskar kommen sie nicht vor. Im Nordosten finden sich einige Arten im Stromgebiet des Nils bis hin zur Mittelmeerküste (siehe Abb. 29).
Die Schwerpunkte ihrer Verbreitung liegen in den Strombereichen der großen Wasserläufe. Ein solcher Schwerpunkt ist z. B. der Kongo mit seinen großen Nebenflüssen Ubangi, Kasai, Ruki und Lulonga. Aber auch in den Stromgebieten von Senegal, Niger, Sambesi und Nil kommen zahlreiche Arten vor. Damit wurden lediglich einige der größten afrikanischen Flußsysteme genannt, doch auch in kleineren Flüssen, die nicht mit diesen Systemen in Verbindung stehen, sondern direkt ins Meer ausmünden, leben viele Arten von Salmlerverwandten. Als Beispiele für solche „kleineren" Flüsse seien, von den an der Westküste ausmündenden Wasserläufen, der Gambiafluß und der Ogowe genannt, Flüsse die immerhin 1100 bzw. 850 km lang sind. Und es gibt in Afrika noch eine ganze Anzahl derartiger vergleichbarer Wasserläufe.
Die Verbreitung vieler Arten der Salmlerverwandten erstreckt sich über große Gebiete und umfaßt die verschiedensten Wasserläufe. Andere Arten können in ihrem Vorkommen auf ein bestimmtes Flußsystem oder einen einzelnen Flußlauf begrenzt sein.
Die Binnenseen Afrikas besitzen als Heimatgewässer von Salmlerverwandten nicht die Bedeutung, die man aufgrund der Größe dieser Seen erwarten könnte. Unter den Arten, die in Binnenseen angetroffen werden, findet man kaum solche, die lediglich dort gefunden werden. Bisher ist nur ein einziges endemisches Vorkommen einer *Brycinus*-Art *(Brycinus sadleri)* im Victoriasee bekannt geworden. Andere *Brycinus*-Arten werden sowohl im Victoriasee und im Rudolfsee gefunden, doch ohne, daß ihre Vorkommen dort endemisch sind. Dasselbe gilt auch für die gut bekannten Vorkommen von *Distichodus rostratus* im Tchadsee. Diese Art wird nicht nur im Tchadsee und seinen Zuflüssen gefunden, sondern kommt auch in den Stromgebieten von Nil, Senegal und Niger vor.

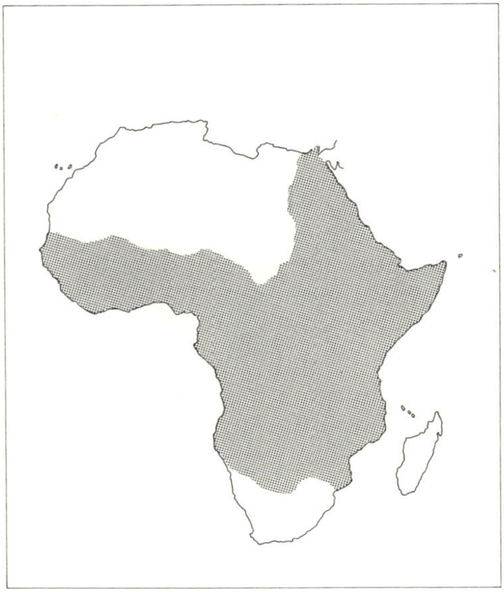

Verbreitung der Salmler in Afrika

Afrikas Salmlerverwandte sind also weitgehend Fische fließender Gewässer. Die Lebensbedingungen in diesen Gewässern sind zwar recht unterschiedlich, doch weisen die Wasserverhältnisse der afrikanischen Flüsse nur selten chemisch extreme Werte auf. Lediglich in Wasserläufen im Bereich tropischen Regenwaldes, wie z. B. im Kongogebiet und in gewissen Teilen Westafrikas, findet man stellenweise ausgesprochen mineralarmes (weiches) Wasser. Oft sind jedoch die chemischen Wasserwerte, der Schwebestoffgehalt und das elektrische Leitvermögen afrikanischer Gewässer starken Schwankungen im Laufe des Jahres ausgesetzt, die durch Regen- bzw. Trockenperioden bedingt sind. An der afrikanischen Westküste kommt es im Tiefland, aufgrund großer Gezeitenunterschiede, periodisch zu einer bedeutenden Aufsalzung der Unterläufe der dort ausmündenden Flüsse. Stellenweise, z. B. im Gambiafluß, macht sich diese Aufsalzung viele Kilometer weit flußaufwärts bemerkbar. Selbst in diesem aufgesalzten Wasser werden noch einige Arten von Salmlerverwandten, wie z. B. *Nannaethiops*-Arten, angetroffen.

Verbreitung der Salmler in Süd- und Zentralamerika

Auch bei der Haltung und Zucht im Aquarium hat es sich gezeigt, daß nur wenige der afrikanischen Salmlerverwandten besondere Ansprüche an die chemischen Wasserverhältnisse stellen. Da, wo sich bei der Zucht mineralarmes Wasser als notwendig erwiesen hat, handelte es sich um Arten aus Regenwaldgebieten. Auf diese Arten wird bei den Artbeschreibungen besonders aufmerksam gemacht.

In **Amerika** leben Salmlerverwandte von den südlichsten Teilen der USA (Texas und Arizona) bis etwa zum 40° südlicher Breite (siehe Abb. 30). Wie in Afrika findet man auch hier die größte Artenkonzentration im tropischen Bereich. Besonders die Stromgebiete der großen Flüsse Südamerikas, wie Amazonas, Orinoco, Paraná, Rio São Francisco u. a., sind die Heimat vieler Arten. Manche Arten trifft man in jedem Wasserlauf an: in den großen Strömen, deren Nebenflüssen und in allen Zuläufen bis in die kleinsten Bäche hinein, nirgends fehlen sie. Artenreiche Vorkommen findet man auch in den Wasserläufen der Regenwaldgebiete Guayanas, Surinams und Guianas. Dieses Gebiet, oft auch lediglich als Guayana oder „die Guayanas (Guyanas)" bezeichnet, umfaßt die heute selbständigen Staaten Guyana (früher Britisch Guayana), Surinam (früher niederländisch) und Französisch Guiana. Sieht man von den Hochgebirsregionen ab, so findet man Vorkommen salmlerverwandter Fische über ganz Südamerika verteilt, ausgenommen die südlichsten Teile Argentiniens und Chiles.

Der Anteil dieser Fische am Gesamtfischvorkommen ist in amerikanischen Gewässern in der Regel größer als in vergleichbaren Gewässern Afrikas. In den ökologischen Nischen, in denen man in Afrika meist Karpfenfische antrifft, findet man in Amerika oft Salmlerver-

wandte. Ihre größere Artenzahl und ihr weitgefächerter Formenreichtum in Amerika ist sicher zu einem guten Teil durch das Fehlen der Karpfenfische zu erklären.
Auch die Lebensbedingungen der salmlerverwandten Fische sind in Amerika wahrscheinlich verschiedenartiger als in Afrika. Nicht nur, daß sie in Amerika in Gewässern verschiedenster Höhenlagen vorkommen, auch zwischen den Gewässern im Bereich des Regenwaldes und den Gewässern in anderen Landschaftstypen bestehen erhebliche Unterschiede. Im Regenwaldbereich sind die Wasserverhältnisse nicht selten wasserchemisch extrem, dabei oft aber erstaunlich stabil im Jahresablauf. Im Strombereich des Amazonas und des Orinocos gibt es äußerst mineralarme Gewässer. Arten, die in solchen mineralarmen Gewässern zu Hause sind, haben sich weitgehend an die vorliegenden Wasserverhältnisse angepaßt. Wie weit diese Anpassung im Einzelfall geht, zeigt sich, wenn man versucht, die aus solchem Wasser stammenden Fische im Aquarium zu vermehren. Zwar vertragen ausgewachsene und selbst halbwüchsige Fische auch eine Haltung in wesentlich mineralreicherem (härterem) Wasser, ohne Unbehagen zu zeigen, ihre Vermehrung in härterem Wasser ist jedoch nicht möglich. Kommt es in einem mineralreicheren Wasser überhaupt zu einer Laichabgabe, so schlüpfen häufig die abgelegten Eier nicht.
Neben Wasserläufen, die sogenanntes „Klarwasser“ führen (d. h. extrem mineralarmes Wasser mit einem neutralen oder schwachsauren pH-Wert), gibt es auch Wasserläufe von dystrophem Charakter, sogenanntes „Schwarzwasser“. Der Bodengrund der schwarzwasserführenden Gewässer besteht überwiegend aus wenig zersetztem torfhaltigen Schlamm mit einem hohen Gehalt an Huminstoffen. Die im Bodenlager enthaltenen Huminsäuren bewirken in Kombination mit der Mineralarmut des Wassers eine stark saure Reaktion mit pH-Werten zwischen 5,5–4,0. Während es sich bei dystrophen Gewässern in anderen tropischen Gebieten (oder auch im subarktischen Bereich) meist um stehende Gewässer handelt, gibt es in Südamerika große Ströme und eine Menge kleinerer Wasserläufe, die derartiges Schwarzwasser führen. Normalerweise sind dystrophe Gewässer lebensfeindlich, und in der Regel trifft man in ihnen nur wenige Lebensformen an. Unter den Fischarten der schwarzwasserführenden Wasserläufe findet man jedoch in Südamerika viele Arten besonders attraktiver Aquarienfische. Genannt seien Diskusfische, wie auch Rote Neonfische und andere Arten von Salmlerverwandten mit kräftigen Signalfarben.
Die Schwierigkeiten bei der Haltung und Zucht von aus Schwarzwasser stammenden Fischarten sind etwas anders gelagert als die Schwierigkeiten, die bei Fischarten auftreten können, die in einem extrem mineralarmen Klarwasser zu Hause sind. Das an und für sich lebensfeindliche Schwarzwasser hat einen äußerst niedrigen Nährstoffgehalt, und sein stark saurer pH-Wert begrenzt die Zahl der darin vorkommenden Lebensformen. Nur ganz wenige Formen von Mikroorganismen können in einem derartig sauren Wasser überhaupt leben, und dies gilt auch für Bakterien. Fischarten, die im Schwarzwasser zu Hause sind, haben, da sie ja mit vielen Mikroorganismen nie in Kontakt kommen, auch keine natürlich erworbene Widerstandskraft gegen Mikroorganismen als Krankheitserreger. Sie sind somit gegenüber vielen Fischkrankheiten bzw. Fischparasiten äußerst anfällig. Auch ihre Eier sind daher häufig sehr empfindlich gegenüber laichschädigenden Mikroorganismen. Und auch in ihrer Nahrung, besonders in ihrem zeitigen Jugendstadium, unterscheiden sie sich, aufgrund der Nahrungsarmut des Wassers, von anderen Fischen. Kleinste Fluginsekten bzw. deren Larven spielen daher als Nahrung nicht selten eine bedeutende Rolle.

Was nun die Haltung und Zucht von aus mineralarmem Klarwasser und aus Schwarzwasser stammenden Arten im Aquarium anbelangt, so sind die oben genannten Schwierigkeiten auf eine verhältnismäßig kleine Anzahl von Arten begrenzt. Es ist nach meinen Erfahrungen keineswegs so, daß die Zucht der meisten südamerikanischen Salmlerverwandten nur in einem extrem weichen und sauren Wasser möglich wäre. Dies gilt nur für bestimmte Arten, auf die bei den Artbeschreibungen besonders verwiesen wird. Auf die verschiedenen Möglichkeiten der Wasseraufbereitung, mit denen sich heute fast jedes Leitungswasser zur Haltung und Zucht auch der anspruchsvolleren Arten anpassen läßt, wird in den Kapiteln „Haltung“ und „Vermehrung“ noch näher eingegangen.

Als dritter Gewässertyp wird in Arbeiten, die sich eingehender mit den Gewässern Südamerikas und insbesondere denen des Amazonasbeckens befassen, das sogenannte „Weißwasser“ genannt. Weißwasserflüsse, zu denen auch der Amazonas selbst gerechnet wird, führen getrübtes, häufig lehmgelbes Wasser. Diese Färbung wird hauptsächlich durch anorganische Schwemmstoffe verursacht, wie z. B. durch Lehm und andere erdige Bestandteile. Weißwasser ist nährstoffreich, und sein Gehalt an Mikroorganismen ist hoch. Der Gesamtgehalt an Mineralien (Salzen) ist höher als in Klar- oder Schwarzwasser, und sein pH-Wert ist schwach sauer bis neutral und kann mitunter auch alkalisch sein. Um dem Leser eine ungefähre Vorstellung der chemischen Werte dieser drei hauptsächlichen Gewässertypen im Bereich des Amazonasbeckens zu geben, folgt hier anschließend eine Aufstellung von Wasseranalysen (nach Sioli und Braun) von drei jeweils für diese Wassertypen charakteristischen Flüssen.

Weitere Angaben in dieser Tabelle betreffen den Nachweis organischer Säuren in den untersuchten Wasserproben. Solche traten im Weißwasser nicht auf, waren im Klarwasser – wenn auch in geringen Mengen – stets nachweisbar und ließen sich im Schwarzwasser in „erheblichen Mengen“ feststellen. Auch die pH-Wert-Angaben zeigen dies deutlich.

Der Aquarienfeund sollte jedoch bedenken, daß es weder sinnvoll noch notwendig ist, im Aquarium Wasserverhältnisse anzustreben, die denen freier Gewässer, wie z. B. im Amazonasbecken, entsprechen würden. Dies ist auch zur Vermehrung von im Schwarzwasser beheimateten Arten nicht notwendig!

Außer im Amazonasbecken findet man in Südamerika ähnlich extrem-mineralarme Ge-

| | Weißwasser | Klarwasser | Schwarzwasser |
|---|---|---|---|
| | Amazonas | Rio Tapajoz | Rio Negro |
| Wasserfärbung | lehmgelb, trüb | gelbgrün bis olivgrün, klar | hell- bis dunkelbraun, klar |
| pH-Wert | 6,5–6,9 | 4,6–6,6 | 3,8–4,3 |
| Karbonathärte °dH | 0,2–0,4 | 0–0,3 | 0–0,1 |
| Gesamthärte °dH | 0,6–1,2 | 0,3–0,8 | bis 0,1 |
| Nitrat $NO_3$ mg/l | 0–0,2 | 0–2 | unter 0,1 |
| Elektrische Leitfähigkeit (in Mikrosiemens bei 28 °C) | 30–70 | 15–30 | 8–15 |

wässer auch im Stromgebiet des Orinoco sowie in Guyana, Surinam und Guiana. Die Gewässer im Einzugsbereich des Rio de La Plata wie auch die Gewässer in Mittelamerika scheinen nicht ganz so mineralarm zu sein. Zwar sind aus diesen Gebieten nur wenige genauere Meßergebnisse bekannt, doch stellen erfahrungsgemäß Salmlerverwandte aus diesen Teilen Südamerikas bei Aquarienhaltung kaum besondere Ansprüche an die chemischen Wasserverhältnisse.

Wie ihre afrikanischen Verwandten sind auch die salmlerartigen Fische Mittel- und Südamerikas hauptsächlich Bewohner fließender Gewässer. Sieht man von den Grabenseen Mittelamerikas ab, so fehlen größere Seen bzw. liegen sie in Gebieten, in denen keine Salmlerverwandten vorkommen. Während der Regenperioden gibt es jedoch mancherorts weite überschwemmte Gebiete, die zumindest zeitweise den Charakter von stehenden Gewässern haben. Auch die Wassermassen der Ströme bewegen sich häufig so langsam, daß sich eine Strömung kaum erkennen läßt. Der Amazonenstrom selbst, der in der Menge des von ihm geführten Wassers alle anderen Wasserläufe der Erde übertrifft, fällt in seinem Lauf von der peruanisch-brasilianischen Grenze bis zur Mündung lediglich 180 m. Manaus, etwa 1700 km von der Mündung, liegt nur gut 30 m über dem Meeresspiegel. Das ganze Amazonasbecken, d. h. gut ein Drittel ganz Südamerikas, liegt auf einem Niveau von weniger als 300 m ü. d. M. In dessen gewaltigen Wassermassen leben auch pelagische Fischformen, darunter die zu den Salmlerverwandten zählenden Arten der Anodinae und Agoniatinae, die doch aquaristisch nicht von Interesse sind.

Da Fische als wechselwarme Tiere für einen bestimmten – nicht selten eng begrenzten – Temperaturbereich gewissermaßen „programmiert“ sind, kann Erfolg oder Mißerfolg bei der Zucht von der richtigen Zuchttemperatur abhängig sein. Aus Erfahrung kennt man bei allen schon länger im Aquarium vermehrten Arten die entsprechenden Zuchttemperaturen. Bei Neueinführungen kann man oft anhand des geographischen Herkommens, dessen Höhe ü. d. M. und dem dort vorherrschenden Vegetationstyp (z. B. Regenwald, Savanne usw.), sich ein Bild von den Temperaturverhältnissen machen. Im westlichsten Teil des Amazonasbeckens, aus dem ein großer Teil der als Aquarienfische beliebtesten Salmlerverwandten kommt, kann es dabei allerdings leicht zu Fehleinschätzungen kommen. So ist es in den am Fuß der Anden gelegenen Regenwaldgebieten nicht ungewöhnlich, daß die dortigen Wasserläufe aus Zuflüssen gespeist werden, die aus wesentlich höher und kühler gelegenen Lagen herabströmen.

Da nun Wasser, besonders wenn es sich um große Mengen handelt, temperaturmäßig wesentlich konstanter als Luft ist, kann die Wassertemperatur im Schnitt etliche Grad unter der Lufttemperatur liegen. Als klassisches Beispiel sei hier der Neontetra *(Paracheirodon innesi)* genannt, der sich am besten bei Temperaturen zwischen 20–22°C vermehren läßt und dessen Eier bei Wassertemperaturen, die 24°C überschreiten, meist nicht mehr schlüpfen. Die Lufttemperatur im Gebiet seiner Heimatgewässer liegt im Schnitt doch erheblich höher, bei 26–27°C (Iquitos), und schwankt im Laufe des Jahres um nur 1,7°C.

Arten, die über große Gebiete verbreitet sind, vermehren sich in der Regel auch innerhalb eines größeren Temperaturbereiches. Arten mit lokal begrenztem Vorkommen können bei ihrer Vermehrung nicht selten an erstaunlich enge Temperaturbereiche gebunden sein.

# Salmler als Speisefische

Zwar befassen wir uns hier mit den Salmlerverwandten hauptsächlich in ihrer Eigenschaft als Aquarienbewohner, aber einige kurze Hinweise über ihre Bedeutung als Speisefische können trotzdem von Interesse sein. Etliche Salmlerverwandte haben nämlich als Speisefische in ihren Heimatländern einen guten Ruf. Auch darf man, wenn man von Speisefischen spricht, nicht vergessen, daß man in vielen exotischen Gebieten nicht dieselben Größenansprüche an den „Speisefisch" stellt als bei uns in Europa. Auch kleinere Fische, deren man habhaft werden kann, kommen in den Kochtopf.

Von den afrikanischen Arten, die für die menschliche Ernährung Bedeutung haben, seien die Hechtsalmler der Familie Hepsetidae genannt, die meist mit der Angel erbeutet werden. Auch die Tigerfische *(Hydrocinus)*, welche mit mehreren Arten in verschiedenen afrikanischen Flüssen vorkommen, werden meist auf diese Art gefangen. Die größte dieser Arten, der im Kongogebiet beheimatete *Hydrocinus goliath*, kann bis 1,5 m lang und bis zu 50 kg schwer werden. Bei den genannten Arten handelt es sich um fischfressende Raubfische, deren Fleisch sehr wohlschmeckend sein soll. Unter den kleineren Arten, die meist mit Netzen gefangen werden, spielen von den Salmlerverwandten Afrikas auch die, oft in großen Schwärmen auftretenden, *Distichodus*-Arten eine wichtige Rolle als Speisefische.

In Südamerika ist der Anteil von Salmlerverwandten bei den Speisefischen erheblich größer als in Afrika. Unter den dort als Speisefischen gefangenen Arten spielt der „Pacu" *(Colossoma nigripinnis)* eine wichtige Rolle. Diese Art, die hauptsächlich von Pflanzenkost lebt, ist äußerst raschwüchsig und erreicht eine Länge bis zu 70 cm. Stellenweise werden in Südamerika auch Arten der Gattungen *Myleus* und *Myloplus* als "Pacus" bezeichnet und als Speisefische gefangen. Auch die häufig in großen Schwärmen vorkommenden Scheibensalmler der Gattung *Metynnis* werden mancherorts mit Netzen erbeutet. Ein weiterer wichtiger Speisefisch ist der im ganzen nördlichen und mittleren Südamerika häufige Tigersalmler *(Hoplias malabaricus)*. Das Fleisch dieser bis zu 50 cm lang und mehrere kg schwer werdenden Art schmeckt ausgezeichnet. Dieser Fisch wird sowohl mit der Angel wie auch mit Reusen und Netzen gefangen. Einen sehr guten Ruf hat auch das Fleisch des bis zu 80 cm lang werdenden „Hujeta" *(Ctenolucius hujeta)* aus dem Rio Magdalena in Kolumbien und das einiger größerer *Leporinus*-Arten. An vielen Stellen werden auch Pirayas mit entsprechender Angelausrüstung, d. h. mit einem Stahldrahtstück zwischen Angelhaken und Schnur, gefangen.

Neben den in freien Gewässern gefangenen Fischen werden heute in Südamerika in steigendem Maße auch Speisefische in Kulturen vermehrt. Besonders in Brasilien versucht man, um Faunenverfälschungen in dieser Region zu vermeiden, weitgehend einheimische Arten für die Fischkultur zu verwenden. An der „Estacao de Hidrobiologica e Piscicultura de Tres Marias" wurden daher umfassende Versuche durchgeführt, einheimische Arten, wie zum Beispiel Pacus und Tigersalmler, künstlich zu vermehren. Dabei kamen auch modernste, in Ungarn entwickelte Methoden der Kunstbefruchtung und der Inkubatorhaltung der Fischembryonen zur Anwendung. Im Rahmen dieser Versuche wurden bisher über 70 Arten in Brasilien vorkommender Fischarten auf ihre Eignung als „Kulturfische" getestet, darunter auch viele Arten von Salmlerverwandten. Genannt seien davon, außer den bereits erwähnten Pacus und Tigersalmlern, verschiedene *Schizodon-*, *Curimatella-* und *Leporinus*-Arten.

# Salmler als Aquarienfische

Als Aquarienfische erlangten die „Tetras", wie man in früheren Jahren alle Salmlerverwandte in Anlehnung an die Familie der Tetragonopteridae nannte, erst verhältnismäßig spät Bedeutung. In den Kinderjahren der Aquarienliebhaberei, d. h. in den achtziger- und neunziger Jahren des vorigen Jahrhunderts, als schon eine größere Anzahl von Arten der Labyrinthfische, Karpfenfische und Buntbarsche die Aquarien bevölkerte, trifft man noch kaum Salmlerverwandte im Aquarium an. Erst kurz nach der Jahrhundertwende werden sie etwas häufiger erwähnt. Dr. E. Bade nennt in der 1909 erschienenen dritten Auflage seines verbreiteten Buches „Das Süßwasseraquarium" lediglich neun Arten dieser Fische. Aus seinen Beschreibungen geht hervor, daß einige davon bereits im Aquarium vermehrt worden sind, so z. B. der Spritzsalmler *(Copella arnoldi),* von Bade als *Pyrrhulina filamentosa* bezeichnet, und der Rotflosser *(Aphyocharax anisitsi),* der bei ihm *Tetragonopterus rubropictus* heißt. Unter den beschriebenen Arten findet man auch den Dreibandsalmler *(Hyphessobrycon heterorhabdus)* unter dem wissenschaftlichen Namen *Tetragonopterus ulreyi.* Daß die Salmlerverwandten in diesen Jahren noch eine sehr untergeordnete Rolle als Aquarienfische spielen, geht auch aus einem anderen Aquarienbuch aus dieser Zeit hervor: „Zerneckes Leitfaden für Aquarien- und Terrarienfreunde" aus dem Jahre 1912 nennt nur sechs Arten dieser Fische.

Das sparsame Vorkommen der Salmlerverwandten in dieser Zeitperiode läßt sich mit der verhältnismäßig großen Transportempfindlichkeit dieser Fische erklären. Offenbar vertrugen sie die nicht selten wochen- und monatelangen Schiffsreisen schlechter als viele andere Fische. In der Natur leben die meisten von ihnen in klarem und sauerstoffreichem Wasser, und auf langen Seetransporten konnte man ihnen keine geeigneten Transportbedingungen bieten. Mit den schneller werdenden Schiffsverbindungen stieg jedoch die Anzahl der eingeführten Arten in den zwanziger und dreißiger Jahren schnell an, und bald wurde auch eine ganze Anzahl von Arten regelmäßig im Aquarium vermehrt. Gegen Ende der zwanziger Jahre findet man so im Katalog der „Vereinigten Zierfischzüchtereien, Berlin-Rahnsdorf" bereits mehr als 80 Arten salmlerverwandter Fische. Wobei man allerdings in Betracht ziehen muß, daß in diesem Katalog so ziemlich alles aufgeführt ist, was irgendwann einmal angeboten worden war. Eine eher dem wirklichen Angebot dieser Zeit entsprechende Darstellung gibt der Katalog der bekannten Berliner Firma „Scholze & Pötzschke" aus dem Jahre 1930, der 47 Arten salmlerverwandter Fische anbietet.

Ein Fischchen, das wahrscheinlich mehr zur Popularität aller „Salmler" als Aquarienfische beigetragen hat als alle anderen Arten, der Neontetra *(Paracheirodon innesi),* wurde 1936 eingeführt. Ein französischer Orchideensammler, A. Rabaut, hatte ihn im östlichen Peru, im Rio Putumayo, gefangen. Der Neontetra erregte nicht nur wegen seiner kräftig blau und rot leuchtenden Signalfarben berechtigtes Aufsehen, auch die Probleme, die bei seiner Vermehrung im Aquarium gelöst werden mußten, eröffneten zum Teil völlig neue Wege bei der Aquarienfischzucht. Während in den früheren Jahren meist Arten aus den Küstengebieten eingeführt worden waren, deren Vermehrung meist auch schon bald im Aquarium gelang, war mit dem Neontetra ein Fisch aus extrem weichem Wasser nach Europa gelangt. Seine Zucht gelang anfänglich in Deutschland nur an wenigen Orten in Sachsen und Thüringen. Bekannt für besonders erfolgreiche Neonfischzuchten wurde das kleine Städtchen Geringswalde in Sachsen, ein Ort, an dem ein ganz weiches, für die Neonzucht direkt ideales, Wasser aus der Leitung floß. Während gleichzeitig an vielen Orten erfahrene Liebhaber und selbst routinierte Berufszüchter sich vergeblich abmühten, den begehrten (und teuren) Neontetra zu vermehren, züchteten ihn in Geringswalde, zur Aufbesserung ihres Taschengeldes, selbst findige Schuljungen. Nachzuchten aus Geringswalde und einigen anderen Orten in Sachsen und Thüringen fanden über den Großhandel, noch vor Ausbruch des Zweiten Weltkrieges, weite Verbreitung in Europa, so daß der Neonfisch den Krieg als Aquarienfisch überlebte.

Die Erkenntnis, daß die Chemie des Wasser Bedeutung bei der Vermehrung mancher Fischarten haben könne, war zwar nicht vollständig neu, doch trugen die Diskussionen über „erfolgreiche Neonzucht", die unter Aquarienfreunden, in Vereinen und in Fachpublikationen geführt wurden, entscheidend dazu bei, daß diese Erkenntnis Allgemeingut wurde. Dadurch war man nun bald in der Lage, auch an Orten mit weniger günstigen Wasserverhältnissen das vorhandene Leitungswasser so zu behandeln, daß es sich für die Zucht von Neontetras und anderer „Problemfische" eignete. Mit diesen neuen Möglichkeiten konnten auch viele neue Arten, die mit Hilfe des Flugzeuges aus entlegenen Teilen Südamerikas eingeführt wurden, erstmals im Aquarium vermehrt werden.

Bis etwa in die Mitte der fünfziger Jahre stammte der überwiegende Teil der in Europa gehandelten Aquarienfische aus europäischen Nachzuchten. Besonders deutsche und holländische Großzüchtereien exportierten große Mengen von Aquarienfischen vorwiegend in die USA. Unter den exportierten Fischen spielten die verschiedensten Arten von Salmlerverwandten eine wichtige Rolle.

Heute werden die allermeisten der gewerblich nachgezogenen Aquarienfische, die in Europa gehandelt werden, in Ost- bzw. Südostasien nachgezüchtet und von dort nach Europa und den USA exportiert. Zentrum für die Vermehrung von Salmlerverwandten ist vor allem Hongkong. In Europa widmen sich der Zucht dieser Fische meist nur Aquarienfreunde, die die Vermehrung als Liebhaberei betreiben.

Für die Aquarienfische war diese, von streng geschäftlichen Gesichtspunkten diktierte, Entwicklung nicht von Vorteil. Starke Konkurrenz zwischen den asiatischen Züchtern und ständig teurer werdende Flugtransporte haben nicht selten dazu verleitet, auch zu zweifelhaften Mitteln zu greifen.

So behandelt man nicht selten die zu transportierenden Fische mit Narkotika. Auf diese Weise kann man den Stoffwechsel (einschließlich der Atmung) herabsetzen und so mehr Fische in weniger Wasser transportieren. Häufig tragen jedoch die so behandelten Fische bleibende Schäden davon, von denen sie sich nicht mehr erholen. Ein anderes Problem bei diesen aus Massenproduktion stammenden Fischen ist der massive Einsatz von Antibiotika und anderen Stoffen, die zur Bekämpfung von unterschiedlichsten Mikroorganismen eingesetzt werden. Diese Stoffe, mit denen die Jungfische vom frühesten Alter an in Kontakt kommen, führen häufig zu einer Überempfindlichkeit selbst gegenüber an und für sich harmlosen Infektionen. So ist der Allgemeinzustand der heute gehandelten Aquarienfische meist schlechter als etwa vor 30 Jahren. Hat also der Aquarienfreund die Möglichkeit, Nachzuchttiere aus Liebhaber-

nachzuchten zu erwerben, so ist das fast immer ein Vorteil.
Außerdem werden auch größere Mengen von salmlerartigen Fischen direkt aus ihren Heimatländern importiert. Dies gilt nicht nur für Arten, die noch nicht oder nur in bescheidenem Ausmaß im Aquarium vermehrt wurden, sondern auch für Fische, die schwer zu züchten sind oder in der Natur in großen Schwärmen auftreten. Um nur ein Beispiel zu nennen: Es werden laufend Rote Neon *(Paracheirodon axelrodi)* aus den östlichen Zuflüssen des Rio Negro und aus Vorkommen in Venezuela und Kolumbien nach Europa geflogen.

# Verhalten

## Schwarmverhalten

Die meisten Salmlerverwandten sind mehr oder weniger ausgeprägte Schwarmfische, was viele ihrer Verhaltensmuster beeinflußt. Fischschwärme sind fast immer Verbände, deren Struktur nicht hierarchisch aufgebaut ist. Ein Fischschwarm hat also keinen „Leitfisch", kein Alphatier, und die Schwarmmitglieder kennen sich untereinander nicht als Einzelindividuen. Die Bildung eines Schwarmes erfordert immer eine bestimmte Mindestanzahl von Fischen, die bei verschiedenen Arten unterschiedlich sein kann. Bei den meisten der kleineren und häufig im Aquarium gehaltenen Arten zeigen oftmals bereits sechs bis zehn Exemplare derselben Art ein typisches Schwarmverhalten. Bringt man diese Anzahl neuer Fische in ein Aquarium, so versuchen sie zunächst, sich in Bodennähe zu verstecken. Werden sie nun nicht anderweitig gestört, so schwimmen sie schon kurze Zeit später in einem eng zusammengedrängten Verband. Haben sie sich richtig im Aquarium eingewöhnt und fühlen sie sich sicher, so wird der Zusammenhalt des Schwarmes lockerer, doch ohne daß die Schwarmstruktur verloren geht. Hat das Aquarium einen Inhalt von 200 oder mehr Litern, so kann man bei kleineren Arten auch einige andere Momente des Schwarmverhaltens gut im Aquarium beobachten. Macht man sich, ohne die Fische allzusehr zu stören, im Aquarium zu schaffen, so drängen sich die Schwarmmitglieder wieder erneut zusammen und der Schwarm bewegt sich als Einheit. Werden die Fische aber wirklich erschreckt, z. B. dadurch, daß man ein Netz in das Wasser eintaucht, so fliehen sie in alle Richtungen auseinander.

Ähnlich verhalten sie sich in der Natur, auch wenn dort die Schwärme aus einer größeren Anzahl von Fischen bestehen. Bei in freien Gewässern lebenden Schwärmen ist schon der Umstand, daß die vielen Augen der Schwarmmitglieder mehr sehen als ein einzelnes Augenpaar, ein wichtiger Vorteil, um einen Feind möglichst früh zu erkennen. Das Zusammendrängen der Schwarmmitglieder kann eine „größere Einheit", z. B. einen einzigen großen Fisch, vortäuschen. Dabei muß man sich vergegenwärtigen, daß in natürlichen Gewässern die Sicht oft nur wenige Meter beträgt und sich auf größere Entfernungen nur Schemen erkennen lassen. Erfolgt jedoch der Angriff eines Raubfisches direkt in einen Schwarm hinein, so verwirren die nach allen Seiten flüchtenden Einzelfische nicht selten den Räuber so, daß er leer ausgeht. Feldstudien haben gezeigt, daß fischfressende Raubfische nur selten versuchen, ihr Opfer aus einem größeren Schwarm herauszufangen. Vielmehr sind Fische, die vom Schwarm abkommen bzw. Nachzügler, ihre bevorzugte Beute. Der Schwarm hat also eine wichtige Schutzfunktion. Ausgeprägte Schwarmfische, wie es die meisten Salmlerverwandten sind, zeigen einzeln oder in nur wenigen Exemplaren gehalten nicht ihr normales Verhalten, was man auch bei ihrer Haltung im Aquarium berücksichtigen sollte.

Interessant sind auch die Mechanismen, welche den Zusammenhalt der Schwärme steuern. Bei Arten, deren Schwarmbildung in erster Linie Schutzfunktion ist, spielen optische (visuelle) Merkmale eine große Rolle. Ein gutes Beispiel für solche mit den Augen erkennbaren Merkmale sind die kräftigen Signalfarben, die man bei Arten antrifft, die in Gewässern leben, die unter dem Wasserspiegel mehr oder weniger im Halbdunkel liegen. Sei es, daß eine starke Vegetation die Ufer stark beschattet oder daß es sich um schwarzwasserführende Wasserläufe handelt. Beispiele für Arten mit kräftigen Signalfarben sind Neontetras *(Paracheirodon innesi)*, Rote Neon *(Paracheirodon axelrodi)*, Glühlichtsalmler *(Hemigrammus erythrozonus)* u. ä. Andere Arten, die unter ähnlichen oder gleichen Bedingungen leben, haben leuchtende Signalflecken als Hilfsmittel für den Zusammenhalt des Schwarms entwickelt. Als Beispiele für solche Arten seien von den Aquarienfischen der Karfunkelsalmler *(Hemigrammus pulcher)* und der Laternensalmler *(Hemigrammus ocellifer)* genannt. Arten, die vorwiegend in klaren, nicht oder nur wenig beschatteten Gewässern leben, benötigen keine Signalfarben. Bei ihnen spielen häufig auffällig gefärbte, leicht bewegliche Flossen oder Flossenteile als Hilfsmittel für den Schwarmzusammenhalt eine wichtige Rolle. Bei einer in dieser Hinsicht genauer untersuchten Art, dem Sternflecksalmler oder Wasserstieglitz *(Pristella maxillaris)*, zeigte es sich, daß bei dieser Art die schwarz-weiß markierte Spitze der Rückenflosse das Erkennungszeichen darstellt. Bei Laboratorienversuchen stellte sich heraus, daß bei einem Schwarm dieser Fische jeder Zusammenhalt verlorenging, nachdem man sämtlichen Exemplaren die Spitze der Rükkenflosse abgeschnitten hatte. Die Fische, denen selbst ihr „Schwarmerkennungszeichen" fehlte, schlossen sich jedoch sofort an Artgenossen mit intakten Flossen an, die man in ihr Aquarium einbrachte. Im weiteren Verlauf dieser Versuche stellte sich die Schwarmbildung wieder ein, nachdem den Fischen die abgeschnittenen Flossen wieder nachgewachsen waren.

Viele Fische verfügen über einen guten Geruchssinn, der häufig bei der Nahrungssuche große Bedeutung besitzt. Auch manche Schwarmreaktionen werden durch vom Geruchssinn registrierte Stoffe ausgelöst. Gut bekannt sind so z. B. die Flucht- bzw. Panikreaktionen, die auf die sogenannten Schreckstoffe zurückzuführen sind. Die Schreckstoffe werden von besonderen Zellen in der Fischhaut gebildet und können nur in das Wasser gelangen, wenn die Haut verletzt wird. Kommt nun ein Schwarmmitglied zu Schaden und von der verletzten Haut gelangen Schreckstoffe ins Wasser, führt dies im Schwarm zu Schreckreaktionen. Bisher sind diese, je nach Fischart unterschiedlichen, Reaktionen hauptsächlich bei einheimischen Fischen näher untersucht worden, aber sie wurden auch bei Arten der Salmlerverwandten nachgewiesen, so z. B. bei Beilbauchfischen (Gasteropelecidae). Diese sonst typischen Oberflächenfische verlassen, wenn einer von ihnen verletzt wird, fluchtartig die oberen Wasserschichten und bilden im tieferen Wasser einen knäuelartigen, dichten Schwarm. Es konnte experimentell nachgewiesen werden, daß dieser Schreckstoff mit dem Geruchssinn erfaßt wird; Fische mit verstopften Nasenlöchern reagierten nämlich nicht.

Für den Schwarmzusammenhalt spielen auch schwarmeigene (eventuell auch arteigene) Duftstoffe bei einigen Arten eine Rolle. Dieses ist unter anderen bei manchen Pirayas der Fall. Bei diesen Fischen hat jeder Schwarm seinen typischen Schwarmduft, der den Schwarmmitgliedern als Erkennungszeichen dient. Bei der Aquarienhaltung dieser Fische dürfen neuerworbene Exemplare nicht ohne weiteres zu bereits im Aquarium befindlichen Fischen gesetzt werden. Um Zwischenfälle mit oft tödlichem Ausgang zu vermeiden ist es anzuraten, den Neuankömmling durch getrennte Haltung im gleichen Wasser, z. B. in einem Netzkorb, mit dem schwarmeigenen

Duft zu präparieren. An öffentlichen Aquarien, an denen Pirayas gehalten werden, kommt es bisweilen vor, daß nach einer Fütterung mit lebenden Fischen, z. B. Plötzen, einige der Futterfische vor Einbruch der Dunkelheit nicht gefressen werden, da zu viel gefüttert wurde und alle Pirayas satt sind. Dann kann es vorkommen, daß diese Futterfische – vorausgesetzt sie sind unverletzt – wochenlang zwischen den Pirayas herumschwimmen, ohne angegriffen zu werden. Sie haben nämlich im Laufe der Nacht, in der begrenzten Wassermenge des Aquariums, den Schwarmduft der Pirayas angenommen.

Für die häufig im Schwarm attackierenden Pirayas ist eine Identifizierung der Schwarmmitglieder durch Duftstoffe sinnvoll. Würde eine solche Blockierung nicht vorhanden sein, wäre die Gefahr groß, daß sich die Fische bei ihren oft blitzartigen Attacken – bei denen ja der ganze Schwarm auf engstem Raum herumwirbelt – gegenseitig verletzen würden. Trotz der Duftmarkierung kann es vorkommen, daß Schwarmangehörige verletzt und nicht selten im Eifer des Gefechtes gleich mit verspeist werden. Es trifft auch nicht für alle Pirayaarten zu, daß sie Fische, die eine Körperform haben, die der ihrigen gleicht, nicht angreifen. Möglicherweise gibt es eine derartige optische Blockierung bei manchen Arten, aber durchaus nicht bei allen. Auch die Größe von Pirayaschwärmen hat für ihre Aggressivität Bedeutung, und selbst bei in großen Aquarien gehaltenen Pirayas sind in größerer Anzahl gehaltene Fische erheblich aggressiver, als wenn nur wenige Exemplare zusammengehalten werden. Schließlich sei noch darauf aufmerksam gemacht, daß bei den im Aquarium gehaltenen Arten oft Unsicherheit bezüglich ihrer Artzugehörigkeit besteht. Dieses gilt auch für die bei manchen Versuchen verwendeten Fische. Da es Unterschiede im Angriffsverhalten bei den einzelnen Arten von Pirayas gibt, sollten die Beobachtungen nicht gleich verallgemeinert werden.

Neben dem Geruchssinn kann möglicherweise auch ein äußerst fein entwickelter Geschmackssinn eine Rolle bei der Erkennung von Artgenossen spielen. Bei dem in unterirdischen Gewässern in Mexiko lebenden „Blinden Grottensalmler“ (einer besonderen Form von *Astyanax mexicanus*) scheint dies der Fall zu sein. Bei diesem Fisch konnte experimentell nachgewiesen werden, daß er auf unterschiedlichste Geschmacksstoffe selbst in äußerst geringen Mengen reagiert. Seine Empfindlichkeit in dieser Hinsicht übertrifft alle anderen bisher untersuchten Fische. Bei Verhaltensstudien mit dieser, ja auch als Aquarienfisch gehaltenen Art, ist es jedoch oft schwierig, zwischen vom Geschmackssinn und vom Geruchssinn ausgelösten Reaktionen zu unterscheiden. Der Blinde Höhlensalmler verfügt nämlich neben seinem Geschmackssinn auch über einen sehr guten Geruchssinn. Der Umstand aber, daß diese blinden Fische, deren Augen zurückgebildet und nicht funktionstauglich sind, Artgenossen selbst mit blockierten Nasenlöchern offenbar sofort als solche erkennen legt die Vermutung nahe, daß dabei ihr Geschmackssinn eine Rolle spielt.

## Nahrungssuche

Die meisten Salmler sind vorwiegend optisch orientierte Fische, die während ihres Heranwachsens lernen, was für sie als Nahrung geeignet ist. Bei diesem Einlernungsprozeß untersuchen sie, von einem bestimmten Entwicklungsstadium an, auch die Genießbarkeit toter Stoffe. Dabei spielt wahrscheinlich auch ihr Geruchs- und Geschmackssinn eine Rolle. Ihre Futtersuche ist, wenn man von den ersten Entwicklungsstadien des Jungfisches absieht, nicht davon abhängig, ob sich das zu untersuchende Futter bewegt oder nicht. Von dieser

Regel kommen Ausnahmen vor, doch kaum bei Arten, die häufiger als Aquarienfische gehalten werden.
Die Ernährung von Salmlerverwandten im Aquarium bereitet fast nie Schwierigkeiten, da fast alle Arten Ersatzfutter verschiedenster Art annehmen. Selbst die wenigen fischfressenden Raubfische, die vereinzelt als Aquarienfische gehalten werden, lernen schnell auch tote Fische bzw. Fischfleisch zu fressen.

## Schlaf- und Ruheverhalten

Wie die meisten anderen Knochenfische sind auch die Salmlerverwandten nicht ständig in Bewegung. Während der Dunkelheit und auch während bestimmter Zeitperioden am Tage legen sie Ruhepausen ein. Während dieser Pausen verweilen sie an geschützten Stellen, z. B. zwischen dichten Pflanzenwuchs oder dicht unter im Wasser treibenden Gegenständen, frei schwebend im Wasser. Manche Arten, wie z. B. Bodensalmler, verweilen auch am Boden liegend oder auf größeren Blättern von Wasserpflanzen. Diese Ruhepausen sind physiologisch dem Schlaf höherer Wirbeltiere vergleichbar. Dabei verlangsamt sich die Herztätigkeit, und die Sauerstoffaufnahme verringert sich. Das letztere kann man bei größeren Fischen an den verlangsamten Bewegungen der Kiemendeckel gut erkennen. Besonders während der nächtlichen Ruheperioden verlieren die meisten Arten einen Teil ihrer Färbung, bei Neontetras, Kardinaltetras und anderen Arten mit leuchtenden Signalfarben verschwinden diese oder verändern sich bis zur Unkenntlichkeit. Bei manchen Arten verändert sich auch das Zeichnungsmuster, und sie nehmen eine besondere Nachtfärbung an, z. B. die Angehörigen der Lebiasinidae, von denen ja *Nannostomus*-Arten und *Nannobrycon*-Arten häufig als Aquarienfische gehalten werden. Werden ruhende Fische gestört, bzw. es wird während der Dunkelheit die Aquarienbeleuchtung eingeschaltet, so dauert es einige Minuten bis die Fische „erwachen“. Die normale Färbung kommt dann langsam zurück, oder die Nachtzeichnung verwandelt sich wieder in die Tagzeichnung, und die Fische beginnen zu schwimmen.

## Fortpflanzung

Da unter den Salmlerverwandten drei verschiedene Vermehrungsmodelle vorkommen und da gute Kenntnisse des Fortpflanzungsverhaltens für den züchtenden Aquarienfreund wichtig sind, erfolgt hier eine Aufteilung in die bei den Salmlerverwandten vorkommenden Fortpflanzungsformen:

a) **Freilaicher,** d. h. Arten, die ihre Geschlechtsprodukte frei im Wasser absetzen, ohne sich weiter um Eier oder Nachkommenschaft zu kümmern.
b) **Brutpflegende Arten,** bei denen das Männchen der brutpflegende Elternteil ist.
c) **Arten mit innerer Befruchtung.**

**Freilaicher.** Zu dieser Gruppe zählen die meisten Arten der salmlerartigen Fische. Beim Laichgeschäft werden die Eier und Spermien in das Wasser ausgestoßen. Da die Zeitdauer der Befruchtungsfähigkeit der in das Wasser ausgestoßenen Spermien äußerst begrenzt ist, wird durch verschiedene Momente des Paarungsverhaltens erreicht, daß Laich und Milch dicht beieinander ins Wasser kommen (**Laich**-Eier samt dem sogenannten „Eiwasser“, welches sie umgibt, **Milch**-Spermien samt der Flüssigkeit in der sie sich befinden; diese Flüssigkeiten, die zusammen mit den Geschlechtsprodukten bei den Paarungen in das Wasser gelangen, enthalten besondere, als Gamone bezeichnete Wirkstoffe, welche die Befruchtung steuern).

Obwohl die meisten Salmlerverwandten Schwarmfische sind, erfolgt die Laichabgabe in der Regel paarweise. Zumindest gilt dies für die meisten der im Aquarium gehaltenen Arten. Auch bei schwarmweiser Haltung in großen Aquarien sondern sich einzelne Paare ab, um dem Laichgeschäft nachzugehen. Daß dabei im weiteren Verlauf auch der Fortpflanzungstrieb der übrigen Schwarmmitglieder angeregt wird und weitere Paare mit dem Laichen beginnen, ist auf die bei der Paarung ins Wasser gelangten Wirkstoffe zurückzuführen. Wie man diesen Umstand bei der Zucht schwieriger zu vermehrender Fische ausnutzen kann, wird im Kapitel „Vermehrung" (S. 42) beschrieben. Aber auch wenn sich mehrere Paare im gleichen Aquarium am Laichgeschäft beteiligen, so sind es bei den sich wiederholenden Paarungen dieselben Partner, die miteinander laichen. Wirkliches Schwarmlaichen, d. h. daß alle Schwarmmitglieder zusammen ablaichen und daß bei den aufeinander folgenden Paarungen Partner ausgetauscht werden, ist weitaus seltener. Bei den im Aquarium gehaltenen Arten kann man jedoch Schwarmlaichen, z. B. bei Rotflossern *(Aphyocharax anisitsi)* und Glassalmlern *(Prionobrama filigera)*, beobachten.

Das Paarungsspiel von einzelnen Paaren wird bei den meisten Arten mit einem Seite-an-Seite-Schwimmen eingeleitet. Dabei spreizen die Partner ihre Flossen. Es bestehen zwischen den Arten gewisse Unterschiede über die Form, in der dieses „Seite-an-Seite-Schwimmen" erfolgt. Manche Arten beschreiben dabei mehr oder weniger gerade Linien, während andere sich vorwiegend kreisförmig bewegen. Aus dieser Lage beginnt nun einer der Partner, den anderen mit dem Maul in die Körperseite zu stoßen. Dieses Stoßen kann sowohl durch das Männchen wie auch durch das Weibchen erfolgen. Nachdem sich dieses Vorspiel einige Male wiederholt hat, beginnt das Männchen den sogenannten Locktanz, bei dem es mit zuckenden Flossen das Weibchen mit in die als Laichsubstrat dienenden Pflanzen zu locken versucht. Folgt das Weibchen dem Männchen nicht, wird die erste Phase des Paarungsspieles mit neuen Stößen gegen die Körperseiten wiederholt. Folgt das Weibchen dem Männchen, so wird es im selben Augenblick, wenn es an ihm vorbeischwimmt, an seiner Bauchflosse von der Bauchflosse des Männchens erfaßt (hier kommen die bereits erwähnten Widerhäkchen zur Anwendung), und beide Fische drehen sich um die eigene Achse. Gleichzeitig mit der Drehung werden Eier und Spermien ausgestoßen.

Die Lage, welche die Körperachsen der Fische bei der Drehung einnehmen, ist je nach Art etwas unterschiedlich. Bei manchen erfolgt die Drehung in waagerechter bzw. fast waagerechter Lage, bei anderen mehr oder weniger schräg. Seitenspezialisierung kann bei einzelnen Arten vorkommen. Darunter versteht man, daß sich ein bestimmtes Männchen dem Weibchen stets von einer bestimmten Seite nähert, entweder von rechts oder von links. Umgekehrt gibt es Weibchen, die das Männchen nur von einer bestimmten Seite aus an sich herankommen lassen. Passen die Partner seitenmäßig nicht zusammen, so kommen Paarungen häufig überhaupt nicht zustande oder werden vorzeitig unterbrochen, mit schlechtem Befruchtungsergebnis als Folge. Es kommen verschiedene Formen von Seitenspezialisierung in mehreren Fischfamilien vor, nur sind dieselben bisher selten näher untersucht worden. Am besten bekannt sind die, welche bei manchen lebendgebärenden Fischen (z. B. *Anableps anableps* und *Fitzroyia lineata)* vorkommen. Bei diesen Fischen sind nur Paarungen zwischen linksgewendeten Männchen und rechtsgewendeten Weibchen bzw. umgekehrt möglich. Zwar ist eine Seitenspezialisierung in dieser anatomisch bedingten Form bei eierlegenden Fischen nicht bekannt, man sollte jedoch diese Möglichkeit beachten, wenn offensichtliche Paarungsschwierigkeiten auftreten. Treten Störungen bei der Koordination des Paarungsverhaltens wiederholt zwischen den Partnern auf, so tauscht man sie gegen anderen Exemplare aus, bis man ein gut harmonierendes Paar gefunden hat.

In seinen Grundzügen ist das Paarungsverhalten bei den meisten Freilaichern ähnlich. Etwas abweichend ist das Paarungsverhalten der Scheibensalmler der Gattung *Metynnis*. Bei diesen Fischen stehen die Partner während der Leichabgabe in schräger Stellung, mit dem Kopf nach oben, dicht nebeneinander. Während des Ausstoßens der Geschlechtsprodukte vibriert der Körper beider Fische, und gleichzeitig führen sie mit ihren unpaarigen Flossen seitliche Schläge aus.

Das Paarungsverhalten vieler Arten ist jedoch oft nicht genauer bekannt. In allen Einzelheiten kennt man es meist nur bei den Arten, die schon häufiger im Aquarium vermehrt worden sind. Genauere Untersuchungen des Paarungsverhaltens in freien Gewässern sind nicht leicht durchzuführen und können ja auch nur dort gemacht werden, wo die zu beobachtende Art vorkommt.

**Brutpflegende Arten** findet man unter den Salmlerverwandten nur wenige. Mit Sicherheit sind Brutpfleger aus den Familien der Crenuchidae *(Crenuchus spilurus)* und der Lebiasinidae *(Pyrrhulina-*, *Copella-* und *Copeina*-Arten) bekannt. Damit ist aber nicht gesagt, daß es unter den salmlerverwandten Fischen nicht noch weitere Brutpfleger geben kann. Unsere Kenntnisse über die bei diesen Fischen vorkommenden Vermehrungsformen sind noch so unvollständig, daß Überraschungen nicht ausgeschlossen werden können. So zeigte es sich bei einer Piraya-Art (wahrscheinlich *Serrasalmus nattereri)*, die sich am Rainbow-Aquarium in Chicago vermehrte, daß die Elterntiere nach der Laichabgabe die Stelle, an der sie ihre Eier abgesetzt hatten, bewachten und daß sie später den geschlüpften Jungfischen nicht nachstellten.

Bei den kleineren brutpflegenden Arten, deren Fortpflanzungsverhalten wir durch Aquarienbeobachtungen genauer kennen, sind die Männchen der brutpflegende Elternteil. Bei den meisten dieser Arten werden die Eier auf einem mehr oder weniger festen Substrat abgesetzt. So z. B. bei *Crenuchus* an Steinen und bei den *Pyrrhulina*-Arten auf breiten Pflanzenblättern. Bei den *Copeina*-Arten erfolgt die Laichabgabe über einer Bodenpartie mit feiner bzw. weicher Struktur. Laichen sie im Aquarium über feinem Bodensand, so entsteht durch die kreisenden Bewegungen, welche die Fische dabei ausführen, eine flache Grube, in der die Laichkörner oft in mehreren Schichten übereinander liegen.

Das Weibchen wird bei den hier genannten Arten nach beendetem Laichgeschäft vom Männchen verjagt und das Gelege vom Männchen gepflegt und bewacht. Die Pflege besteht darin, daß das Männchen den Eiern durch Bewegungen der Brust- und Bauchflossen ständig neues Wasser zuführt, wobei es mit seinem Bauch förmlich über das Gelege hinrutscht. Von den Männchen der *Pyrrhulina*-Arten werden auch weiß werdende Eier säuberlich mit dem Maul aus dem Gelege „herausgepickt". Andere kleinere Fische, die dem Gelege zu nahe kommen, werden fortgejagt. Müssen sie einem größeren Fisch ausweichen oder werden sonstwie gestört, so suchen sie, sobald es nur irgend möglich ist, das Gelege wieder auf. Die nach ca. 30 Stunden schlüpfenden Embryonen bleiben zunächst noch am

---

**Oben:** Langflossensalmler *(Brycinus longipinnis)*, junges Paar, Männchen oben.
**Unten links:** Ein Paar Arnolds Rotaugensalmler *(Arnoldichthys spilopterus)*, Männchen unten.
**Unten rechts:** Kongosalmler *(Phenacogrammus interruptus)*, Männchen rechts.

Leichsubstrat haften. Die Brutpflege des Männchens wird etwa 15 bis 30 Stunden später beendet, wenn sich die zwar noch nicht schwimmfertigen aber gut beweglichen Embryonen (sie bewegen sich mit schraubenden Bewegungen fort) auf einen größeren Raum verteilen.
Eine äußerst eigentümliche Art des Laichsubstrates wählt der Spritzsalmler *(Copella arnoldi)*. Diese Art setzt ihre Eier an Substraten über der Wasseroberfläche ab. Im Aquarium wird das Gelege meist an der Deckscheibe abgesetzt. Beim Ablaichen nähern sich die beiden Partner in fast senkrechter Haltung der Oberfläche. Beide Fische springen sodann eng aneinander gedrückt aus dem Wasser und landen auf dem Laichsubstrat über dem Wasserspiegel. Dabei überspringen die Fische, die selber eine Länge von lediglich 4,5 bis 6 cm haben, ohne Schwierigkeiten 6 cm und manche Paare auch noch mehr. Nachdem das Paar auf dem Leichsubstrat gelandet ist, kann es sich dort einen kurzen Augenblick mit Hilfe der Brust- und Bauchflossen sowie des besonders ausgeformten Unterkiefers festhalten. Während dieses kurzen Momentes legt das Weibchen einige Eier und fällt dann ins Wasser zurück. Das die Eier befruchtende Männchen fällt kurz danach. Da je Paarung meist nur acht bis zwölf Eier abgesetzt werden, sind acht bis 15 Paarungen notwendig, bis alle Eier abgesetzt sind. Nach beendeter Eiablage hält sich das Männchen weitere 48 Stunden in der Nähe des Geleges auf und spritzt von Zeit zu Zeit mit einem kurzen Schlag mit der Schwanzflosse Wasser auf die Eier. Die nach dieser Zeitspanne schlüpfenden Embryonen werden schließlich mit ins Wasser gespült. In der Natur dürften wohl meist Blätter über dem Wasserspiegel für diese Fische als Laichsubstrat dienen.
Das hier beschriebene Ablaichverhalten gilt für *Copella arnoldi*. Ob auch andere *Copella*-Arten dasselbe Verhalten bei der Laichabgabe haben, konnte bisher noch nicht nachgewiesen werden. Diese Arten sind bisher nur sporadisch importiert worden und wurden, soweit bekannt, noch nicht im Aquarium vermehrt.
Das der Laichabgabe vorangehende Paarungsspiel folgt auch bei den brutpflegenden Arten im wesentlichen demselben Grundmuster, wie es bereits bei den freilaichenden Arten beschrieben wurde. Bei der Laichabgabe befinden sich die Partner Seite an Seite, Kopf an Kopf. Eine Anklammerung und eine Drehung erfolgt bei ihnen nicht.

**Arten mit innerer Befruchtung** findet man in der Unterfamilie der Glandulocaudinae. Alle Arten sind deutlich geschlechtsunterschiedlich (geschlechtsdimorph). Bei manchen Arten haben die Männchen größere Flossen. Besonders die Afterflosse ist stark vergrößert und bei manchen Arten auch die Schwanzflosse. Die Strahlen der Afterflosse sind in ihrem unteren Teil mit feinen Widerhäkchen besetzt. Bei vielen Arten der Glandulocaudinae haben die Männchen verschiedene spezifische Merkmale wie Auswüchse, besondere Flossenlappen oder Drüsen, deren genaue Funktion meist nicht bekannt ist. Hier ist zu bedenken, daß die Salmlerverwandten mit innerer Befruchtung – im Gegensatz zu den meisten anderen Fischen mit innerer Befruchtung – kein Kopulationsorgan haben. Eine Spermienüberführung vom Männchen auf das Weibchen bei der Paarung ist nur dann möglich, wenn die beiden Partner ihre Körper in eine ganz bestimmte Lage zueinander bringen. Wie dies mit Hilfe

---

**Oben links:** Grüner Neolebias *(Neolebias ansorgii)*. Das Bild zeigt zwei Männchen.
**Oben rechts:** *Distichodus affinis*, ausgewachsenes Männchen.
**Unten:** *Distichodus lusosso*, Jungfisch. Bei älteren Exemplaren ist die Zeichnung der Querbänder weniger markant.

eines besonderen Attributs des Männchens geschieht, sei am Beispiel des Zwergdrachenflossers *(Corynopoma riisei)* gezeigt.
Bei dieser Art stellt das Männchen während des Balztanzes, welcher der Paarung vorausgeht, seine mehrere Zentimeter langen und am äußersten Ende kugelartig ausgeformten Kiemendeckelfortsätze im rechten Winkel zu seiner Körperachse. Wenn nun das Weibchen versucht, nach den vibrierenden Spitzen der Fortsätze zu schnappen, so laviert es das Männchen geschickt seitlich so neben sich, daß es mit seiner fächerartig vergrößerten Afterflosse das Weibchen umfassen kann. In dem durch die Flosse eng begrenzten Raum erfolgt die Überführung der Spermienpakete (Spermatophoren). Bei den durch Breider (1948) durchgeführten Untersuchungen konnten diese Spermienpakete im danach abgestreiften Laich nachgewiesen werden. Die Gegenkontrolle erfolgte anschließend durch Kunstbefruchtung der abgestreiften Eier. Zur Anwendung kamen dabei Spermien, die aus den zusammen mit den Eiern abgestreiften Spermienpaketen stammten.
Vorratsbefruchtung ist für einige der im Aquarium nachgezüchteten Arten erwiesen und bei allen Arten wahrscheinlich. Bei Vorratsbefruchtung werden mehrere Eischübe des Weibchens durch eine einzige Überführung von Samenpaketen befruchtet. Selbst Weibchen, die schon lange von Männchen getrennt waren, können befruchtete Eier ablegen. Mit Männchen zusammengehaltene Weibchen sind fast immer befruchtet. Die Weibchen der *Glandulocauda-* und *Gephyrocharax-*Arten heften ihre Eier meist einzeln an die Unterseite von Wasserpflanzenblättern. Die Weibchen von *Tyttocharax madeirae* legen ihre Eier jedoch in Form eines geschlossenen Geleges ab. Abschließend sei noch darauf verwiesen, daß innere Befruchtung nachweislich auch bei Arten vorkommt, welche die heutige Systematik nicht zu den Glandulocaudinae stellt. Dieses gilt z. B. für *Creagrutus beni* aus der Unterfamilie Tetragonopterinae.

# Haltung

Was die Haltung betrifft, so sind die meisten Salmlerverwandten anspruchslose Fische. Als Bewohner fließender Gewässer stellen sie jedoch einige Grundforderungen, damit sie sich wohlfühlen können. Sie schätzen klares sauerstoffreiches Wasser. In Wasser, das durch organische Schwebestoffe oder durch Mikroorganismen (Infusorien und ähnliche Organismen) getrübt ist, zeigen sie Unbehagen. Auch in einem Wasser, das mit organischen Abbauprodukten stark belastet ist, können sie sich nicht richtig entwickeln. Ihr Unbehagen zeigt sich dadurch, daß ihre Lebhaftigkeit abnimmt und ihre Farben verblassen. Eine gute Durchlüftung ist bei ihrer Haltung notwendig und eine effektive Filterung des Wassers wünschenswert, ganz besonders, wenn sie mit anderen Fischen zusammen im selben Aquarium gehalten werden.

Die Bepflanzung sollte nicht zu dicht sein, so daß den Fischen genügend Platz zum Schwimmen bleibt. Da nur wenige der salmlerartigen Fische höhere Pflanzen fressen und da sie im Bodengrund weder gründeln noch buddeln, sind sie die „idealen" Fische für schöne Aquarien.

Mit keinen anderen Fischen läßt sich so leicht eine dekorative Kombination von gutem Pflanzenwuchs, klarem Wasser und Fischen mit intensiven Farben erreichen. Salmlerverwandte eignen sich, falls man dies wünscht, meist auch zur **Vergesellschaftung** mit anderen Fischen. Ihre Haltung im Gesellschaftsaquarium, zusammen z. B. mit Karpfenfischen, Welsen usw., bereitet selten Schwierigkeiten. Dabei ist lediglich darauf zu achten, daß in der Größe der vergesellschafteten Fische keine allzugroßen Unterschiede bestehen. Die kleinsten Arten, wie z. B. die kleineren *Nannostomus*-Arten, *Neolebias*-Arten u. ä., sollte man jedoch nicht vergesellschaften. Auch gewisse größere Arten, wie z. B. manche Kopfsteher oder auch Scheibensalmler, können mit anderen friedlichen Fischen entsprechender Größe gut zusammengehalten werden. Legt man jedoch auf guten Pflanzenwuchs Wert, sollte man sich jedoch vor einem Kauf darüber informieren, ob die betreffende Art Wasserpflanzen frißt. Unter den größeren Arten der Salmlerverwandten kommt nämlich eine Anzahl von Pflanzenfressern vor.

Eine Frage, die im Zusammenhang mit den Haltungsbedingungen häufig gestellt wird, lautet: „Welche Ansprüche stellen diese Fische an die chemischen Wasserverhältnisse?" Diese Frage ist, da ja eine Anzahl der populärsten Arten aus extrem mineralarmem (weichem) Wasser stammen, und das Leitungswasser an manchen Orten mineralreich (hart) ist, durchaus berechtigt. Auch kommen in bezug auf die „Wasserfrage", trotz ausgiebiger Behandlung in unzähligen Fachpublikationen, noch immer viele Mißverständnisse vor. Für die Haltung von aus extrem mineralarmem Wasser stammenden Salmlerverwandten gilt, daß ihre Haltung in einem Wasser mit einer Gesamthärte bis etwa 15°dH in der Regel möglich ist. Die meisten von ihnen vertragen auch noch höhere Härtewerte (bis 20°dH und selbst darüber), unter der Voraussetzung, daß die Wasserhygiene im übrigen einwandfrei ist. Unzweifelhaft sind jedoch etliche Arten dieser sogenannten „Problemfische" anfälliger gegenüber Infektionen und anderen Krankhei-

ten, wenn sie in einem allzu mineralreichen Wasser gehalten werden.
Für den Aquarienfreund, der aus extrem mineralarmem Wasser stammende Arten lediglich halten und nicht züchten will, ist also in der Regel kein Aufwand für eine **Wasseraufbereitung** notwendig. Selbst die Messung der Wasserhärte kann er sich sparen, denn die Härte des gelieferten Leitungswassers kann am zuständigen Wasserwerk erfragt werden. Angaben über die Härte des Wassers erfolgen in °dH (= deutsche Härtegrade), wobei 1°dH einem Kalkgehalt von 10 mg Kalk, umgerechnet in Calciumoxyd, pro Liter Wasser entspricht.
An Orten mit sehr hartem Wasser, oder wenn es beabsichtigt ist, sogenannte Problemfische zu vermehren, ist eine Aufbereitung des Wassers notwendig.
Zur Wasseraufbereitung verwendet man spezielle Filter, die direkt an die Wasserleitung angeschlossen werden. Die darin enthaltenen Filtersubstanzen, bestehend aus verschiedenen Kunstharzprodukten, verändern oder senken die Härte des Wassers. Man unterscheidet drei verschiedene Typen von Wasseraufbereitungsfiltern:
Filter für Neutralaustausch,
Teilentsalzungsfilter,
Vollentsalzungsfilter.

**Filter für Neutralaustausch** verändern den Gesamtgehalt an Mineralien im Wasser nicht. Der im Filter ablaufende Prozeß wird als Neutralaustausch bezeichnet. Dabei werden die im Wasser vorhandenen Calcium- und Magnesiumsalze gegen entsprechende Natriumsalze ausgetauscht. Das Wasser enthält, nachdem es den Filter durchflossen hat – einfach ausgedrückt –, zwar keinen Kalk mehr, dafür aber eine dementsprechende Menge Kochsalz. Dieser Filtertyp ist nur geeignet, wenn es die Härte bereits weichen Wassers um einige Härtegrade zu senken gilt, z. B. ein Wasser mit einer Gesamthärte von 10°dH für die Zucht von Neontetras aufzubereiten. Bei härterem Wasser steigt beim Neutralaustausch der Natriumgehalt im Wasser zu stark an.

**Teilentsalzungsfilter** entkarbonisieren das Wasser. Sie sind geeignet bei Wasser, dessen Härte zum größten Teil aus Karbonaten besteht. Zurück bleibt nur der Härteanteil, der auf dem Gehalt an Sulfathärte beruht. Hier ist es notwendig, neben der Gesamthärte des zu behandelnden Wassers auch dessen Karbonathärte (temporäre Härte) und Sulfathärte (permanente Härte) zu kennen.

**Vollentsalzungsfilter** entfernen praktisch alle im Wasser gelösten mineralischen Stoffe (Salze). Das so behandelte Wasser ist destilliertem Wasser gleichzusetzen.
Alle Filtersubstanzen zur Wasseraufbereitung können nur eine bestimmte Menge von mineralischen Stoffen aus dem Wasser entfernen bzw. umwandeln. Welche Wassermenge man mit einer Filterfüllung enthärten bzw. entmineralisieren kann, hängt sowohl von der Menge der Filtermasse wie auch von der Härte des zu behandelnden Wassers ab. Nach der Filterung der entsprechenden Wassermenge muß die Filtermasse entweder regeneriert oder ersetzt werden. Es ist hier nicht möglich, auf alle zur Anwendung kommenden Filtermassen und auf ihre jeweiligen Regenerierungsmethoden einzugehen. Lediglich die beim Neutralaustausch verwendete Filtermasse ist leicht durch Kochsalzlösung zu regenerieren. Die übrigen Filtermassen erfordern eine aufwendigere Regenerierungstechnik. In manchen Filterkonstruktionen befindet sich die Filtermasse in einer geschlossenen Patrone, die man zur Regenerierung an den Hersteller einsenden kann. Bei der Anwendung von Wasseraufbereitungsfiltern halte man sich genau an die Gebrauchsanleitung. Wasseraufbereitungsfilter bezieht man über den Fachhandel. Sollte

ihr Zoohändler sie nicht führen, so kann er zumindest Hinweise auf Einkaufsquellen geben. Auch in Aquarienzeitschriften findet man regelmäßig Angebote von Filterherstellern. Wasseraufbereitungsfilter sind nämlich keine Produkte, die speziell für die Aquarienpflege entwickelt wurden, und sie kommen in den verschiedensten Anwendungsbereichen vor, überall dort, wo man weiches oder entmineralisiertes Wasser benötigt. Wasseraufbereitung erfordert auch, daß man sich mit einigen einfachen Meßmethoden der Härtemessung vertraut macht. Nur so kann man die Funktion eines Wasseraufbereitungsfilters kontrollieren und feststellen, wann eine Regenerierung der Filtermasse notwendig wird. Für diese Messungen gibt es im Zoohandel einfach zu handhabende Indikatorflüssigkeiten.

Versteift man sich bei der Haltung jedoch nicht nur auf solche Arten, die in bezug auf das Wasser besonders anspruchsvoll sind, so kann man auch an Orten mit hartem Leitungswasser auf eine Wasseraufbereitung verzichten. Unter den Salmlerverwandten gibt es so viele Arten, die keine besonderen Forderungen an das Wasser stellen, daß für ein übliches Zimmeraquarium immer eine dem Auge gefällige Fischbesetzung zusammengestellt werden kann. Bei der Zucht jedoch ist überall dort, wo kein natürlich-weiches Fasser zur Verfügung steht, die Aufbereitung des Wassers unumgänglich.

Aufbereitetes Wasser wird **nie** so, wie es aus dem Filter kommt, zur Füllung eines Aquariums benutzt. Es ist mit dem vorhandenen Leitungswasser so zu vermischen, daß eine Gesamthärte von 3–4°dH erreicht wird. Vollständig entmineralisiertes Wasser neigt, besonders in so geringen Wassermengen wie in einem Zimmeraquarium, zu schnellen Veränderungen des pH-Wertes.

Eine weitere Frage, welche die chemischen Wasserverhältnisse betrifft, ist die des pH-Wertes. Benötigen Fische, die aus mineralarmem Wasser stammen auch Wasser, dessen pH-Wert im sauren Bereich liegt? Diese Frage kann generell mit Nein beantwortet werden. Dies gilt auch für die Zucht. Ein mineralarmes Wasser hat in den meisten Fällen einen neutralen bis schwach sauren pH-Wert, etwa zwischen pH 7–6. Doch auch wenn sein pH-Wert über 7 ansteigt, was in einem bepflanzten Aquarium durchaus vorkommen kann, so spielt das für die Fische keine Rolle. Nur wenn es zu Verschiebungen des pH-Wertes über bzw. unter eine Grenze von etwa pH 8,5 bzw. pH 5 kommt, kann dieses für manche Arten bedenklich werden.

Frisch aus der Leitung entnommenes Wasser ist auch an Orten mit sehr weichem Wasser meist alkalisch. Da saures Wasser Ätzschäden an Metalleitungen verursacht, werden dem Wasser Substanzen zugesetzt, die seinen pH-Wert anheben. Im Aquarium aber sinkt der pH-Wert meist schnell ab. In härterem Wasser dagegen liegt der pH-Wert meist im alkalischen Bereich. Es sei jedoch darauf aufmerksam gemacht, daß der pH-Wert im Wasser eines Aquariums nicht stabil ist, sondern schon im Tagesablauf gewissen Schwankungen unterliegt. Um einen auf die Dauer allzu hoch liegenden pH-Wert zu senken, kann eine Filterung über Torf erfolgen. Auch für pH-Wert-Messungen gibt es im Zoohandel einfach anzuwendende flüssige Indikatoren. Es sei noch darauf aufmerksam gemacht, daß die ebenfalls für diesen Zweck verkauften Indikatorpapiere im Meßbereich um den Neutralpunkt, der ja für uns von Interesse ist, unbrauchbar sind. Durch die Einwirkung der in der Luft enthaltenen Kohlensäure zeigen sie saurere Werte an, als wirklich vorliegen.

Zur Einhaltung einer zufriedenstellenden Wasserhygiene ist regelmäßig teilweiser Wasserwechsel anzuraten oder wahlweise eine effektive Filteranlage zu installieren. Kann das vorhandene Leitungswasser ohne Aufbereitung verwendet werden, so ist es bei kleineren

Aquarien oft das einfachste, etwa alle 14 Tage ein Drittel des Wassers abzuziehen und durch temperiertes Frischwasser zu ersetzen. Bei größeren Aquarien ist das natürlich ebenfalls möglich, jedoch mit einem größeren Arbeitsaufwand verbunden, so daß eine Filterung vorzuziehen ist. Auch wenn aufbereitetes Wasser verwendet werden muß, ist – schon der Aufbereitungskosten wegen – Filterung angebracht. Verläßt man sich längere Zeit ausschließlich auf die Filterung des Wassers, so sollte man deren Wirkung in regelmäßigen Abständen durch eine Bestimmung des Nitritgehaltes im Aquarienwasser kontrollieren. Für den Nitrittest gibt es einfach zu handhabende Teststäbchen in jedem guten Zoogeschäft.

Die **Futteransprüche** sind bei den meisten Arten der salmlerverwandten Fische nicht sonderlich groß und ausgesprochene Futterspezialisten sind unter ihnen selten. Viele der kleineren Arten können auch über längere Zeiträume mit den handelsüblichen Trockenfutterpräparaten ernährt werden, ohne Schaden zu nehmen. Um sie aber in Laichverfassung zu bringen, reichen diese Futtermittel – trotz gegenteiliger Angaben in der Werbung – nicht aus. In der Natur ernähren sich unsere Pfleglinge zum überwiegenden Teil von kleineren Futtertierchen verschiedenster Art. Lebende Futtertierchen, die für sie in Frage kommen, sind Wasserflöhe (Daphnien), Hüpferlinge (Cyclops), schwarze und weiße Mückenlarven (*Culex-* bzw. *Corethra*-Larven), Fruchtfliegen *(Drosophila)*, verschiedene Arten von Enchyträen und, unter der Voraussetzung, daß sie nicht aus durch Abwässer verseuchten Gewässern stammen, rote Mückenlarven *(Chironomus)* und Bachröhrenwürmer *(Tubifex)*.
Ein sehr gutes und nahrungsreiches Futtermittel, das von fast allen Fischen sehr gerne gefressen wird, ist Fischrogen. Besonders die sehr kleinen Rogenkörner der Dorsche eignen sich vorzüglich auch für kleinere Arten der Salmlerverwandten. Fischrogen, wie auch die vorher genannten Futtertierchen, können, falls man sie zufällig in größeren Mengen beschaffen kann, auch tiefgefroren werden. Manche Futtertierchen gibt es auch tiefgefroren im Handel. Ordnungsgemäß tiefgefrorenes Futter hat denselben Futterwert wie Frischware.
Ein weiteres Futtermittel, das von den meisten Arten gerne angenommen wird, ist Fischfleisch, das entweder roh und ganz fein geschabt oder auch gekocht verfüttert wird. Auch gekochtes Fleisch von Schalentieren wird meist gut angenommen.
Bei ausgesprochenen Raubfischen, die in der Natur vorwiegend oder ausschließlich von anderen Fischen leben, bereitet es fast nie Schwierigkeiten, sie an tote Fische bzw. Fischfleisch zu gewöhnen.
Von denjenigen Salmlerverwandten, die spezielle Ansprüche an ihre Nahrung stellen, seien hier einige überwiegend von pflanzlicher Kost lebende Arten und die auf Fluginsekten spezialisierten Beilbauchfische genannt. Bei Arten, die höhere Wasserpflanzen fressen, wie z. B. die Scheibensalmler, ist die Fütterung kaum ein Problem. Lassen sich nicht genügend Wasserpflanzen beschaffen, so werden notfalls auch zarte Salatblätter und aufgetauter tiefgefrorener Spinat gefressen. Diese Arten sind jedoch, trotz ihrer Vorliebe für Pflanzenkost, keineswegs einseitig auf Pflanzennahrung eingestellt. Etwas schwieriger kann sich die sachgemäße Ernährung mancher Kopfsteher (*Anostomus-* und *Chilodus*-Arten) gestalten, die viel zarte Algen benötigen, wenn sie gut gedeihen sollen. Die natürliche Algenproduktion reicht auch in sehr großen Aquarien nur selten für den Bedarf dieser Fische aus. Sie fressen nämlich nur die zartesten Grünalgen und verschmähen ältere Algenrasen. Als Ersatz für fehlende Algenkost nehmen sie meist auch Pflanzenflockenpräparate an. Es bereitet

jedoch keine Schwierigkeiten, größere Mengen frischer Grünalgen heranzuziehen, die man in größeren Einmachgläsern kultiviert. Als Kulturunterlage verwendet man dabei einen zusammengerollten Streifen von Plastikgewebe. Auf diese Weise ergibt sich eine große Kulturunterlage in einer geringen Wassermenge. Die Kulturgläser werden an einem sonnigen Platz oder bei starker künstlicher Beleuchtung aufgestellt. Das als Kulturunterlage dienende Gewebe überzieht sich schnell mit Grünalgen, besonders wenn man mit kleinsten Mengen von flüssigem Pflanzendünger, wie er für Zimmerpflanzen verwendet wird, vorsichtig „düngt". Das mit Algen überzogene Plastikgewebe wird zum „Abweiden" in das Aquarium eingebracht.

Futterspezialisten, die in der Natur hauptsächlich von Fluginsekten leben, sind die Beilbauchfische (Gasteropelecidae). Die meisten Arten dieser Familie gewöhnen sich im Aquarium meist schnell daran, auch anderes Futter, das an der Wasseroberfläche schwimmt, zu fressen. Fütterung mit kleineren lebenden Fluginsekten trägt jedoch bei der Haltung viel dazu bei, diese oft träge erscheinenden Fische zu aktivieren. Auch um sie für Zuchtversuche in die richtige Verfassung zu bringen, ist Fütterung mit Fluginsekten am ehesten erfolgversprechend.

Außer den bereits erwähnten Essigfliegen – über deren Zucht man sich in jedem größeren Aquarienhandbuch oder in Anleitungen zur Zucht von Futtertieren informieren kann (siehe Literaturverzeichnis) – läßt sich auch sogenanntes „Wiesenplankton" verfüttern. Der Begriff Wiesenplankton umfaßt alles Kleingetier, welches während der warmen Jahreszeit im Gras der Wiesen lebt.

Man fängt dieses „Plankton", indem man mit einem großen Kescher durch das Gras streift. Von den so erbeuteten Insekten kann man allerdings nur die kleineren an Beilbauchfische verfüttern. Auch Arten, die nicht auf Fluginsekten spezialiert sind, fressen diese Insekten meist gerne. Bei Haltung einer einzelnen Art läßt sich die für sie günstigste **Haltungstemperatur** leicht einhalten. Vergesellschaftet man mehrere Arten, ist die Temperatur auf einen Mittelwert einzustellen. Dabei geht man bei Arten aus tropischen Gebieten von einem Temperaturmittel von 25°C aus. Dabei muß man in Kauf nehmen, daß diese Temperatur für die eine oder andere Art nicht ganz ideal ist. Die meisten Arten sind jedoch keineswegs temperaturempfindlich, und Temperaturschwankungen im Bereich zwischen etwa 20 bis 30°C schaden ihnen nicht, wenn sie nicht allzu schnell erfolgen.

Wichtig für eine gute Haltung ist weiterhin, daß man Schwarmfische nicht als Einzelpaare, sondern im Schwarm hält. Zwar sind Schwärme von der Größe, wie sie in der Natur vorkommen, im Aquarium meist nicht möglich, aber die meisten Arten zeigen bereits, wenn man sechs bis zehn Exemplare zusammenhält, ihr typisches Schwarmverhalten. Es ist also richtiger und für die Fische naturgemäßer, im selben Aquarium weniger Arten zu halten, dafür aber in größerer Anzahl je Art.

Bei der Zusammenstellung des Fischbesatzes für ein größeres Zimmeraquarium, das dekorativ aussehen soll, ist zu beachten, daß sich verschiedene Arten vorzugsweise in unterschiedlichen Wasserschichten aufhalten. Es gibt aber auch dann, wenn man ein solches Aquarium ausschließlich mit Salmlerverwandten besetzen will, die Möglichkeit, die Fischzusammensetzung so auszuwählen, daß alle Wasserschichten von Fischen belebt sind. Hinweise, inwieweit bestimmte Arten bestimmte Wasserschichten bevorzugen, findet man bei den Beschreibungen der einzelnen Gattungen bzw. Arten. Wo bei der Haltung von ausgesprochen räuberischen oder besonders unverträglichen Arten nur separate Haltung möglich ist, wird darauf bei der Gattungs- bzw. Artbeschreibung aufmerksam gemacht.

# Vermehrung

Der überwiegende Teil der Salmlerverwandten ist in der Natur an bestimmte Laichzeiten gebunden, die mit den periodischen Regenperioden in ihren Heimatgebieten zusammenhängen. Diese Regenperioden – meist zwei im Laufe des Jahres – sind jedoch nicht in allen tropischen und subtropischen Gebieten Afrikas und Südamerikas gleichmäßig ausgeprägt. Am wenigsten markant sind sie in der Regel in der Nähe des Äquators. Weiter nördlich und südlich erfolgt der Wechsel zwischen trockenen und niederschlagsreichen Perioden abrupter. Im äquatorialen Bereich gehen die Regenperioden, die in unsere Herbst- und Wintermonate fallen, nicht selten mehr oder weniger fließend ineinander über.

Zu Beginn der Regenperiode werden häufig weite Gebiete überschwemmt. Das neu zuströmende Frischwasser führt aus den überschwemmten Gebieten oft große Mengen organischer Substanzen meist pflanzlicher Herkunft mit sich. Die Kombination von Frischwasser und zersetzenden Pflanzenresten bewirkt eine starke Vermehrung unterschiedlichster Mikroorganismen. Diese stellen das erste Glied einer Nahrungskette dar, deren weitere Glieder von großer Bedeutung für die Fischfauna sind. Verschiedene Glieder dieser Nahrungskette stellen die Nahrungsbasis der Fischbrut dar, andere Glieder liefern den Nahrungszuschuß, den die geschlechtsreifen Fische bei der Bildung ihrer Geschlechtsprodukte benötigen. Die Periodizität der Vermehrung macht sich auch in Gewässern bemerkbar, die im Bereich des tropischen Regenwaldes liegen, auch wenn hier die Regenperioden nicht so ausgeprägt sind. Lokal kann es zwar in Regenwaldgebieten Gewässer geben, in denen das ganze Jahr hindurch die Bedingungen ziemlich gleichmäßig und die Fische nicht an eine bestimmte Fortpflanzungszeit gebunden sind. Dieses dürfte doch eher Ausnahme als Regel sein.

Den durch die natürlichen Verhältnisse bedingten Vermehrungsrhythmus halten auch importierte Fische ein. Selbst bei deren Aquariennachzuchten dauert es meist einige Generationen, bis sich dieser Rhythmus nach und nach verliert. Erfahrene Züchter wissen, daß sich so z. B. viele der kleinen südamerikanischen Salmlerverwandten im Aquarium am leichtesten während der späten Herbst- und zeitigen Wintermonate vermehren lassen. Dazu muß natürlich bei im Aquarium gehaltenen Fischen deren Vermehrungsbereitschaft durch eine entsprechende Fütterung angeregt werden.

Welche Futtermittel sich dazu am besten eignen, kann je nach systematischer Zugehörigkeit recht verschieden sein, denn selbst innerhalb derselben Gattung gibt es da Unterschiede, besonders wenn es sich um Arten von erheblich verschiedener Größe handelt. Bei vielen der kleineren südamerikanischen Arten, wie z. B. *Hyphessobrycon-*, *Cheirodon-*, *Hemigrammus-*, *Nannostomus*-Arten u. ä., setzen die Weibchen schnell Laich an, was sich an der Körperrundung gut erkennen läßt, wenn man sie einige Zeit mit kleinsten Futtertierchen, z. B. mit Cyclops, füttert. Bei den etwas größeren *Gymnocorymbus-*, *Roeboides-* und *Moenkhausia*-Arten oder auch bei den afrikanischen *Phenacogrammus-*, *Alestes-* und *Arnoldichthys*-Arten kommt es am ehesten bei einer Fütterung mit Mückenlarven zum Laichansatz. Wiederum andere Arten können kleine Fluginsekten (Essigfliegen) oder auch reichliche Algenkost benötigen, usw. Nur bei ganz wenigen Arten kommt es auch bei einer aus Ersatzfutter bestehenden Standardkost zu einem zufriedenstellenden Laichansatz. Natürlich benötigen auch die Männchen dieselben Nahrungszuschüsse, nur läßt sich bei ihnen die Bildung des Geschlechtsproduktes äußerlich nicht so leicht feststellen wie bei den Weibchen. Bei ihnen zeigt sich jedoch die Fortpflanzungsbereitschaft dadurch an, daß sie beginnen, die Weibchen zu treiben und zu umwerben.

Neben den nahrungsmäßigen Voraussetzungen spielen auch eine Reihe milieubedingter Faktoren eine wichtige Rolle bei der Vermehrung. Von diesen Faktoren seien hier einige genannt, deren Einwirkung sich im Aquarium nachvollziehen läßt. Daß die richtige Temperatur von Bedeutung ist, wurde bereits erwähnt. Kennt man diesen Temperaturwert nicht, geht man bei Zuchtversuchen zunächst von einem Temperaturmittel von 25°C aus. Eine ziemlich allgemeingültige Regel ist, daß Salmlerverwandte, wie übrigens die meisten anderen Fische auch, vorzugsweise in frischem Wasser ablaichen. Bei der Zucht im Aquarium verwendet man daher frisch der Leitung entnommenes, bzw. frisch aufbereitetes, Wasser, das man zuvor ein bis zwei Tage abstehen läßt. Bei manchen Arten kann auch die richtige Beleuchtung wichtig sein. Arten aus stark beschatteten Wasserläufen laichen nur bei gedämpftem Licht, und bei einigen von ihnen ist sogar der Laich lichtempfindlich. Umgekehrt gibt es aber auch Arten, die vorzugsweise bei kräftiger Beleuchtung oder auch direktem Einfall von Sonnenlicht ablaichen. Auch das richtige Laichsubstrat kann bei einzelnen Arten von Bedeutung sein. Entsprechende Hinweise erfolgen bei den Gattungs- bzw. Artbeschreibungen.

Erhalten die Fische die notwendigen Nahrungsstoffe und stimmen die äußeren Voraussetzungen für eine erfolgreiche Vermehrung, so steuern körpereigene Hormone die Bildung und den Reifungsprozeß der Geschlechtsprodukte sowie die Befruchtung. Diese Stoffe werden von Hormondrüsen im Organismus produziert, von denen die sogenannte Hirnanhangdrüse (Hypophyse) die wichtigste ist. Nicht alle diese Wirkungsstoffe sind ihrer Natur nach und in der Art ihrer Wirkung in allen Einzelheiten bekannt. Bei manchen von ihnen steht auch der endgültige Beweis, daß es sich bei ihnen wirklich um Hormone handelt, noch aus. Dies gilt z. B. für die sogenannten Gamone. Diese Andro- und Gymnogamone steuern den Befruchtungsprozeß bzw. das Zusammenfinden der in das Wasser ausgestoßenen Eier und Spermien. Recht genau kennt man heute die Wirkungsweise von zwei in der Hypophyse gebildeten Hormonen, welche den Reifungsprozeß der Geschlechtszellen im Eierstock bzw. im Hoden steuern. Diese Hypophysenhormone wirken bereits in geringsten Mengen, d. h. in millionstel Teilen eines Grammes. Mit diesen Hormonen behandelte Fische können auch unter vollständig unnatürlichen Bedingungen vermehrt werden. Voraussetzung ist lediglich, daß sie in guter körperlicher Verfassung sind und geschlechtsreifes Alter erreicht haben. Zuerst wurde die Behandlung mit Hypophysenhormonen bei der Vermehrung von Stören angewandt. Inzwischen findet sie auch in steigendem Maß Anwendung bei der Zucht von anderen Nutzfischen, wie z. B. Karpfen, Welsen, Zandern, Hechten, Sterlets usw. Auch bei der Vermehrung ausgefallener Goldfischrassen und Koikarpfen, bei der es darauf ankommt, Nachzucht von ganz bestimmt gefärbten Elterntieren zu erhalten, wird diese Methode mitunter angewandt. Für die Vermehrung der allermeisten exotischen Aquarienfische hat sie jedoch keine Bedeutung, da ihre technische Anwendung eine gewisse Minimumgröße der zu behandelnden Fische voraussetzt. Da aber eine Behandlung mit Hypophysenhormonen möglicherweise einen Weg öffnen könnte, einige größere und nur schwer zu beschaffende Salmlerverwandte zu vermehren, werden im Literaturverzeichnis Hinweise auf Veröffentlichungen über diese Methode gegeben.

Einer anderen, wissenschaftlich zwar nicht unterbauten, aber praktisch erprobten, „Hormonmethode“ kann sich jedoch jeder züchtende Aquarienfreund bedienen. Es hat sich nämlich gezeigt, daß Arten, deren Zucht als schwierig betrachtet wird, leichter zur Laichabgabe schreiten, wenn man ihre Zucht in einem Wasser versucht, in welchem kurz vorher andere Fische gelaicht haben. Natürlich kann man nicht die verschiedenen Arten hintereinander im selben Aquarium ablaichen lassen. Dann würden sich ja, wenn alles wie gewünscht abläuft, zwei Arten von Jungfischen in verschiedenen Entwicklungsstadien im Aquarium befinden, und mit einem auch nur halbwegs guten Aufzuchtresultat wäre nicht zu rechnen. Vielmehr wird nach der Laichabgabe einer leicht zu züchtenden Art ein Teil des Wassers aus dem Aquarium abgezogen und dem Wasser des für die „schwierigen“ Fische bestimmten Zuchtaquariums beigemischt. Die Erklärung dafür, daß diese Methode häufig zu einem Erfolg führt, ist darin zu suchen, daß „hormonelle Wirkstoffe“ mit Milch und Eiwasser der vorher laichenden Fische ins Wasser gelangt sind. Möglicherweise werden weitere Wirkstoffe durch Haut bzw. Kiemen der laichenden Fische ausgesondert. Schon allergeringste Mengen dieser Stoffe, welche ja über die Haut der Fische äußerst schnell absorbiert werden, können das Laichgeschäft der „schwierigen“ Arten in Gang bringen.

Da bei Zuchtversuchen mit den meisten Salmlerverwandten gute Wasserhygiene Voraussetzung für einen Erfolg ist, benutzt man für die Zucht nur solche Aquarien, die sich leicht und gründlich reinigen lassen. Heute werden vorwiegend Aquarien verwendet, deren Scheiben lediglich mit Silikonkautschuk geklebt sind. Doch können auch ältere Gestellaquarien mit eingekitteter Bodenscheibe verwendet werden. Für kleinere Arten eignen sich auch Vollglasaquarien gut. Da bei Zuchtversuchen auf ein Bodenlager im Aquarium oft verzichtet wird, ist anzuraten, die dem Wasser abgewandte Seite der Bodenscheibe mit schwarzer Farbe zu streichen. Dadurch wird die Spiegelwirkung durchsichtiger Bodenscheiben aufgehoben, welche viele Fische stark irritiert. Das Zuchtaquarium ist so aufzustellen, daß es leicht zu beobachten ist. Zu starke Beleuchtung ist gegebenenfalls abzublenden. Bei den meisten Arten empfiehlt sich paarweiser Ansatz bei der Zucht, sind doch nur wenige Arten wirkliche Schwarmlaicher. Daß eine Art im Schwarm lebt bedeutet nämlich nicht, daß auch im Schwarm gelaicht wird. Laichende Paare sondern sich gerne etwas ab, was man auch im Aquarium beobachten kann, wenn man eine größere Anzahl Fische derselben Art in einem sehr geräumigen Aquarium hält und es zu einer Laichabgabe kommt. Dann besteht die Beteiligung der übrigen Schwarmmitglieder oft darin, den abgesetzten Laich zu verzehren. In das sorgfältig gereinigte und mit frischem Wasser gefüllte Aquarium kommt nur ein einzelnes Paar (auf die wenigen echten Schwarmlaicher wird bei den Gattungsbeschreibungen verwiesen).

Als Laichsubstrat verwendet man bei den freilaichenden Arten feinfiedrige Wasserpflanzen, wie z. B. Javamos *(Vesicularia dubyana),* Wasserfarn *(Ceratopteris), Myriophyllum-* und *Cabomba-*Arten u. ä. Viele Arten sind Laichräuber, die nach abgeschlossenem Laichgeschäft die eigenen Eier keineswegs verschmähen. Kann man Zuchtpaare nicht beim Laichgeschäft überwachen und sie gleich nach Beendigung desselben aus dem Zuchtaquarium herausfangen, empfehlen sich Laichroste. Ein Laichrost aus Plastikgewebe, mit einer der Größe der Fische entsprechenden Maschenweite von 4–6 mm, der ca. 1 cm über dem Boden angebracht wird, schützt die Eier vor den Kaviargelüsten des Zuchtpaares.

Während der Laichperiode legt bei den meisten Arten das einzelne Paar im Abstand von sechs bis zwölf Tagen vier- bis sechsmal nacheinander Eier ab. Die Anzahl der je Laichabgabe gelegten Eier kann je nach Art zwischen 50–60 und 2000–3000 schwanken. Am ehesten erfolgversprechend ist es, junge Paare gleich nach der Erreichung der Geschlechtsreife als Zuchttiere zu benutzen. Besonders bei älteren Paaren kommen viele Eier der ersten Laichabgabe oft nicht zur Entwicklung. Bei den darauf folgenden Laichabgaben sind die Schlupfergebnisse meist besser. Gewisse Arten laichen jedoch innerhalb derselben Fortpflanzungsperiode nur zweimal oder sogar nur einmal ab, legen aber jeweils eine größere Anzahl von Eiern. Bei manchen afrikanischen Arten der Alestinae findet man ein etwas anderes Muster. Bei ihnen wird über einen längeren Zeitraum täglich eine kleinere Anzahl von Eiern abgelegt.

Im Rahmen dieses Buches kann allerdings nicht genauer auf Einzelheiten der Vermehrungsrhythmen, Ablaichabstände, Entwicklungs- und Schlupfzeiten der einzelnen im Aquarium bisher vermehrten Arten eingegangen werden. Interessierte Leser finden im Literaturverzeichnis die Titel einiger Bücher, die sich speziell mit der Zucht von Aquarienfischen befassen.

Bei der Vermehrung brutpflegender Arten ist lediglich darauf zu achten, daß im Zuchtaquarium ein geeignetes Laichsubstrat vorhanden ist. Als solches kommen für alle *Pyrrhulina*-Arten breitblättrige Wasserpflanzen, wie z. B. *Echinodorus*- oder *Cryptocoryne*-Arten, in Betracht. *Copeina*-Arten benötigen zur Anlage ihrer Laichgruben feinen Sandboden. Bei Zuchtversuchen mit Spritzsalmlern *(Copella arnoldi)*, die im Aquarium mangels natürlicher Laichsubstrate ihre Eier meist an der Deckscheibe absetzen, sind Milchglasscheiben anzuraten, die man mit der rauhen Seite nach unten verwendet. An gewöhnlichem Glas abgesetzte Eier fallen nämlich oft zu früh ins Wasser, und die Jungfische kommen nicht zum Schlüpfen.

Bei der Zucht von Arten mit innerer Befruchtung braucht man Weibchen, welche unter guten Haltungsbedingungen zusammen mit Männchen gehalten werden, zur Laichabgabe lediglich in für sie vorbereitete Aquarien zu setzen. Dabei ist zu beachten, daß manche dieser Arten ihre Laichkörner an bzw. unter größeren Blättern absetzen. In das Laichaquarium gehören also entsprechende Pflanzen.

Eine einfache Zuchtmethode, die bestens für den Liebhaberzüchter geeignet ist, ist der sogenannte Daueransatz. Darunter versteht man, daß in einem speziell für eine Art eingerichteten Aquarium die Elterntiere bei Eiern und Jungfischen verbleiben. Ein solcher Ansatz kommt natürlich nur für kleinere, nicht oder nur unbedeutend laichräuberische Arten in Frage. Das dafür verwendete Aquarium darf nicht zu klein sein und muß so bepflanzt werden, daß sowohl am Boden wie auch dicht unter der Oberfläche dichter Pflanzenwuchs den heranwachsenden Jungfischen Schutz bietet. Bodenbelag mit etwa 1–2 cm groben Kieseln, dichte Bestände von Javamoos am Boden und eine dichte Decke von Schwimmpflanzen an der Oberfläche empfehlen sich. Wasserschnecken sind nicht erwünscht, da manche von ihnen Laichräuber sind. Arten, die sich für eine Zucht im Daueransatz eignen, sind manche *Nannostomus*- und *Nannobrycon*-Arten, *Nematobrycon*-Arten und die afrikanischen *Neolebias*-Arten. Auf weitere Arten, die sich eventuell für eine Zucht im Daueransatz eignen, wird bei den Artbeschreibungen verwiesen.

Die Entwicklung vom Ei bis zum schwimmfertigen Jungfisch verläuft bei den meisten Salmlerverwandten schnell. In der Regel schlüpfen die noch nicht schwimmfähigen und mit einem Dottersack versehenen Embryonen nach 24–48 Stunden, und am fünften oder sechsten Tage nach der Eiablage ist der Jungfisch in der Lage, zu schwimmen. Zu diesem Zeitpunkt sind die paarigen Flossen ausgebildet, während die unpaarigen Flossen noch im „embryonalen Flossensaum“ zusammenhängen. Der Rest des Dottersackes wird kurz vor dem Schlüpfen als Nahrungsreserve in die Bauchhöhle eingezogen. Diese Nahrungsreserve reicht jedoch lediglich für maximal 24 Stunden. Danach muß der Jungfisch geeignetes Futter vorfinden. Findet er keine Nahrung, so verhungert er schnell. Im Gegensatz zu älteren Fischen ist Fischbrut während ihrer ersten Lebenswochen auf laufende Nahrungsaufnahme angewiesen. Bei den Jungfischen der meisten Salmlerverwandten ist die Anfütterung kein Problem. Ihre Jungfische sind nämlich von Anfang an in der Lage, frischgeschlüpfte Nauplien von *Artemia salina* zu bewältigen, die man ohne weiteres in Kulturen züchten kann. Etwas schneller wachsen zwar die meisten Jungfische, wenn sie mit Cyclopsnauplien oder Rädertierchen (Rotatorien) angefüttert werden. Dieses im Freiland erbeutete Futter wird durch ein Sieb mit einer Siebgaze mit 13/100 mm lichter Maschenweite (Phosphorbronzegaze Nr. 150 oder Seidengaze Nr. 11) von größeren Futtertierchen getrennt. Vor dem Verfüttern muß die Wassertemperatur langsam angeglichen werden, da sonst die Nauplien absterben. Solches Futter aus dem Freiland zu beschaffen, ist jedoch heute meist nicht möglich. Teils sind geeignete Kleingewässer zum Fang dieser Futtertierchen meist nicht zugänglich, teils fehlt die Zeit, denn dieses Futter muß ja täglich gefangen werden. Kulturfutter, wie Artemianauplien, ist daher ein guter Ersatz. Nur selten benötigt man für besonders kleine Jungfische noch kleinere Futtertierchen. Werden solche benötigt, z. B. für die eben zu schwimmen beginnenden Jungfische mancher *Copella*-Arten, kann man gereinigte Pantoffeltierchen verwenden.

Auch über die Zucht von Futtertierchen gibt es instruktive Anleitungen (siehe Literaturverzeichnis).

Sobald die Jungfische ein Alter von etwa vier Wochen erreicht haben, kann man sie in größere Aquarien umsetzen. Ihr weiteres Wachstum hängt von einer guten Fütterung und der Wasserhygiene ab. Es ist allgemein bekannt, daß ein regelmäßiger teilweiser Wasserwechsel das Wachstum fast aller Jungfische stark begünstigt. Für die Salmlerverwandten gilt dies ganz besonders. Mit organischen Verunreinigungen belastetes Wasser wirkt auf sie unmittelbar wachstumshemmend.

Besondere Aufmerksamkeit erfordert die Umgewöhnung von Jungfischen, die in einem mineralarm aufbereiteten Wasser herangewachsen sind und in wesentlich härteres Leitungswasser umgesetzt werden sollen. Es ist dringend anzuraten, die Umstellung im Laufe von einigen Tagen schrittweise zu vollziehen.

# Krankheiten

Daß Vorbeugen einfacher und meist auch leichter als das Heilen ist, gilt auch für die Erkrankungen, welche bei unseren Salmlerverwandten vorkommen. Daher wird in diesem Kapitel besonderer Wert auf vorbeugende Maßnahmen gelegt. Krankheiten und deren Behandlung werden nur beschrieben, soweit sie bei den Salmlerverwandten häufig vorkommen.

**Kontrolle beim Einkauf** ist bei jedem Erwerb von Fischen angebracht. Bevor man Fische erwirbt, sollte man sie einige Zeit genau beobachten. Zeichen, die auf eine Erkrankung hindeuten, sind: ein Klemmen der Flossen, Scheuern an Pflanzen oder Steinen, vorstehende Augen, aufgetriebener Körper, abstehende Schuppen, unregelmäßige oder ruckartige Schwimmbewegungen, schaukelnde Körperbewegungen, Hautschäden bzw. Hautbeläge. Diese Kontrolle ist besonders wichtig, wenn man Fische im Zoohandel erwirbt. Denn unabhängig davon, ob es sich bei den angebotenen Fischen um importierte Aquariennachzucht oder Frischfänge handelt, haben sie eine weite und für sie strapaziöse Reise hinter sich. Häufig sind sie während der Zwischenstationen, d. h. an Sammelplätzen oder im Großhandel, mit anderen Fischen in Kontakt gekommen. Sie können daher, auch wenn sie zunächst vollständig gesund waren, vielen Infektionsmöglichkeiten ausgesetzt gewesen sein. Auch der tüchtigste Zoohändler kann nie garantieren, daß die verkauften Fische mit Sicherheit gesund sind.

Nach der genannten Vorkontrolle beim Einkauf unterzieht man neuerworbene Fische anschließend zu Hause einer genaueren Betrachtung, am besten in einem kleinen Glasbehälter bei sehr guter Beleuchtung. Ausgezeichnet eignen sich dafür sogenannte Küvetten, kleine rechteckige Gläser mit plangeschliffener Vorderseite. Erhältlich sind sie in Geschäften, die Laborbedarf führen. Runde Gläser sind, der optischen Verzerrungen wegen, weniger zu empfehlen. Mit einer guten Lupe lassen sich weitere Einzelheiten erkennen, so z. B. ein Parasitenbefall an den nicht oder nur wenig pigmentierten Flossen. Findet man auch bei sorgfältigem Betrachten keine Pünktchen, Knötchen, pilzartige Flecken oder lochartige Vertiefungen in den Flossen oder der Haut, so besagt das jedoch nicht, daß der Fisch frei von Parasiten ist. Gewisse Parasiten lassen sich nämlich in ihren Vorstadien auch mit der besten Lupe nicht erkennen, andere können für das Auge unsichtbar in den Kiemen vorhanden sein. Auch wenn diese zweite genaue Untersuchung negativ ausfällt, werden die neuerworbenen Fische zunächst isoliert von den anderen Fischen gehalten. Nur wenn man Fische aus Liebhabernachzuchten erwirbt, kann man auf diese Vorsichtsmaßnahme verzichten.

Eine **Quarantäne** in den ersten drei Wochen nach dem Erwerb sollte bei allen im Handel erworbenen Fischen eine selbstverständliche Sicherheitsmaßnahme sein. Besonders bei den Salmlerverwandten, die bekanntlich recht anfällig gegenüber Ichthyophthirius-Infektionen sind, ist dies besonders wichtig. Zwar mag es auf dem ersten Blick übertrieben aufwendig erscheinen, daß ein Aquarienfreund, der nur ein einziges Zimmeraquarium pflegt, ein kleines Quarantäneaquarium für eventuelle Neuerwerbungen bereit halten soll, aber eine solche Anschaffung kann sich sehr schnell bezahlt machen. Eine mit Neuanschaffungen eingeschleppte Infektion kann, wenn sie nicht sofort erkannt wird, innerhalb weniger Tage den ganzen Fischbestand des Aquariums vernichten.

Auf Bodengrund und Pflanzen kann man im Quarantäneaquarium verzichten. Sollte nämlich eine Behandlung mit Medikamenten notwendig werden, so wären Pflanzen nur im Wege. Zeigen sich bei den erworbenen Fischen im Laufe von drei Wochen keine Anzeichen einer Erkrankung, so können sie mit anderen Fischen zusammengesetzt werden. Wird während der Quarantänezeit eine Behandlung notwendig, so ist die Isolierung nach abgeschlossener Behandlung um weitere drei Wochen zu verlängern.

**Infektion und Resistenz** sind zwei Begriffe, die zum besseren Verständnis der durch Mikroorganismen verursachten Erkrankungen etwas näher besprochen werden sollen.

Unter einer Infektion versteht man das Eindringen von Krankheitserregern in den Körper und deren Vermehrung im angegriffenen Organismus. Krankheitserreger findet man in großer Anzahl unter verschiedenen einzelligen Organismen wie Bakterien, Protozoen usw. Mit dem Begriff Parasiten bezeichnet man im allgemeinen mehrzellige Lebewesen und spricht bei einem starken Befall meist von einer „Parasiteninvasion". Der Unterschied von mehrzelligen Parasiten und einzelligen Krankheitserregern ist bei Fischen aber nicht einheitlich geregelt, und nicht selten werden vor allem die größeren Einzeller, wie z. B. Ichthyophthirius, in der Aquarienliteratur als Parasiten bezeichnet.

Wie sich eine Infektion oder auch ein Parasitenangriff entwickelt, ob es zum Ausbruch einer akuten Erkrankung kommt oder nicht, hängt nicht allein von der Infektionskraft (Virulenz) und der Anzahl der eingedrungenen Krankheitserreger ab, sondern auch von der Widerstandskraft, die der angegriffene Organismus den Erregern entgegensetzen kann. Diese Widerstandskraft, auch als Resistenz bezeichnet, kann sich im Laufe von vielen Generationen bei einer bestimmten Fischart – oder auch im Vorkommensbereich einer bestimmten Population – herausgebildet haben, aber auch vom einzelnen Fisch im Laufe seines Lebens erworben worden sein. Im ersteren Falle ist die Resistenz erblich bedingt (genetische Resistenz), im zweiten Falle individuell erworben (erworbene Resistenz).

Zwischen Krankheitserregern und Parasiten einerseits und den ererbten bzw. den erworbenen körpereigenen Abwehrstoffen andererseits besteht bei Fischen, die unter natürlichen Bedingungen leben, ein gewisses Gleichgewicht. Fängt man z. B. einen Fisch in einem freien Gewässer und untersucht ihn genau, so ist er nur äußerst selten gänzlich frei von Parasiten, aber auch als Krankheitserreger bekannte Mikroorganismen lassen sich häufig nachweisen, obwohl der gefangene Fisch vollständig gesund erscheint. Viele Krankheitserreger (nicht alle) und selbst manche Parasiten können einem gesunden Fisch, der sich in seinem natürlichen Milieu befindet, nicht viel anhaben. Die Resistenz des gesunden Fischorganismus kann den Krankheitserregern bzw. Parasiten so viel Widerstand entgegensetzen, daß es zu keinem akuten Ausbruch einer Erkrankung kommt.

Fängt man aber einen Fisch und hält ihn unter unnatürlichen Bedingungen, setzt ihn Streß aus, füttert ihn unzureichend oder verletzt das schützende Schleimlager seiner Haut usw., so brechen Erkrankungen aus. Besonders gefährlich wird ein Kontakt mit Krankheitserregern oder Parasiten, die im natürlichen Milieu der betreffenden Art nicht vorkommen und ge-

genüber denen der Fisch keine genetische Resistenz besitzt. Eine Fischart kann also empfindlich gegenüber einem Kontakt mit bestimmten Mikroorganismen sein, gegen die andere Arten eine weitgehende Resistenz ausgebildet haben und umgekehrt.
Als Beispiel sei hier – um bei den Salmlerverwandten zu bleiben – die starke Empfindlichkeit genannt, die viele aus ausgesprochen mineralarmem Wasser stammende Arten gegenüber größeren Mengen von Mikroorganismen im Aquarienwasser grundsätzlich zeigen. Selbst Protozoen und Bakterien, die nicht spezifisch als Krankheitserreger bekannt sind und anderen Fischen keinerlei Unbehagen bereiten, stören häufig ihr Wohlbefinden ersichtlich. Hier ist zu beachten, daß weiches und außerdem saures Wasser stets äußerst arm an Mikroorganismen ist und viele Formen von Mikroorganismen in einem solchen Wasser überhaupt nicht vorkommen. Fische, die aus solchem weichen und sauren Wasser stammen, haben somit auch keine genetische Widerstandskraft gegenüber eventuellen Krankheitserregern unter diesen Mikroorganismen entwickeln können, so daß sich ein erster Kontakt mit ihnen verhängisvoll auswirken kann. Dabei kann es sich durchaus um Organismen handeln, gegenüber denen andere Fische vollständig resistent sind. Eine allgemeine Überempfindlichkeit gegenüber „unklaren Infektionen“ ist bei vielen Salmlerverwandten aus extrem mineralarmem Wasser bei Importen ein wirkliches Problem. Um welche Typen von Mikroorganismen es sich dabei als Erreger handelt, ist oft nicht einmal näher bekannt. Neben Bakterien und Protozoen kommen wahrscheinlich auch mikroskopische Pilze in Betracht. Die beste Maßnahme gegen derartige Infektionen ist auf die Dauer, für eine gute Wasserhygiene zu sorgen. Bei einer akuten Erkrankung können zwar oft Antibiotika oder pilzhemmende Substanzen (z. B. Griseofulvin oder Rivanol) im Augenblick helfen, doch beseitigen solche Kuren die eigentliche Krankheitsursache nicht, und ihre Wirkung ist oft nur vorübergehend.
Während die Empfindlichkeit gegenüber den „unklaren Infektionen“ bei aus extrem mineralarmem Wasser stammenden Importfischen schon länger bekannt ist, treten nunmehr ähnliche Erscheinungen häufig auch bei aus südost- und ostasiatischen Zuchten stammenden Fischen auf. In diesen gewerblichen Zuchtbetrieben hat heute die Anwendung von Antibiotika und anderen bakterien- und pilzhemmenden Substanzen einen solchen Umfang angenommen, daß fast jeder Fisch vom Ei bis zum Versand ständig in mit diesen Stoffen behandeltem Wasser lebt. Dadurch wird der Aufbau einer normalen Resistenz der heranwachsenden Fische verhindert. Kommen sie dann in Europa in den Handel, so zeigen viele von ihnen eine deutlich überhöhte Empfindlichkeit gegenüber nahezu allen Infektionen. Diese verminderte bzw. fehlende natürliche Resistenz durch unsachgemäße (sterile) Aufzucht oder auch herkunftbedingte Überempfindlichkeit bei manchen Arten, ist heute bei den Salmlerverwandten ein schwierigeres Problem, als die eher „klassischen“ Fischkrankheiten, gegen die wir heute eine Anzahl hochwirksamer Mittel besitzen.

**Transportschäden,** als Nachwirkung einer Behandlung mit narkotischen Mitteln während des Transportes, sind bei Aquarienfischen verhältnismäßig neu. Steigende Preise für die Flugfracht und eine starke Konkurrenz im Großhandel haben zu einer steigenden Anwendung narkotischer Mittel während des langen Flugtransportes geführt. Bei vollständig bzw. teilweise narkotisierten Fischen sinkt der Stoffwechsel, einschließlich der Atmung, stark ab, so daß man heute mehr Fische in weniger Wasser als früher transportiert. Offenbar treten häufig als Folge dieser Behandlung zeitlich verzögerte Todesfälle auf. Bisher ist über Einzelheiten der durch die Narkotisierung entstandenen organischen Schäden nur wenig bekannt. Sicher ist lediglich, daß bei Fischen, die während des Transportes narkotisiert wurden, in folgenden Wochen erheblich mehr Todesfälle vorkamen als bei nicht narkotisierten Fischen. Für den Käufer ist dabei besonders ärgerlich, daß die Fische meist ohne sichtbare Krankheitserscheinungen plötzlich eingehen und meist erst nach einigen Wochen. Ein Nachweis, daß die Todesursache vom Transport herrührt, ist daher kaum möglich, zumal man auch über die Schädigungen, die die Narkotisierung auslöst, noch nichts genaueres weiß. Daher wird es der Aquarienfreund immer vorziehen, bei uns vermehrte Fische zu erwerben, selbst wenn dies mit wesentlich höheren Preisen verbunden ist, falls er dazu die Wahl hat.

## Organische Erkrankungen

Nur wenige organische Erkrankungen der Fische können mit Erfolg behandelt werden. Von den bei den Salmlerverwandten häufiger vorkommenden Erkrankungen organischer Natur seien hier nur zwei genannt, die Eingeweideverfettung und die Laichverhärtung.

**Eingeweideverfettung,** in erster Linie eine Verfettung der Leber und der Fortpflanzungsorgane, setzt das Wohlbefinden der betroffenen Fische stark herab. Auf längere Sicht gesehen ist die Verfettung des Lebergewebes tödlich. Und bereits eine geringfügigere Verfettung hat oft Sterilität zur Folge. Eingeweideverfettung läßt sich kaum behandeln, aber man kann ihr durch richtige Ernährung vorbeugen. Besonders anfällig sind viele der kleineren Arten, wenn sie ausschließlich oder hauptsächlich mit Trockenfutter ernährt werden. Aber auch ausgesprochene Raubfische, wie z. B. Pirayas u. ä. Fischfresser erkranken, wenn sie mit allzu fetten Futterfischen wie z. B. mit Heringen gefüttert werden.

**Laichverhärtung** ist besonders bei Freilaichern, die längere Zeit in Gesellschaftsaquarien gehalten wurden, häufig. Diese Fische müssen die sich während der Laichperiode bildenden Eier in kurzen Abständen regelmäßig ausstoßen. Erfolgt keine Laichabgabe, so klumpen sich die Eier zu einer zusammenhängenden Masse zusammen, die nicht mehr ausgestoßen werden kann. Bei guten Hälterungsbedingungen, d. h. bei nicht zu dichtem Fischbesatz und häufigem Wasserwechsel, ist die Gefahr einer Laichverhärtung gering. Dann setzen die Fische nämlich auch im Gesellschaftsaquarium regelmäßig ihren Laich ab. Zu einer Laichverhärtung kann es kommen, wenn gesunde und fortpflanzungsreife Weibchen aufgrund ungeeigneter Bedingungen, wie z. B. allzu dichtem Fischbesatz oder weil Männchen fehlen, nicht zum Ablaichen kommen. Eine Laichverhärtung ist als übermäßig starker Laichansatz zu erkennen. Bemerkt man diesen rechtzeitig, so kann die Laichverhärtung mitunter behoben werden. Anfänglich ist die Zusammenballung der Eier auf einen Propfen oberhalb der Genitalöffnung beschränkt. Häufig läßt sich dieser Propfen durch vorsichtige Massage entfernen. Gelingt dies, so lassen sich die restlichen Eier meist ohne Schwierigkeiten abstreifen. Zum Zwekke der Behandlung nimmt man den Fisch in einen Kescher und massiert die Bauchseiten vorsichtig von vorne nach hinten in Richtung

---

**Oben links:** *Copella nattereri,* Männchen.
**Oben rechts:** *Copella vilmae,* Männchen.
**Mitte links:** *Poecilocharax weitzmani,* junges Männchen.
**Mitte rechts:** *Characidium fasciatum.* Die Vertreter dieser Gattung werden wegen ihres schmerlenähnlichen Aussehens auch Schmerlensalmler genannt.
**Unten links:** *Phagoborus ornatus.*
**Unten rechts:** Ein Paar Spritzsalmler *(Copella arnoldi),* Männchen rechts.

auf die Afteröffnung hin. Ein gewisses Fingerspitzengefühl ist besonders bei kleineren Arten notwendig. Eine Behandlungsmöglichkeit besteht jedoch nur anfänglich und es ist zwecklos, diese Behandlung bei Weibchen zu versuchen, die schon länger an Laichverhärtung leiden. Weibchen mit Laichverhärtung sind nicht mehr fortpflanzungstauglich, können aber noch lange leben. Setzt man sie unter geeigneten Bedingungen mit einem laichwilligen Männchen zusammen, so kann es vorkommen, daß die Fische ein für die betreffende Art typisches Laichverhalten zeigen, ohne daß Eier abgesetzt werden.

**Protozoenkrankheiten,** werden wie der Name sagt von Protozoen verursacht. Protozoen (Urtierchen) sind tierische Einzeller, die sich durch einfache oder vielfache Teilung vermehren. Zu den Protozoen zählt man die Geißeltierchen (Flagellata), die Wurzelfüßler (Rhizopoda), die Sporentierchen (Sporozoa) und die Wimpertierchen (Ciliata). Die meisten Protozoen ernähren sich von kleineren Mikroorganismen wie Bakterien und mikroskopischen Algen und manche auch von zerfallender organischer Substanz. Andere haben eine parasitische Lebensweise. Von den ersteren haben einige als „Infusorien" Bedeutung als Futtertierchen für kleinste Fischbrut, wie z. B. die zu den Ciliaten gehörenden Pantoffeltierchen, einige der parasitär lebenden sind gefürchtete Fischparasiten. Viele Protozoen lassen sich unter günstigen Beleuchtungsverhältnissen auch mit dem bloßen Auge erkennen, andere sind nur unter der Lupe bzw. bei schwacher mikroskopischer Vergrößerung sichtbar. Von den parasitär lebenden Arten werden die bei Salmlerverwandten häufig vorkommenden Protozoen nachfolgend kurz behandelt und eventuelle Behandlungsmöglichkeiten der durch sie verursachten Erkrankungen beschrieben.

*Pleistophora hyphessobryconis* gehört zu den Sporentierchen und ist der Erreger der **Echten Neonkrankheit,** welche vorzugsweise den Neontetra *(Paracheirodon innesi)* befällt. Bei diesem Sporentierchen handelt es sich wahrscheinlich um einen streng artspezifischen Erreger. Zwar sind vereinzelt auch bei anderen Salmlerverwandten und manchen Karpfenfischen Symptome beobachtet worden, die der Echten Neonkrankheit gleichen, aber vermutlich sind in diesen Fällen andere Erreger die Ursache. Neben der durch Bakterien verursachten Falschen Neonkrankheit können nach Schubert auch Infektionen durch Fischtuberkulose oder Ichthyosporidium ein ähnliches Krankheitsbild hervorrufen. Die Erkrankung zeigt sich durch eine auffällige Farbveränderung der befallenen Fische. Daß für den Neontetra charakteristische rote wie auch grüne Band wird durch einen sich immer mehr ausbreitenden weißen Fleck unterbrochen. Die Weißfärbung ist die Folge einer Zystenbildung des Erregers im angegriffenen Muskelgewebe. Reife Zysten bilden Sporen, die durch Muskelgewebe und Haut des Fisches hindurch ins Wasser gelangen. Gelingt es einer solchen Spore, in den Verdauungskanal eines anderen Neontetras zu gelangen, so wandert ein von ihr gebildeter beweglicher Amöboidkeim durch die Darmwand in die Muskulatur, wo es zu einer erneuten Zystenbildung kommt. Der von den Zysten angegriffene Muskel zersetzt sich, wobei die anfänglich erwähnte Weißfärbung eine Folge dieses Muskelzerfalls ist. Angegriffene Fische magern ab und gehen nach einem Zeitraum von einem bis drei Monaten ein.

---

**Oben links:** Dreibindenziersalmler *(Nannostomus trifasciatus),* Männchen rechts.
**Oben rechts:** *Nannobrycon unifasciatus.*
**Unten:** *Nannostomus espei.*

Eine wirksame Behandlungsmethode erkrankter Fische ist nicht bekannt. Angeblich erfolgreiche Behandlung mit Antibiotika betrifft mit Sicherheit Fälle der durch Bakterien verursachten Falschen Neonkrankheit. Nach Schubert lassen sich Neuinfektionen in Beständen mit teilweise erkrankten Fischen vermeiden, wenn die Fische daran gehindert werden, in die Nähe des Bodens zu gelangen. Dazu werden die Fische in einem Aquarium ohne Bodengrund und Pflanzen untergebracht. In diesem Aquarium befindet sich einige cm über dem Boden ein feinmaschiges Netz, das die Fische vom Boden fernhält. Sinn hat eine solche Behandlung natürlich nur bei größeren Beständen und auch nur dann, wenn alle Fische, bei denen sich eine Erkrankung zeigt, ausgemerzt werden.

*Ichthyophthirius multifilis* ist ein verhältnismäßig großes, auch mit dem bloßen Auge gut erkennbares Wimpertierchen von kugelartiger Form und einem Durchmesser von maximal etwa 1 mm. Dieses Wimpertierchen ist der Erreger der sogenannten „Weißpünktchenkrankheit", gegenüber der die meisten Arten der Salmlerverwandten hochgradig empfindlich sind. Obwohl für die Behandlung von Ichthyophthirius-Infektionen heute hochwirksame und schnellwirkende Mittel zur Verfügung stehen, ist diese Krankheit aufgrund ihrer schnellen Ansteckung und Ausbreitung noch immer ein ernstes Problem. Die in der Haut sitzende Ichthyophthirien haben ein charakteristisches Aussehen und können kaum mit anderen parasitären Einzellern oder Pilzen verwechselt werden. Man erkennt sie als reinweiße, von der Umgebung klar abgegrenzte Punkte, die einen Durchmesser von 0,5–1 mm haben. Besonders gut lassen sie sich in durchsichtigen Flossen erkennen. Reife Ichthyophthirien dringen beim Verlassen des Fisches durch dessen Oberhaut, fallen zu Boden und entlassen dort zahlreiche schnell bewegliche Schwärmsporen. Diese Schwärmsporen sind frei im Wasser bis zu 48 Stunden lebensfähig. Die Aussicht, daß sie innerhalb dieses Zeitraumes einen neuen Wirt finden, ist daher groß. Neuere Untersuchungen haben gezeigt, daß neben dieser Vermehrungsweise vereinzelt auch andere Formen der Vermehrung bei Ichthyophthirius vorkommen. Sowohl erneutes Einkapseln von Schwärmsporen – ohne Wirt – mit nachfolgender erneuter Schwärmsporenbildung, wie auch Teilung von Ichthyophthirien am Wirt sind beobachtet worden. Diese Vermehrungsweisen erklären zum Teil, warum diese Krankheit nach einer erfolgreich erscheinenden Behandlung nach einiger Zeit erneut ausbrechen kann. Wichtig ist außerdem zu wissen, daß Ichthyophthirien auch für das Auge unsichtbar in den Kiemen parasitieren können. Wenn man sie rechtzeitig erkennt, sind die Aussichten für einen Erfolg der Behandlung gut. Behandelt wird am einfachsten mit Dauerbädern über einen Zeitraum von mindestens sieben Tagen bei einer Temperatur von 25 °C. Dem Wasser wird entweder Acriflavin oder Malachitgrün zugesetzt. Bei höherer Temperatur kann die Badedauer verkürzt werden, da dann die Entwicklung der Ichthyophthirien schneller verläuft. Aber auch bei 28 °C sollte die Badedauer fünf Tage nicht unterschreiten. Die meisten der zur Ichthyophthiriusbekämpfung eingesetzten Mittel töten nämlich lediglich die Schwärmsporen ab.

*Dosierung:* bei Acriflavin 1 g per 100 l Aquarienwasser, bei Malachitgrün-Chlorid und Malachitgrün-Oxalat muß die Dosierung mit Hilfe einer Stammlösung erfolgen. Zur Herstellung der Stammlösung wird 1 g Malachitgrün in 1 l Wasser aufgelöst. Von dieser Stammlösung werden bei Malachitgrün-Chlorid maximal bis 10 ml je 100 l Aquarienwasser zugesetzt. Bei Malachitgrün-Oxalat dürfen maximal 5 ml je 100 l Aquarienwasser nicht überschritten werden. Am dritten und fünften Behandlungstag wird noch einmal die Hälfte der ersten Dosis dem Badewasser zugesetzt.

Zu beachten ist, daß die angegebene Badedauer eine Minimumzeit ist und ohne weiteres ausgedehnt werden kann und die Behandlung in einem besonderen Aquarium ohne Pflanzenwuchs erfolgen sollte. Besonders Acriflavin zerstört Wasserpflanzen, aber auch Malachitgrün ist den Pflanzen wenig zuträglich. Sowohl Acriflavin wie auch Malachitgrün sind äußerst farbstarke Mittel; selbst kleine Spritzer verursachen Flecken, die kaum zu entfernen sind.

Läßt sich eine Behandlung im eingerichteten Aquarium nicht vermeiden, so sind die Pflanzen zuvor zu entfernen. Sie können nach erfolgter Behandlung wieder zurückgesetzt werden, denn die eventuell den Pflanzen anhaftenden Schwärmsporen sind inzwischen abgestorben, vorausgesetzt, die Pflanzen wurden in einem fischfreien Behälter aufbewahrt.

Was die Auswahl der anzuwendenden Mittel betrifft, sei noch bemerkt: Acriflavin ist unzweifelhaft das für die Fische schonendste Präparat. Es wird auch von geschwächten Neuimporten gut vertragen. Andererseits zerstört es innerhalb kurzer Zeit selbst härtere Wasserpflanzen. Malachitgrün-Chlorid kann notfalls auch im bepflanzten Aquarium verwendet werden. Dabei muß man jedoch in Kauf nehmen, daß empfindlichere Pflanzen Schaden nehmen. Malachitgrün-Oxalat ist für Fische giftiger als die beiden vorherigen. Mit seiner Hilfe ist jedoch auch eine Bekämpfung der in der Haut sitzenden Ichthyophthirien möglich. Aufgrund seiner für Fische größeren Giftigkeit sollte es bei der Behandlung bereits stark geschwächter Fische nicht zur Anwendung kommen.

Fertige Präparate zur Bekämpfung von Ichthyophthiriusbefall, wie sie im Fachhandel erhältlich sind, enthalten meist Malachitgrün als wirksame Substanz. Ihre Anwendung sollte genau nach Gebrauchsanweisung erfolgen.

Nach abgeschlossener Behandlung empfiehlt sich, zunächst die bei der Behandlung angewandten Mittel mittels Aktivkohle aus dem Aquarienwasser abzufiltern und erst dann das Wasser nach und nach durch Frischwasser zu ersetzen.

**Hauttrüber** ist ein Sammelbegriff unter dem verschiedene ganz- oder teilweise parasitär lebende Protozoen zusammengefaßt werden. Ohne mikroskopische Untersuchung ist es nicht möglich, diese Hauttrüber, wie Chilodonella, Trichodina, Ichtyhyobodo (Costia) und Tetrahymena, zu unterscheiden. Die auch in einheimischen Gewässern häufigen Hauttrüber können mit dem Futter eingeschleppt werden, die nur teilweise parasitären, wie Trichodina und Tetrahymena, sogar aus fischfreien Futtertümpeln. Als typische Schwächeparasiten können Hauttrüber gesunden Fischen nur selten etwas anhaben und die aus einheimischen Gewässern eingeschleppten Formen finden außerdem im warmen Aquarienwasser keine idealen Bedingungen vor. Die Salmlerverwandten sind gegenüber Hauttrübern nur wenig empfindlich; befallen werden fast ausschließlich nur geschwächte Neuimporte. Die befallenen Fische scheuern sich am Boden oder an den Pflanzen. Stärker befallene Hautpartien erscheinen schwach grau getrübt und es kann zu einer Ablösung von Stücken der Oberhaut, oder zu einer Zersetzung der Flossenhäute kommen. Da die Hauttrüber auch die Kiemen befallen, tritt oft Atemnot ein. Behandelt wird mit Bädern von Malachitgrün-Chlorid über einen Zeitraum von vier Tagen.

**Pilzkrankheiten** sind, soweit es sich um Pilze handelt welche die Fischhaut befallen, weitgehend Schwächeparasiten. Im Aquarienwasser sind praktisch immer Sporen von Schimmelpilzen vorhanden. Nur wenn die Fische aus anderen Gründen geschwächt sind, oder wenn sie starken Abkühlungen ausgesetzt waren, werden sie von Pilzen wie Saprolegnia und Achlya angegriffen. Eine Behandlung mit Medikamenten ist nach Schubert mit Griseofulvin möglich. Tabletten, die diesen pilztötenden Wirkstoff enthalten, sind unter verschiedenen Handelsnamen in der Apotheke erhältlich. Dosierung: 10 mg Griseofulvin pro Liter Wasser. Badedauer drei bis vier Tage. Sicherer in ihrer Wirkung sind Kochsalzkurzbäder – mit 20 g Kochsalz je Liter, Badedauer 15–20 Minuten, die aber nicht von allen Arten vertragen werden. Empfindlich gegen Kochsalz sind Arten, die aus ausgesprochen mineralarmen Gewässern stammen.

*Ichthyosporidium hoferi* ist ein Pilz, der im Fisch parasitiert und praktisch alle Organe angreifen kann. Eine sichere Diagnose ist nur bei sachkundiger mikroskopischer Untersuchung angegriffener Organe möglich. Befallene Fische können abmagern, aber bei Befall mancher innerer Organe auch aufgetrieben sein. Von innen heraus aufbrechende Hautschäden wie auch Glotzaugenbildung können vorkommen. Diese Symptome sind aber keineswegs typisch und treten auch bei manchen bakteriellen Infektionen, so z. B. bei Fischtuberkulose, auf. Befallene Fische können noch längere Zeit leben. Da eine Behandlungsmöglichkeit nicht zur Verfügung steht und erkrankte Fische eine ständige Quelle für Neuinfektionen darstellen, sollte man sie abtöten. Dies ist auch dann richtig, wenn die Annahme, daß es sich um eine Infektion mit Ichthyosporidium handelt, nicht zutrifft. Da bei einem Befall mit Fischtuberkulose, bei der ähnliche Symptome auftreten, auch keine Behandlungsmöglichkeit besteht, ist die Frage nach der Ursache der Symptome bedeutungslos.

**Bakterielle Erkrankungen** können mit Sicherheit nur an entsprechend ausgerüsteten Instituten sicher diagnostiziert werden. Da die Kosten für derartige Untersuchungen den Wert der befallenen Fische meist bei weitem übersteigen und die Behandlungsmöglichkeiten, falls überhaupt vorhanden, begrenzt sind, ist von einem Experimentieren abzuraten. Besonders gilt dies, wenn Fischtuberkulose vermutet wird. Diese Krankheit wird nämlich von Mycobakterien ausgelöst, die denjenigen Bakterien nahe verwandt sind, die bei Warmblütern Tuberkulose verursachen. Zumindest gewisse, der bei Fischen vorkommenden Mycobakterien können auch für den Menschen eine Gefahr darstellen. Eine Ausnahme unter den bakteriellen Fischkrankheiten, die sich mit Aussicht auf Erfolg behandeln läßt, ist die **Bakterielle Flossenfäule,** die bisweilen auch bei Neuimporten von Salmlerverwandten auftritt. Verursacht wird sie durch verschiedene Bakterien, die allgemein vorkommen und nur bei geschwächten Fischen zu Krankheitserregern werden. Als Sekundärinfektionen tritt dabei mitunter Pilzbefall durch Saprolegnia auf. Auch die sogenannte **Falsche Neonkrankheit,** bei der die Farbbänder der Neontetras verblassen, aber nicht wie bei der Echten Neonkrankheit unterbrochen werden, wird wahrscheinlich durch derartige, bisher nicht genauer bekannte, Bakterien verursacht. Von Flossenfäule angegriffene Fische zeigen zerfranste Flossen. Mitunter sind auch die einzelnen Flossenstrahlen entzündet und rötlich verfärbt. Eine direkte Behandlung ist mit Antibiotika möglich, z. B. mit Chlortetracyclinpräparaten. Erfolgversprechend ist dies jedoch nur, wenn gleichzeitig die Lebensbedingungen, insbesondere die Hälterung der Fische, wesentlich verbessert wird. Chlortetracyclin wird als Dauerbad über einen Zeitraum von zwei Tagen angewandt. Dosierung: 200–250 mg pro Liter Wasser.

**Mehrzellige Parasiten** wie Saugwürmer (Trematoden), Bandwürmer (Cestoden), Fadenwürmer (Nematoden) und Haarwürmer (Capillarien) werden häufig mit Importfischen eingeschleppt. Da diese Würmer jedoch in der Regel im Laufe ihrer Entwicklung mehrere Wirte haben, im Aquarium aber die entsprechenden Zwischenwirte fehlen, sterben sie meist schnell aus. Eine Ausnahme stellt in dieser Beziehung der zu den Haarwürmern gehörende **Fräskopfwurm** *(Camallanus cotti)* dar. Besonders aus südostasiatischen Züchtereien stammende Fische sind häufig mit diesem Wurm infiziert. Der Wurm parasitiert im Enddarm, wo er sich mit seinem wie eine Fräse wirkenden Kopf in die Darmwand eingräbt. Befallene Fische magern ab und gehen nach und nach ein. Beim ruhig stehenden Fisch kann man mitunter einen Wurm teilweise aus der Afteröffnung heraushängen sehen. Eine zuverlässige Behandlung bei Befall mit Fräskopfwürmern ist mit Masoten® möglich. Behandelt wird im Dauerbad während einer Zeitperiode von drei Tagen. Dosierung: 0,4 mg je Liter Wasser. Der geringen Konzentration wegen ist eine genaue Dosierung in kleineren Behältern am besten mittels einer Stammlösung zu erreichen. Ein Präparat mit derselben wirksamen Substanz, welches man in jeder Apotheke erhält, ist Neguvon®. Dosierung bei Neguvon: 0,3 mg je Liter Wasser.

# Gattungen und Arten

## Afrikanische Salmlerverwandte

### Familie Hepsetidae

*Hepsetus*
  *H. odoe* (Bloch, 1794)

### Familie Alestidae

*Alestes*
  *A. macrophthalmus* Günther, 1867
*Arnoldichthys*
  *A. spilopterus* (Boulenger, 1909)
*Brycinus*
  *B. humilis* (Boulenger, 1905)
  *B. imberi* (Peters, 1852)
  *B. longipinnis* (Günther, 1864)
  *B. nurse* (Rüppel, 1832)
*Hemigrammopetersius*
  *H. caudalis* (Boulenger, 1890)
*Ladigesia*
  *L. roloffi* Géry, 1968
*Lepidarchus*
  *L. adonis* Roberts, 1966
*Micralestes*
  *M. acutidens* (Peters, 1852)
  *M. occidentalis* (Günther, 1899)
  *M. stormsi* Boulenger, 1902
*Phenacogrammus*
  *P. interruptus* (Boulenger, 1899)

### Familie Citharinidae

**Unterfamilie Citharininae:**
*Citharinus*
  *C. citharus* (Geoffroy, 1809)
  *C. congicus* (Boulenger, 1901)

**Unterfamilie Distichodinae:**
*Distichodus*
  *D. affinis* Günther, 1873
  *D. altus* Boulenger, 1899
  *D. decemmaculatus* Pellegrin, 1926
  *D. fasciolatus* Boulenger, 1898
  *D. lusosso* Schilthuis, 1891
  *D. sexfasciatus* Boulenger, 1887
*Nannaethiops*
  *N. unitaeniatus* Günther, 1871
*Nannocharax*
  *N. fasciatus* Günther, 1867
*Neolebias*
  *N. ansorgii* Boulenger, 1912
  *N. trilineatus* Boulenger, 1899
  *N. unifasciatus* Steindachner, 1894
**Unterfamilie Ichthyborinae:**
*Phago*
  *P. loricatus* Günther, 1865
  *P. maculatus* E. Ahl, 1922
*Phagoborus*
  *P. ornatus* (Boulenger, 1901)

# Amerikanische Salmlerverwandte

## Familie Erythrinidae

*Hoplias*
*H. malabaricus* (Bloch, 1794)
*Erythrinus*
*E. erythrinus* (Schneider, 1801)

## Familie Ctenoluciidae

*Ctenolucius*
*C. hujeta* (Cuvier und Valenciennes, 1849)

## Familie Crenuchidae

*Crenuchus*
*C. spilurus* Günther, 1863
*Poecilocharax*
*P. weitzmani* Géry, 1965

## Familie Characidiidae

**Unterfamilie Characidiinae:**
*Characidium*
*C. fasciatum* Reinhardt, 1866
*Jobertina*
*J. rachovi* (Regan, 1913)

## Familie Lebiasinidae

**Unterfamilie Lebiasininae:**
*Lebiasina*
*L. astrigata* (Regan, 1903)
**Unterfamilie Pyrrhulininae:**
*Copeina*
*C. guttata* (Steindachner, 1875)
*Copella*
*C. arnoldi* (Regan, 1912)
*C. metae* (Eigenmann, 1914)
*C. nattereri* (Steindachner, 1875)
*C. vilmae* Géry, 1963
*Nannobrycon*
*N. eques* Steindachner, 1867
*N. unifasciatus* (Steindachner, 1876)
*Nannostomus*
*N. beckfordi* Günther, 1872
*N. bifasciatus* Hoedeman, 1954
*N. diagrammus* Fowler, 1913
*N. espei* (Meinken, 1956)
*N. harrisoni* (Eigenmann, 1909)
*N. marginatus* Eigenmann, 1909
*N. marylinae* (Weitzman und Cobb, 1975)
*N. trifasciatus* Steindachner, 1876
*Pyrrhulina*
*P. brevis* Steindachner, 1875
*P. laeta* (Cope, 1871)
*P. rachowiana* Myers, 1926
*P. spilota* Weitzman, 1960
*P. vittata* Regan, 1912

## Familie Anostomidae

*Abramites*
*A. hypselonotus* (Günther, 1868)
*Anostomus*
*A. anostomus* (Linné, 1758)
*A. taeniatus* (Kner, 1858)
*A. ternetzi* Fernandez-Yepez, 1949
*A. trimaculatus* (Kner, 1858)
*Leporinus*
*L. affinis* (Günther, 1864)
*L. arcus* Eigenmann, 1912
*L. fasciatus* (Bloch, 1794)
*L. friderici* (Bloch, 1795)
*L. maculatus* Müller und Troschel, 1845
*L. striatus* Kner, 1859
*Synaptolaemus*
*S. cingulatus* Myers und Fernandez-Yepez, 1950

## Familie Hemiodidae

**Unterfamilie Hemiodinae:**
*Hemiodopsis*
*H. goeldii* (Steindachner, 1908)
*H. gracilis* (Günther, 1864)
*H. quadrimaculatus* (Pellegrin, 1908)
*H. sterni* Géry, 1964

**Unterfamilie Parodontinae:**
*Parodon*
*P. pongoense* (Allen, 1942)

## Familie Curimatidae

**Unterfamilie Chilodinae:**
*Chilodus*
*C. punctatus* Müller und Troschel, 1845
**Unterfamilie Prochilodinae:**
*Semaprochilodus*
*S. taeniurus* (Steindachner, 1882)
*S. theraponura* (Fowler, 1906)
**Unterfamilie Curimatinae:**
*Curimata*
*C. argentea* Gill, 1858
*C. latior* (Spix und Agassiz, 1829)
*Curimatopsis*
*C. macrolepis* Steindachner, 1876
*C. maculatus* E. Ahl, 1934
*C. saladensis* Meinken, 1933

## Familie Gasteropelecidae

*Carnegiella*
*C. marthae* Myers, 1927
*C. myersi* Fernandez-Yepez, 1950
*C. strigata* (Günther, 1864)
*Gasteropelecus*
*G. levis* (Eigenmann, 1909)
*G. maculatus* Steindachner, 1879
*G. sternicla* (Linné, 1758)
*Thoracocharax*
*T. securis* (Filippi, 1853)
*T. stellatus* (Kner, 1859)

## Familie Serrasalmidae

**Unterfamilie Myleinae:**
*Colossoma*
*C. oculus* (Cope, 1871)
*Metynnis*
*M. argenteus* Ahl, 1923
*M. hypsauchen* (Müller und Troschel, 1844)
*M. lippincottianus* (Cope, 1871)
*M. maculatus* (Kner, 1859)
*Myleus*
*M. gurupyensis* Steindachner, 1911
*M. rubripinnis* (Müller und Troschel, 1844)
*Mylossoma*
*M. duriventre* (Cuvier, 1817)
**Unterfamilie Serrasalminae:**
*Serrasalmus*
*S. nattereri* (Kner, 1859)
*S. piraya* Cuvier, 1819
*S. rhombeus* (Linné, 1766)
**Unterfamilie Catoprioninae:**
*Catoprion*
*C. mento* (Cuvier, 1819)

## Familie Characidae

**Unterfamilie Characinae:**
*Acestrorhynchus*
*A. microlepis* (Schomburgk, 1841)
*Charax*
*C. gibbosus* (Linné, 1758)
*Exodon*
*E. paradoxus* Müller und Troschel, 1844
*Roeboides*
*R. guatemalensis* (Günther, 1864)
*R. microlepis* (Reinhardt, 1849)
**Unterfamilie Bryconinae:**
*Brycon*
*B. falcatus* Müller und Troschel, 1845
*Chalceus*
*C. erythrurus* Cope, 1870
*C. macrolepidotus* Cuvier, 1817
*Triportheus*
*T. elongatus* (Günther, 1864)
**Unterfamilie Paragoniatinae:**
*Leptagoniates*
*L. steindachneri* (Boulenger, 1887)
*Prionobrama*
*P. filigera* (Cope, 1870)
*Rachoviscus*
*R. crassicens* Myers, 1926

*Xenagoniates*
*X. bondi* Meyers, 1942
**Unterfamilie Aphyocharacinae:**
*Aphyrocharax*
*A. alburnus* (Günther, 1869)
*A. anisitsi* Eigenmann und Kennedy, 1903
*A. dentatus* Eigenmann und Kennedy, 1903
**Unterfamilie Glandulocaudinae:**
*Coelurichthys*
*C. microlepis* (Steindachner, 1876)
*C. tenuis* Nichols, 1913
*Corynopoma*
*C. riisei* Gill, 1858
*Gephyrocharax*
*G. atracaudatus* (Meek und Hildebrand, 1916)
*G. valenciae* Eigenmann, 1920
*Glandulocauda*
*G. inaequalis* Eigenmann, 1911
*Pseudocorynopoma*
*P. doriae* Perugia, 1891
*Tyttocharax*
*T. madeirae* Fowler, 1913
**Unterfamilie Stethaprioninae:**
*Poptella*
*P. orbicularis* (Cuvier und Valenciennes, 1848)
*Stethaprion*
*S. innesi* Myers, 1933
**Unterfamilie Tetragonopterinae:**
*Astyanax*
*A. fasciatus* (Cuvier, 1819)
*A. fasciatus jordani* (Hubbs und Innes, 1936)
*Boehlkea*
*B. fredcochui* Géry, 1966
*Carlastyanax*
*C. aurocaudatus* (Eigenmann, 1913)
*Creagrutus*
*C. beni* Eigenmann, 1911
*Ctenobrycon*
*C. spilurus* (Cuvier und Valenciennes, 1849)
*Gymnocorymbus*
*G. ternetzi* (Boulenger, 1895)
*Hasemania*
*H. nana* (Reinhardt, 1874)
*Hemibrycon*
*H. taeniurus* (Gill, 1858)
*Hemigrammus*
*H. caudovittatus* E. Ahl, 1923
*H. erythrozonus* Durbin, 1909
*H. hyanuary* Durbin, 1918
*H. marginatus* Ellis, 1911
*H. ocellifer* (Steindachner, 1882)
*H. pulcher* Ladiges, 1938
*H. rhodostomus* Ahl, 1924
*H. rodwayi* Durbin, 1909
*H. ulreyi* (Boulenger, 1895)
*H. unilineatus* (Gill, 1858)
*Hyphessobrycon*
*H. bentosi* Durbin, 1908
*H. bifasciatus* Ellis, 1911
*H. callistus* (Boulenger, 1900)
*H. copelandi* Durbin, 1908
*H. eos* Durbin, 1909
*H. erythrostigma* (Fowler, 1943)
*H. flammeus* Myers, 1924
*H. georgettae* Géry, 1961
*H. griemi* Hoedeman, 1957
*H. herbertaxelrodi* Géry, 1961
*H. heterorhabdus* (Ulrey, 1895)
*H. loretoensis* Ladiges, 1938
*H. metae* Eigenmann und Henn, 1914
*H. peruvianus* Ladiges, 1938
*H. pulchripinnis* E. Ahl, 1937
*H. scholzei* E. Ahl, 1937
*H. serpae* Durbin, 1908
*H. socolofi* Weitzman, 1977
*H. stegemanni* (Géry, 1961)
*H. vilmae* (Géry, 1966)
*Iguanodectes*
*I. spilurus* (Günther, 1864)
*Inpaichthys*
*I. kerri* Géry und Junk, 1977
*Markiana*
*M. nigripinnis* (Perugia, 1891)
*Moenkhausia*
*M. oligolepis* (Günther, 1864)

*M. pittieri* Eigenmann, 1920
*M. sanctaefilomenae* (Steindachner, 1907)
*Nematobrycon*
*N. lacortei* Weitzman und Fink, 1971
*N. palmeri* Eigenmann, 1911
*Tetragonopterus*
*T. argenteus* Cuvier, 1818
*T. chalceus* Agassiz, 1829
*Thayeria*
*T. boehlkei* Weitzman, 1957
*T. obliqua* Eigenmann, 1908
**Unterfamilie Cheirodontinae:**
*Cheirodon*
*C. parahybae* (Eigenmann, 1915)
*Megalamphodus*
*M. megalopterus* Eigenmann, 1915
*M. sweglesi* Géry, 1961
*Paracheirodon*
*P. axelrodi* Schultz, 1956
*P. innesi* (Myers, 1936)
*P. simulans* (Géry, 1963)
*Petitella*
*P. georgiae* Géry und Boutière, 1964
*Phoxinopsis*
*P. typicus* Regan, 1907
*Pristella*
*P. maxillaris* (Ulrey, 1894)

In den Familien – bzw. Unterfamilien – sind die Gattungen und in den Gattungen die Arten in alphabetischer Folge geordnet.

## Afrikanische Salmlerverwandte

### Familie Hepsetidae

#### Gattung Hepsetus

Die einzige Art dieser recht primitiven Gattung wurde in früheren Publikationen häufig zur Gattung *Hydrocynus* gestellt. Aber abgesehen davon, daß es sich bei diesen beiden Gattungen um auf Fischnahrung spezialisierte Raubfische handelt, haben sie nicht viel gemeinsam. Genau wie auch andere auf Fischnahrung spezialisierte Salmlerverwandte haben sie als Aquarienfische kaum Bedeutung. Nur für öffentliche Aquarien sind sie begehrte Schaustücke. Die folgende Art ist jedoch aus anderen Gründen so interessant, daß sie hier erwähnt werden soll.

**Hepsetus odoe** (Bloch, 1794)
Hechtsalmler
Synonyme: *Hydrocynus odoe, Sarcodaces odoe.*
Vorkommen: In allen Wasserläufen des tropischen Afrikas, mit Ausnahme des Flußsystems des Nils.
Länge: bis 50 cm.
In seiner Gestalt weitgehend unserem Hecht ähnlich, mit weit hinten am Körper angesetzter Rücken- und Afterflosse. Maul groß, tiefgespalten und mit kräftigen konischen Zähnen. Das Auge ist für einen bei Tage jagenden Raubfisch auffällig groß. Grundfärbung je nach Umgebung auf dem Rücken grünbraun bis lehmgelb, nach den Körperseiten hin mehr silberfarbig. Ein dunkler Fleck auf der Schwanzwurzel ist nur bei jungen Exemplaren gut sichtbar. In seiner Lebensweise stimmt er weitgehend mit unserem Hecht überein. Als Aquarienbewohner ist er ein anspruchsvoller und empfindlicher Pflegling, der sich nur für eine Haltung in großen Artaquarien eignet. Da bereits kleinste Verletzungen schnell verpilzen und leicht zum Tode führen, ist ein Transport größerer Exemplare äußerst schwierig. Jungfische sind nicht ganz so transportempfindlich und wachsen bei reichlicher Fütterung mit lebenden Fischen sehr schnell. Nach Beobachtungen, die Svensson und Johnels im Überschwemmungsgebiet des Gambiaflusses machen konnten, ist diese Art ein brutpflegender Schaumnestbauer. Diese Form der Brutpflege ist von den Labyrinthfischen

gut bekannt und kommt auch bei einigen Welsen vor, für einen Salmlerverwandten ist sie ungewöhnlich. Die beobachteten Nester bestanden aus sehr feinen Luftblasen. Die im Nest gefundenen Larven hatten gut ausgebildete Haftorgane, mit denen sie unter dem Nest hingen. Das Nest wurde von einem der Elterntiere – oder möglicherweise von beiden – bewacht. Inwieweit die für den Nestbau erforderlichen Luftblasen mit Hilfe besonderer Drüsensubstanzen gebildet werden, ist bisher nicht bekannt.

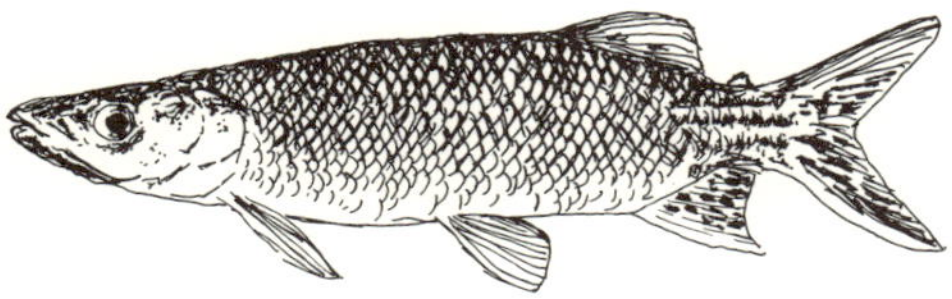

*Hepsetus odoe*

## Familie Alestidae

Die Familie der Alestidae umfaßt die echten afrikanischen Salmler. Sie ist in zwei Unterfamilien aufgeteilt, von denen jedoch nur eine, die Alestinae, für uns von Interesse ist. Die andere Unterfamilie umfaßt lediglich die Gattung *Hydrocynus,* deren Arten zu den größten fischfressenden Raubfischen Afrikas gehören. Unter den Vertretern der Alestinae findet man eine Anzahl schöner und leicht zu pflegender Aquarienfische.

**Gattung Alestes** Müller und Troschel, 1845
Die Arten dieser Gattung sind wegen der Größe, die sie erreichen nur als Jungfische für das Zimmeraquarium geeignet. Die folgende Art ist jedoch während der letzteren Jahre öfter als Beifang mit Fischen aus dem Tanganjikasee nach Europa gelangt.

**Alestes macrophthalmus** Günther, 1867
Vorkommen: Weit verbreitet in Zentral- und Ostafrika, lebt sowohl in Flüssen wie in Seen.
Länge: bis 45 cm.
Eine schlanke Art, deren Körperform an einen Hering erinnert.
Jungfische sind irisierend-silberglänzend mit zart rötlich getönter Schwanzflosse. Lebhafter Schwarmfisch mit großem Bewegungsbedürfnis. Haltungstemperatur 23–26 °C.

**Gattung Arnoldichthys** Myers, 1926
Die Gattung Arnoldichthys umfaßt nur eine Art.

**Arnoldichthys spilopterus** (Boulenger, 1909)
Arnolds Rotaugensalmler
Synonym: *Petersius spilopterus* (Boulenger, 1909).
Vorkommen: Südwestliches Nigeria, von Lagos bis zum Nigerdelta.
Länge: bis 8 cm.
Körperform: spindelförmig.
Geschlechtsunterschiede lassen sich bei ausgewachsenen Exemplaren gut an der unterschiedlichen Form und Zeichnung der Afterflosse erkennen. Beim Weibchen ist die untere Kante der Afterflosse gerade, und an der Mitte der Flossenbasis befindet sich ein heller Fleck. Beim Männchen verläuft die untere Kante der Afterflosse bogenförmig nach außen, und die Flosse hat ein Streifenmuster, das aus längsgehenden dunkleren und zart gelb-rötlichen Streifen besteht. Bestimmend für den Gesamteindruck des Fisches sind die großen stark irisierenden Schuppen und seine leuchtend roten Augen. Arnolds Rotaugensalmler kommt am besten in größeren Aquarien im Schwarm gehalten zur Geltung. Ein dunklerer Bodengrund trägt viel dazu bei, die Farbintenstität der Fische hervorzuheben. Bei der Haltung gegenüber einer Wasserhärte bis zu 20 °dH Totalhärte unempfindlich. Haltungstemperatur 23–26 °C.

Die Nachzucht dieser Art im Aquarium ist schon wiederholte Male gelungen. Für Zuchtversuche werden Aquarien von mindestens 100 l Inhalt verwendet. Bei der Zucht sollte die Totalhärte des Wassers 6°dH nicht übersteigen. Ausgewachsene Weibchen legen bei einer Eiabgabe 700–1000 Eier. Die Larven schlüpfen bei einer Temperatur von 25°C nach ca. 35 Stunden. Fünf Tage später schwimmen die Jungfische frei und können sofort mit kleinsten Artemianauplien bzw. entsprechend großen Cyklopsnauplien angefüttert werden. Die Jungfische sind sehr raschwüchsig und können bei sachgemäßer Fütterung nach acht Wochen schon 3,5 cm lang sein.

**Gattung Brycinus** (Cuvier und Valenciennes, 1849)
Diese Gattung ist artenreich und umfaßt nach dem derzeitigen Kenntnisstand über 40 Arten. Die meisten von ihnen werden etwas zu groß für unsere Aquarien. Einige der kleineren Arten werden jedoch regelmäßig als Aquarienfische gehalten. Das Verbreitungsgebiet der Gattung umfaßt den größten Teil des tropischen Afrikas, von der Westküste bis zu den großen ostafrikanischen Seen und deren Zuläufen.

**Brycinus humilis** (Boulenger, 1905)
Synonym: *Alestes humilis* (Boulenger, 1905).
Vorkommen: Quanzafluß in Angola.
Länge: 8 cm.
Eine der kleinsten *Brycinus*-Arten. Körperform mäßig hoch, seitlich abgeplattet und mit gleichmäßig gewölbter Rückenlinie. Körperfärbung dezent, so daß der Körper fast durchsichtig erscheint. Entlang der Körpermitte verläuft vom Kiemendeckelrand bis zur Schwanzwurzel ein breites gelblich schimmerndes Band, welches im Übergang zwischen Schwanzwurzel und Schwanzflosse in einem schwarzen Flecken endet. Beim ausgewachsenen Männchen reicht die Rückenflosse angelegt bis an die Schwanzflossenbasis. Beim Männchen irisieren die Schuppen bläulich, beim Weibchen silberfarben. Flossen gelblich getönt, Schwanzflosse mit weißem Saum. Augen leuchtend gelb. Haltungstemperatur 23–26°C. Stellt bei der Haltung keine besonderen Forderungen an die Wasserverhältnisse. Nachzucht ist im Aquarium in weichem, torfgefiltertem Wasser schon öfter gelungen.

**Brycinus imberi** (Peters, 1852)
Synonym: *Alestes imberi* (Peters, 1852).
Vorkommen: Kamerun. Angaben über Vorkommen in anderen Gebieten sind wahrscheinlich auf Verwechslungen mit anderen *Brycinus*-Arten zurückzuführen. Der deutsche Name „Roter Kongotetra" ist irreführend und sollte nicht angewandt werden.
Länge: bis 12 cm.

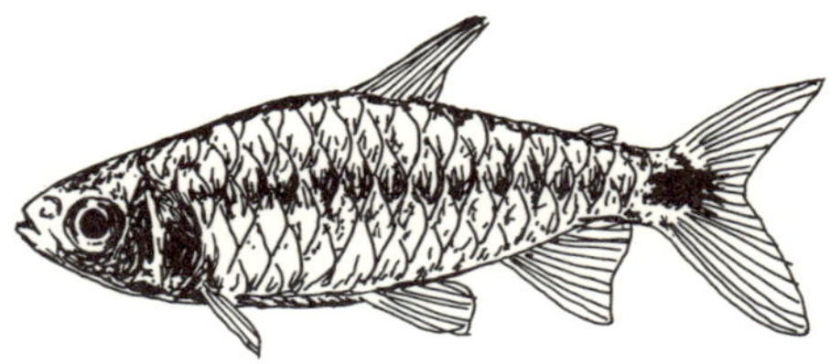

*Brycinus imberi*

Körperform langgestreckt und seitlich abgeplattet. Die Färbung mit bläulich irisierenden Schuppen und dem fast transparent wirkenden Körper weist große Ähnlichkeit mit der vorherigen Art auf, jedoch hat diese Art ein bläulich schillerndes Längsband, das in einem oben golden umrandeten schwarzen Fleck in der Schwanzwurzel endet. Haltungstemperatur 23–26°C. Für die Haltung stellt dieser friedliche Fisch keine besonderen Forderungen an die Wasserverhältnisse. Im Aquarium noch nicht nachgezüchtet.

**Brycinus longipinnis** (Günther, 1864)
Langflossensalmler
Synonym: *Alestes longipinnis* (Günther, 1864).
Vorkommen: West- und Zentralafrika, von Sierra Leone bis zum Stromgebiet des unteren Kongo.
Länge: bis 13 cm.
Jungfische sind ziemlich schlank und langgestreckt. Mit zunehmendem Alter ist die Körperform hochrückiger und seitlich abgeplattet. Ausgewachsene Männchen haben lang ausgezogene Rückenflossen. Grundfärbung schwach gelblich, zum Rücken mehr olivfarben, an den Körperseiten heller und mit silbrigem Glanz. Auf dem Schwanzstiel und im vorderen Teil der Schwanzflosse ein kurzes schwarzes Längsband, das nach oben von einer goldfarben irisierenden Zone begrenzt wird. Im Aquarium hält sich dieser ausgeprägte Schwarmfisch meist in den unteren Wasserschichten auf, und seine Farben kommen bei dunklem Untergrund am besten zur Geltung. Schon häufiger im Aquarium nachgezüchtet. Zuchtansatz in weichem Wasser (unter 6°dH) und möglichst großen Zuchtaquarien. Die Laichabgabe erfolgt vorzugsweise bei stark gedämpftem Licht. Die Jungfische schlüpfen bei einer Temperatur von 25°C nach sechs Tagen. Sobald sie frei schwimmen, können sie mit Artemianauplien angefüttert werden.

**Brycinus nurse** (Rüppel, 1832)
Synonym: *Alestes nurse* (Rüppel, 1832).
Vorkommen: In großen Teilen des tropischen Afrikas weit verbreitet, vom Stromgebiet des Nils bis zum Stromgebiet des Kongos. Kommt auch im Viktoriasee und im Rudolfsee vor.
Jungfische dieser Art kommen zuweilen als Beifänge mit Importen anderer afrikanischer Fische nach Europa. Da diese Art jedoch bis zu 23 cm lang werden kann, sind sie nur für kürzere Zeit für eine Haltung im Zimmeraquarium geeignet. Die Körperform ist der vorherigen Art ähnlich, im Querschnitt jedoch runder als diese. Grundfärbung gelbbraun mit stark irisierenden großen Schuppen. Unterseite heller gelblich bis silberweiß. Auf dem Schwanzstiel ein deutlich markierter dunkler Fleck. Nach Sterba ist der untere Rand der Afterflosse beim Weibchen gerade, beim Männchen nach außen ausgebuchtet. Über gelungene Nachzuchten im Aquarium ist nichts bekannt. Ein recht unempfindlicher und anspruchsloser Fisch. Kann bei Temperaturen zwischen 20–28°C gehalten werden. Nimmt neben tierischer Kost auch viel pflanzliche Nahrung zu sich.

**Gattung Hemigrammopetersius** Pellegrin, 1925
Eine insgesamt 23 Arten umfassende Gattung meist kleinerer Fische, von denen doch nur eine Art als Aquarienfisch Verbreitung gefunden hat. Systematisch steht die Gattung sowohl *Brycinus* und *Phenacogrammus* nahe, sie unterscheidet sich von diesen durch eine abweichende Bezahnung.

**Hemigrammopetersius caudalis** (Boulenger, 1890)
Gelber Kongotetra
Synonyme: *Petersius caudalis* (Boulenger, 1899), *Alestopetersius caudalis* (Boulenger, 1899).
Vorkommen: Nebenflüsse des unteren Kongo und Stanley Pool.
Länge: 7 cm.
Körperform mäßig gestreckt und seitlich abgeplattet. Beim Männchen ist die Rückenflosse lang ausgezogen. Auch die mittleren Strahlen der Schwanzflosse und die Afterflosse sind etwas verlängert. Grundfärbung hellgraublau bis gelblich. Äußere Flossenränder der Rükken-, After- und Bauchflossen weiß. Schwanzflosse gelblich und mit einem schwarzen Längsstreifen in der Mitte. Beim Weibchen sind alle Farben nur angedeutet. Ein dankba-

rer Schwarmfisch für größere Aquarien. Läßt sich auch gut mit anderen Arten zusammenhalten. Schon häufiger im Aquarium nachgezüchtet. Während der Laichperiode setzt diese Art an mehreren aufeinander folgenden Tagen

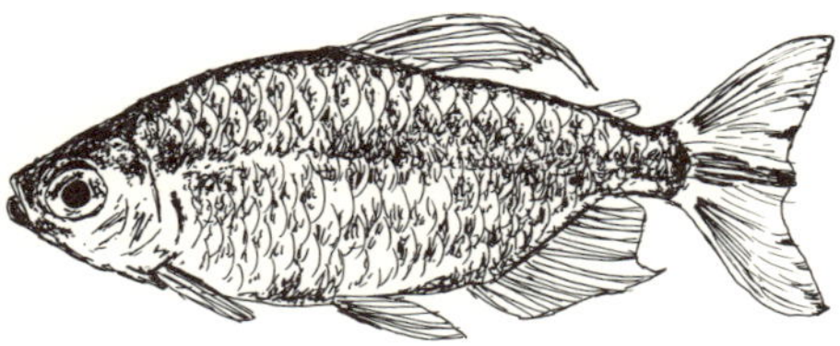

*Hemigrammopetersius caudalis*

eine Anzahl von Eiern ab. Die Laichabgabe erfolgt in der Regel in den Morgenstunden. Um Laichräubereien zu vermeiden, empfiehlt sich ein einige cm über dem Boden angebrachter Laichrost. Da die Laichabgabe sich über mehrere Tage verteilt, schlüpfen auch die Jungfische nicht gleichmäßig. Am sechsten Tage nach der Laichabgabe schwimmen bei 25°C die ersten Jungfische frei. Diese können sofort mit Artemianauplien oder entsprechend ausgesiebten Cyclopsnauplien angefüttert werden. Kann problemlos in Wasser mit einer Totalhärte bis 20°dH gehalten werden. Häufige teilweise Wasserwechsel sind angebracht, da diese Art extrem empfindlich gegenüber Anhäufung von Stickstoffverbindungen im Wasser ist. Für Zuchtversuche ist weiches Wasser mit einer Totalhärte bis 8°dH erforderlich.

**Gattung Ladigesia** Géry, 1968

Eine westafrikanische, nur aus einer Art bestehende Gattung, welche der vorherigen nahesteht, sich von dieser aber durch ihre Bezahnung unterscheidet. Ein anderes, auch am lebenden Fisch leicht erkennbares Merkmal der Gattung ist eine schuppenlose Zone auf dem Vorderrücken.

**Ladigesia roloffi** Géry, 1968
Vorkommen: Sierra Leone.
Länge: bis 4 cm.
Einer der kleinsten afrikanischen Salmler. In der Körperform ähnelt dieses grazile Fischchen stark ihren häufiger als Aquarienfische gehaltenen südamerikanischen Verwandten der Gattung *Hemigrammus.* Grundfärbung gelblich-schimmernd und mit einem etwas deutlicher hervortretenden gelben Längsband. Rücken-, Schwanz- und Afterflosse rötlich. Nach Roloffs Angaben gelang die Nachzucht in einem weichen und etwas sauren Wasser (Totalhärte 4°dH, pH-Wert 6,0). Die Anfütterung der bei einer Temperatur von 24°C nach fünf Tagen schwimmenden Jungfische erfolgte mit ausgesiebtem Futter aus dem Freiland.

**Gattung Lepidarchus** Roberts, 1966

Diese Gattung bildet zusammen mit der vorherigen und der Gattung *Clupeocharax* eine Gruppe von kleinen Salmlern aus West- und Zentralafrika. Von diesen Gattungen ist bisher jeweils nur eine Art bekannt. Dabei muß man jedoch beachten, daß das Auffinden kleinster Fische in verkrauteten Bachläufen oder ähnlichen Kleingewässern äußerst schwierig ist. Es ist also durchaus denkbar, daß es noch unentdeckte Arten gibt, die zu diesen Gattungen gehören.

**Lepidarchus adonis** Roberts, 1966
Vorkommen: Westafrika.
Länge: bis 2,5 cm.
Der kleinste bisher bekannte afrikanische Salmler. Bei dieser Art ist die Schuppenreduktion, die sich bei der vorherigen Art auf den Vorderrücken beschränkte, auf den ganzen Körper ausgedehnt. Das schuppenlose Fischchen erscheint fast glasartig durchsichtig. Das Männchen hat jedoch über den Hinterkörper verstreut zahlreiche purpurfarbige Flecken und Tupfen, auf der Schwanzwurzel vor der

Schwanzflosse einen dunkleren Fleck und im oberen und unteren Schwanzflossenlappen jeweils zwei waagerechte Striche. Trotz seines „zerbrechlichen“ Aussehens ist dieser Fischzwerg keineswegs empfindlich und verhältnismäßig leicht im Aquarium zu vermehren. Aufgrund seiner Kleinheit kommt diese Art nur für separate Haltung in Frage. Haltung in weichem Wasser (möglichst unter 5°dH Totalhärte) und Fütterung mit kleinsten lebenden Futtertierchen wie kleinen Cyclops, Artemianauplien, Grindahlwürmchen und ähnlichen. Bei einer Temperatur von 25°C laichen gut gefütterte Fische willig, und je Laichabgabe werden dabei 20–35 Eier abgegeben. Die Paarungen erfolgen zwischen dichten Beständen feinfiedriger Wasserpflanzen dicht unter der Oberfläche, wobei das Männchen eine intensivere gelbliche Färbung annimmt. Die Larven schlüpfen nach 35–40 Stunden, und

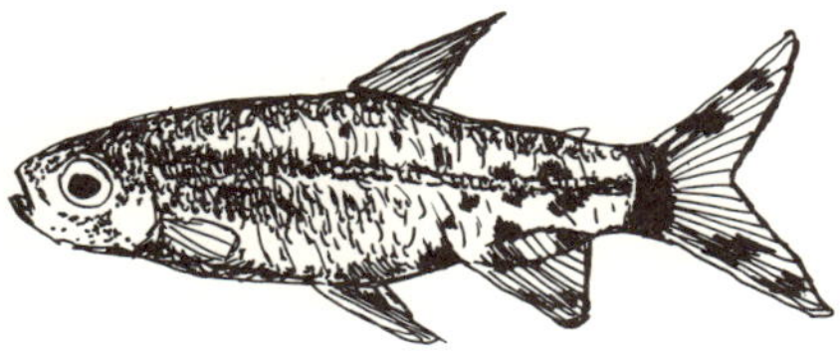

*Lepidarchus adonis*

am siebten Tage nach dem Ablaichen schwimmen die Jungfische frei. Diese sind im Verhältnis zur Größe der Elterntiere erstaunlich groß und nehmen sofort frischgeschlüpfte Artemianauplien als Futter an.

**Gattung Micralestes** Boulenger, 1899

Eine ca. 15 Arten umfassende Gattung, deren Verbreitung sich von der afrikanischen Westküste über das Kongobecken bis zum Tanganjikasee erstreckt und im Süden bis nach Angola reicht. Bisher sind nur wenige Arten aus dieser Gattung als Aquarienfische gehalten worden. Die folgenden drei Arten werden häufiger importiert.

**Micralestes acutidens** (Peters, 1852)

Vorkommen: Von Nigeria bis nach Angola und im Stromgebiet des Sambesi. Angaben, nach denen diese Art auch im Stromgebiet des Nils vorkommen soll, sind wahrscheinlich auf Verwechslungen mit anderen Arten zurückzuführen.

Länge: bis 7 cm.

Körperform schlank, Afterflosse kurz, Rückenflosse kurz und spitz. Grundfärbung silberfarbig irisierend. Längs der Körpermitte zwei dunklere Streifen. Die beiden zwischen diesen Streifen liegenden Schuppenreihen mit bläulichem Schimmer. Rückenflosse mit schwarzer Spitze. Die Männchen sind wesentlich schlanker als die Weibchen. Über Nachzuchten im Aquarium liegen keine Angaben vor.

**Micralestes occidentalis** (Günther, 1899)

Synonym: *Petersius occidentalis* (Günther, 1899).

Vorkommen: Westafrika.

Länge: 6,5 cm.

Der vorigen Art in der Körperform ähnlich, doch seitlich stärker abgeplattet. Die Weibchen sind im ausgewachsenen Zustand sowohl größer wie auch runder im Körperquerschnitt als die Männchen. Grundfärbung silberfarbig mit einem dunkleren Längsband. Rückenflosse dunkel, fast schwarz, beim Männchen mit einem gelben Querband, beim Weibchen mit hellem Saum. Schon öfter im Aquarium vermehrt, doch ohne daß die Art größere Verbreitung gefunden hätte. Stellt bei der Haltung keine besonderen Forderungen an die Wasserverhältnisse. Bei Zuchtversuchen empfiehlt sich jedoch Zuchtansatz in weichem Wasser.

**Micralestes stormsi** Boulenger, 1902

Vorkommen: Stromgebiet des Kongo.

Länge: 5 cm.

Körperform schlank und seitlich abgeplattet. Grundfärbung licht gelbgrau und entlang der Körpermitte eine breite Zone mit stark irisierenden bläulichen Schuppen. Fettflosse leuchtend rot, übrige Flossen durchscheinend. Bisher nur vereinzelt importiert. Über Geschlechtsunterschiede und Aquariennachzuchten liegen keine Angaben vor.

**Gattung Phenacogrammus** Eigenmann, 1907

Diese Gattung umfaßt ca. 20 Arten. Der Schwerpunkt ihrer Verbreitung ist das Stromgebiet des Kongos, jedoch kommen einige Arten auch in anderen Teilen Westafrikas vor, wie in Gabun und Angola. Obwohl diese Gattung einige sehr attraktive Arten enthält, von denen schon mehrere in kleinerer Anzahl importiert worden sind, hat doch nur eine Art wirkliche Verbreitung als Aquarienfisch gefunden.

**Penacogrammus interruptus** (Boulenger, 1899)
Kongosalmler
Synonym: *Micralestes interruptus* (Boulenger, 1899).
Vorkommen: Stromgebiet des Kongo.
Länge: Männchen bis 9 cm, Weibchen bis 6,5 cm.

Körperform als Jungfisch zunächst mäßig schlank, mit zunehmendem Alter mehr hochrückig. Beim ausgewachsenen Männchen ist der mittlere Teil der Schwanzflosse und die Rückenflosse stark verlängert. Bei manchen Exemplaren kann die Spitze der angelegten Rückenflosse bis zum Ende der Schwanzflosse reichen. Ausgewachsene Männchen mit wundervollem perlmuttartigem irisierenden Glanz. Im Schwarm gehalten ein äußerst dekorativer Fisch für größere Aquarien. Wenn diese Fische auch gegenüber härterem Wasser bei der Haltung nicht direkt empfindlich sind, so fühlen sie sich unzweifelhaft in weichem und etwas saurem Wasser am wohlsten. Empfindlich gegenüber Anhäufung von Stickstoffverbindungen und Nitraten. Regelmäßige teilweise Wasserwechsel sind notwendig, um die Fische gesund zu erhalten.

Der Kongosalmler ist heute wohl der am häufigsten im Aquarium gehaltene afrikanische Salmler und wird regelmäßig nachgezüchtet. Neben tierischer Nahrung nimmt diese Art auch pflanzliche Kost in Form von Algen und zarten Trieben von Wasserpflanzen zu sich. Um die Fische in Laichverfassung zu bringen, verfüttert man zweckmäßig weiße oder schwarze Mückenlarven. Ähnlich wie *Hemigrammopetersius caudalis* setzt auch diese Art ihre Eier an mehreren aufeinanderfolgenden Tagen ab. Die größte Zahl der Eier, meist zwischen 150–200, wird jedoch am ersten Tage abgesetzt. In den beiden folgenden Tagen werden dann noch einmal jeweils 40–100 Eier gelegt. Für die Zucht sind Aquarien von mindestens 100 l Inhalt angebracht. Zwar können Kongosalmler auch in kleineren Aquarien ablaichen, aber es ist sehr schwer, dort eine größere Anzahl der recht empfindlichen Jungfische aufzuziehen. Der Zuchtansatz erfolgt am besten in weichem (unter 5°dH Totalhärte) torfgefiltertem Wasser. Bei einer Temperatur von 25°C schlüpfen die Jungfische nach sechs Tagen. Kühlere Temperaturen verzögern die Entwicklung, jedoch sind die Eier dieser Art nicht sonderlich temperaturempfindlich und vertragen ohne Schaden zu nehmen Abkühlungen bis 20°C.

---

**Oben links:** Diese *Pyrrhulina*-Art wird im Handel als *Pyrrhulina filamentosa* angeboten, doch ist unsicher, ob es sich um diese Art handelt.
**Oben rechts:** *Nannostomus beckfordi,* Aripiranga-Typ, Männchen unten.
**Unten:** Zwergziersalmler *(Nannostomus marginatus).*

In sehr großen Aquarien kann der Kongosalmler auch im Daueransatz vermehrt werden, wenn das Aquarium eine dichte Boden- und Oberflächenvegetation aufweist.

## Familie Citharinidae

Geradsalmler

Diese Familie wird heute in drei Unterfamilien aufgeteilt. In der älteren Aquarienliteratur rechnete man häufig sämtliche Citharinidae zu den Characidae, von denen sich ihre Vertreter jedoch durch verschiedene morphologische Merkmale unterscheiden. Die meisten dieser Merkmale sind am lebenden Fisch nicht erkennbar. Ein Merkmal, das auch am lebenden Fisch gut zu sehen ist und an dem sich der Aquarienfreund orientieren kann, ist die gerade Seitenlinie, welche ja der Familie ihren deutschen Namen einbrachte. Als Aquarienfische geeignete Arten finden sich hauptsächlich in der Unterfamilie Distichodinae. Arten der Unterfamilien Citharininae und Ichthyborinae werden ab und zu vereinzelt importiert.

### Unterfamilie Citharininae

Besteht aus zwei Gattungen mit insgesamt neun Arten. Ihr Verbreitungsgebiet umfaßt das ganze tropische Afrika, einschließlich dem Stromgebiet des Nils. Es handelt sich um verhältnismäßig groß werdende und raschwüchsige Arten, die Längen von 40–80 cm erreichen und in ihren Heimatgebieten geschätzte Speisefische sind.

**Gattung Citharinus** Cuvier, 1817

Die Gattung umfaßt sieben Arten ausgesprochen hochrückiger Fische, welche auch gegenüber kleineren Fischen ausgesprochen friedlich sind. Jungfische können vorübergehend einige Zeit auch in gewöhnlichen Zimmeraquarien gehalten werden. Ausgewachsene Exemplare sind ausgezeichnete Schaustücke für öffentliche Aquarien. Typisch für die Angehörigen dieser Gattung sind die feinen Lippenzähne, die sich vorzüglich zur Aufnahme vegetabilischer Nahrung eignen.

**Citharinus citharus** (Geoffroy, 1809)

Vorkommen: In den meisten Gewässern des tropischen Afrikas, vom Senegal bis zum Nil.

Länge: bis 50 cm.

Ein sehr hochrückiger und seitlich abgeplatteter Fisch. Die Körperhöhe entspricht etwa der Hälfte der Körperlänge. Kopf auffallend klein und mit enger Maulspalte. Einfarbig silberfarbig mit etwas dunklerem Rücken. Ein äußerst anspruchsloser Allesfresser, der keine besonderen Ansprüche stellt und bei Temperaturen zwischen 20–30°C gehalten werden kann.

**Citharinus congicus** (Boulenger, 1901)

Vorkommen: Stanley Pool und von dort an kongoaufwärts.

Länge: bis 45 cm.

Jungfische dieser Art kommen ab und zu meist unerkannt mit Importfischen aus dem Kongogebiet nach Europa. Diese Jungfische sind erheblich schlanker, als es den meisten Beschreibungen von *Citharinus*-Arten entspricht und sehen eher wie Weißfische aus. Mit zunehmendem Alter nehmen sie jedoch an Höhe zu, ohne allerdings so hochrückig zu werden wie die vorherige Art.

### Unterfamilie Distichodinae

Umfaßt insgesamt neun Gattungen, deren Verbreitung sich auf fast alle an der afrikanischen Westküste ausmündenden Flüsse und

---

**Oben links:** Marmorierter Beilbauchfisch *(Carnegiella strigata strigata).*
**Oben rechts:** Unbestimmte *Hemiodopsis*-Art, wahrscheinlich *Hemiodopsis goeldii.*
**Unten links:** *Curimatopsis evelynae.*
**Unten rechts:** *Leporinus striatus.*

Flußsysteme von Senegal und Gambia bis nach Angola erstreckt. Einzelne Arten kommen auch im Stromgebiet des Nils vor. Innerhalb dieser Unterfamilie finden wir einige Gattungen mit kleinen Arten, die empfehlenswerte Aquarienfische darstellen und die regelmäßig im Aquarium vermehrt werden.

**Gattung Distichodus** Müller und Troschel, 1844
Eine Gattung flußlebender Fische von mäßig hochrückiger Körperform, seitlich abgeplattet. Kopf klein und kegelförmig, Maulspalte eng. Typisch für die Gattung ist die teilweise Beschuppung von Schwanzflosse, Fettflosse und, bei gewissen Arten, auch der Afterflosse. Die Größe schwankt zwischen acht bis 60 cm. Die kleineren Arten sind dankbare und lebhafte Aquarienfische. Über Nachzuchten von *Distichodus*-Arten im Aquarium liegen keine Angaben vor. Im Aquarium sind die *Distichodus*-Arten leicht zu halten. Sie benötigen jedoch viel Schwimmraum und sind nur für größere Aquarien geeignet. Da sie ausgesprochen friedlich sind und verhältnismäßig langsam wachsen, können auch die größeren Arten lange im Zimmeraquarium gehalten werden, zumal sie dort ihre Maximalgröße oft nicht erreichen. Bei ihrer Fütterung ist zu beachten, daß sie viel Pflanzenkost benötigen und daß manche von ihnen ausgesprochene Pflanzenfresser sind. Haltungstemperaturen zwischen 23–28°C.

**Distichodis affinis** Günther, 1873
Vorkommen: Stromgebiet des Kongo.
Länge: bis 12 cm.
Körperform recht gedrungen, hochrückig und seitlich abgeplattet. Die Körperhöhe entspricht bei ausgewachsenen Exemplaren etwa der halben Körperlänge. Grundfärbung silberfarbig, auf den Körperseiten mit unregelmäßigen dunkleren Feldern. Rückenflosse im vorderen Teil schwarz, im mittleren Teil rot, im hinteren Teil farblos. Fett und Schwanzflosse zart rötlich, Schwanzflosse hinten mit hellerem Saum. Bauchflossen und Afterflosse rot, Afterflosse unten mit hellem Saum. Leider verblaßt die hübsche Färbung junger Exemplare mit zunehmendem Alter.

**Distichodus altus** Boulenger, 1899
Vorkommen: Vom Stromgebiet des Kongo bis Angola.
Länge: 20 cm.
Körperform ähnlich der vorherigen Art. Schwanzflossenlappen oben und unten gleichmäßig, fast zirkelförmig abgerundet. Jungfische wesentlich schlanker als ausgewachsene Exemplare. Färbung auf dem Rücken braungrau, zu den Körperseiten hin in gelblich übergehend und mit stark irisierendem Glanz.

**Distichodus decemmaculatus** Pellegrin, 1926
Vorkommen: Mittlerer Teil des Kongobekkens.
Länge: bis 6 cm.
Die kleinste *Distichodus*-Art, die in ihrer Körperform an *Nannaethiops*- und *Neolebias*-Arten erinnert. Der Körperquerschnitt ist runder als bei den größeren *Distichodus*-Arten, und der ganze Körper wirkt mehr kompakt. Im Gegensatz zu den meisten anderen Arten ihrer Gattung, deren Farben mit zunehmendem Alter verblassen, wird bei dieser Art die Färbung ausgewachsener Fische intensiver. Jungfische sind auf dem Rücken graugrün und zu den Körperseiten hin grünlich. Entlang der Körpermitte zehn dunkle Flecken, der vorderste auf dem Kiemendeckel ist nicht immer erkennbar. Die Rückenflosse hat im vorderen Teil an der Basis ein dunkles Feld. Bei älteren Fischen wird die Färbung dunkler grünlich und die Bauchflossen sind rot.

**Distichodus fasciolatus** Boulenger, 1898
Vorkommen: Vom Stromgebiet des Kongo bis Angola.
Länge: bis 30 cm.
Jungfische haben einen fast gleichmäßig rhombischen Körperbau mit von der Körpermitte gleichmäßig abfallender Rücken- und Bauchlinie. Ihr Auge ist auffällig groß. Ältere Fische werden hochrückiger und bei ihnen wirkt der Kopf auffällig klein. Maul unterständig. Jungfische sind bronzefarbig bis gelbbraun mit zehn bis zwölf unregelmäßigen Querstreifen. Rückenflosse mit Tupfenzeichnung. Fettflosse gelblich und mit hinterem schwarzem Saum.

**Distichodus lusosso** Schilthuis, 1891
Vorkommen: Vom Stromgebiet des Kongo bis Angola.
Länge: bis 40 cm.
Jungfische haben eine gestreckte Körperform mit gleichmäßig gewölbter Rücken- und fast gerader Bauchlinie. Bei älteren Fischen ist die Körperform höher und die Bauchlinie ähnlich der Rückenlinie gleichmäßig gewölbt. Auch bei dieser Art wirkt der Kopf älterer Fische auffällig klein. Maul deutlich unterständig. Die Grundfärbung ist beim Jungfisch leicht gelbrötlich, bei älteren Exemplaren dunkler und mit gelblich irisierenden Schuppen. Quer über den Körper laufen sieben dunklere breite Querbänder, die fast bis zur Bauchkante reichen. Das erste dieser Bänder, gleich über dem Nacken, ist jedoch bei älteren Fischen oft nicht zu erkennen. Das vorletzte Querband reicht in die Fettflosse hinein. Alle Flossen rötlich.

**Distichodus sexfasciatus** Boulenger, 1897
Vorkommen: Stromgebiet des Kongo bis Angola.
Länge: bis 25 cm.
Ähnelt in Form und Zeichnung der vorherigen Art, ist aber in der Färbung intensiver. Wohl die farbenprächtigste *Distichodus*-Art. Jungfische haben einen schlankeren Körperbau mit gleichmäßig gewölbter Rückenlinie, während die Bauchlinie vom unterständigen Maul bis zum Afterflossenansatz fast waagerecht verläuft. Grundfärbung rötlichgelb mit sechs bis sieben tiefschwarzen Querbändern. Alle Flossen, außer den Brustflossen, leuchtend rot. Mit zunehmendem Alter werden die Fische mehr hochrückig, die Bauchlinie wird gewölbter, die Grundfärbung des Körpers wird dunkler und die beim Jungfisch schwarzen Querbänder werden blaugrau.

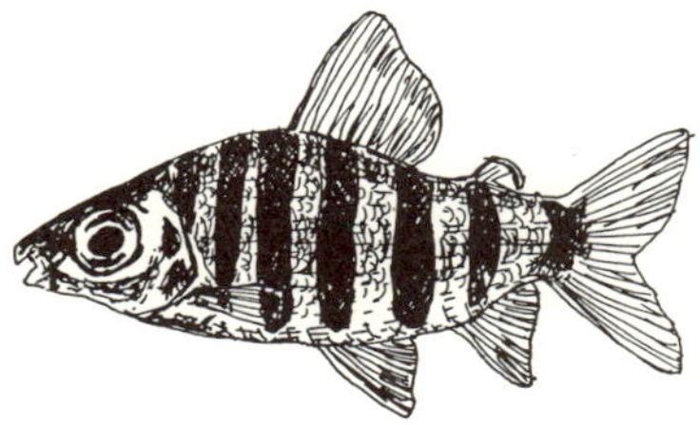

*Distichodus sexfasciatus*

**Gattung Nannaethiops** Günther, 1871
Nach neueren Untersuchungen besteht die Gattung *Nannaethiops* aus einer einzigen Art. Einige Arten, die früher mit zu dieser Gattung gerechnet wurden, sind in die Gattung *Neolebias* gestellt worden.

**Nannaethiops unitaeniatus** Günther, 1871
Afrikanischer Einstreifensalmler.
Verbreitung: Fast im ganzen tropischen Afrika. Kommt auch im Stromgebiet des Nils vor. In Westafrika reicht seine Verbreitung nach Norden bis zum Gambiafluß. Seit der 1931 erfolgten Ersteinfuhr ist diese Art erneut häufiger eingeführt worden. Auch im Aquarium wurde sie regelmäßig vermehrt und hat sich als ein anspruchsloser Aquarienfisch erwiesen. Wie alle Arten, die in einem sehr großen Verbreitungsgebiet angetroffen werden, stellt

auch diese Art keine besonderen Ansprüche an die Wasserverhältnisse und kann auch in hartem Wasser vermehrt werden.
Länge der Weibchen bis 6,5 cm, Männchen etwas kleiner und erheblich schlanker.

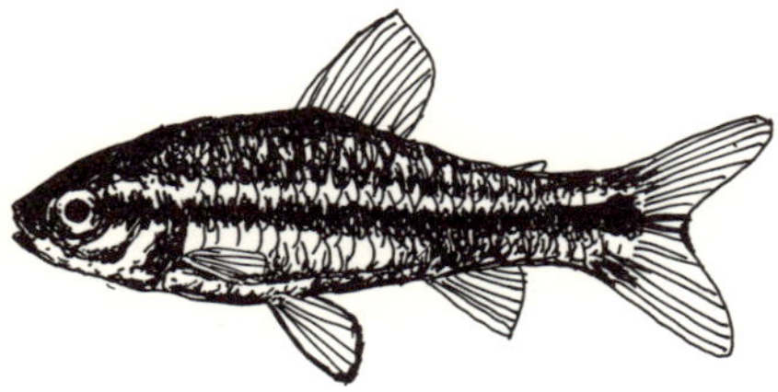

*Nannaethiops unitaeniatus*

Färbung auf dem Rücken olivfarben bis rotbraun, nach den Seiten hin heller werdend und unter dem Bauch silberweiß. Von der Schnauzenspitze ausgehend läuft über die Körpermitte ein schwarzblaues bis schwarzes Längsband, welches bis in die Schwanzflosse reicht. Über diesem Längsband verläuft eine schmale goldfarbige Linie. Entsprechend ihres großen Verbreitungsgebietes ist diese Art in der Färbung jedoch recht variabel. Fische, die aus Zentralafrika stammen, sind mehr bräunlich als ihre Artgenossen in Westafrika.
Laichreife Weibchen setzen große Mengen Laich an und werden dementsprechend rund. Die Fische laichen willig und die Aufzucht der Jungen ist einfach. Bei einer Temperatur von 25°C schlüpfen die Eier nach 40 Stunden und die Jungfische schwimmen am fünften bis sechsten Tage nach der Laichabgabe frei. Sie halten sich dicht über dem Boden auf. Da sie sehr klein sind, ist für die ersten Lebenstage eine Anfütterung mit Pantoffeltierchen oder Rädertierchen anzuraten. Da die Nachzucht aus einer Laichabgabe bis zu 1000 Jungfische betragen kann, sind große Zuchtaquarien angebracht.

**Gattung Nannocharax** Günther, 1867
Diese Gattung zählt etwa 15 Arten, die den als Aquarienfischen besser bekannten *Characidium*-Arten sehr ähnlich sind. Es handelt sich um typische Bodenfische von meist unscheinbarer Färbung. Da die Gattung in großen Teilen West- und Zentralafrikas weit verbreitet ist, werden Arten dieser Gattungen mitunter als „Beifang" zusammen mit anderen Fischen importiert. Typisch für ihr Verhalten ist, daß sie häufig lange Zeit auf Brust-, Bauch- und Afterflossen gestützt ruhend auf dem Boden oder auch auf Pflanzenblättern u. ä. verweilen. Eine weitere Eigenheit, die man bei manchen (allen?) Arten beobachten kann, ist ihre schräge Körperhaltung beim Schwimmen. Sie schwimmen meist schräg mit dem Kopf nach oben, wobei ihre Körperachse im Verhältnis zum Boden einen Winkel von etwa 30° bildet. Über Nachzuchten im Aquarium ist bisher nichts bekannt geworden. Folgende Art ist schon häufiger in kleinen Mengen oder auch als Einzelstücke importiert worden.

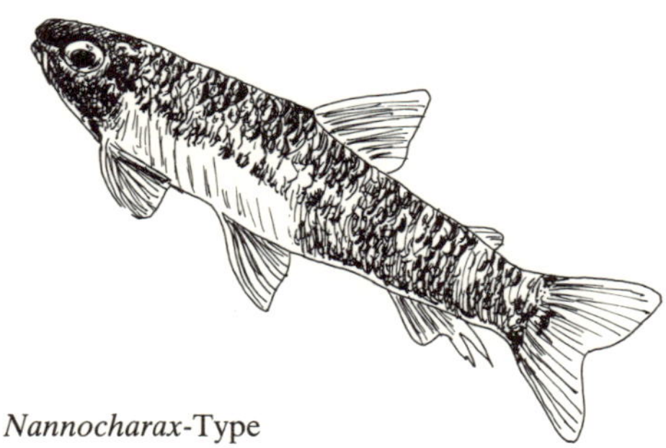

*Nannocharax*-Type

**Nannocharax fasciatus** Günther, 1867
Vorkommen: Westafrika, von Liberia bis Gabun.
Länge: bis 8 cm.
Körperform langgestreckt. Vorderkörper mit fast rundem Querschnitt, Hinterkörper seitlich etwas zusammengedrückt. Grundfärbung auf dem Rücken braunoliv, seitlich heller werdend und unter dem Bauch silberweiß. Quer

über den Körper acht bis neun dunklere Querbänder, die sich aber nur gut erkennen lassen, wenn sich die Fische wohlfühlen. Afterflosse auffällig weit hinten angesetzt.

**Gattung Neolebias** Steindachner, 1894
Eine aus acht Arten bestehende Gattung kleiner in West- und Zentralafrika verbreiteter Fische. Systematisch steht diese Gattung der Gattung *Nannaethiops* sehr nahe, unterscheidet sich aber von dieser durch einige morphologische Merkmale. Ein Unterschied, den auch der Aquarienfreund mit Hilfe einer Lupe gut erkennen kann, ist die bei *Neolebias* unvollständige Seitenlinie. Der vordere Teil der Schwanzflosse ist bei *Neolebias* unbeschuppt, bei *Nannaethiops* beschuppt. Daß weiterhin bei *Neolebias* die Fettflosse fehlt, bei *Nannaethiops* eine solche vorhanden ist, wird in der Systematik zwar nicht als Unterscheidungsmerkmal gewertet, ist aber für den Aquarienfreund ein deutliches Merkmal.

**Neolebias ansorgii** Boulenger, 1912
Grüner Neolebias
Synonym: *Neolebias landgrafi* (Ahl, 1928).
Vorkommen: Verkrautete Kleingewässer in großen Teilen Westafrikas, vom Nigerdelta bis Kamerun.
Länge: 5 cm.
Körperform mäßig lang und seitlich zusammengedrückt. Grundfärbung oberseits braun- bis grünoliv. Körperseiten heller grün und im auffallenden Licht blauviolett schimmernd. Flossen mit Ausnahme der Brustflossen rötlich. Je nach Herkunft kann die Färbung dieser Art jedoch recht unterschiedlich sein. Exemplare aus Kamerun zeigen oft eine markante breite dunkle Längsbinde, die entlang der Körpermitte verläuft und in der Schwanzflosse endet. Bei Fischen aus dem Kongogebiet ist dieses Band nur angedeutet oder fehlt vollständig. Neben den häufigeren Fischen mit überwiegend grünlicher Grundfärbung kommen auch solche mit ausgeprägter Rotfärbung vor. Nach A.v.d. Nieuwenhuizen kommen sogar stellenweise beide Farbtypen nebeneinander in denselben Gewässern vor. Beide Farbtypen wurden zeitweise in Europa in getrennten Aquarienstämmen gehalten und nachgezüchtet und als Grüner bzw. Roter Neolebias bezeichnet. Heute trifft man als Aquarienfisch fast nur die grüne Form an.
Der Grüne Neolebias ist ein schönes und dankbares Fischchen, welches sich ausgezeichnet für eine Haltung in einem kleinen Artaquarium eignet. Vergesellschaften sollte man ihn nur mit anderen entsprechend kleinen Arten. In Gesellschaft größerer Fische kommen sie nicht zu ihrem Recht und stehen dann meist farblos irgendwo zwischen den Pflanzen. Allein in einem Aquarium mit guter Bodenvegetation gehalten, kann man dieses Fischlein auch im Daueransatz vermehren, wenn das Wasser im Aquarium entsprechend weich ist (Totalhärte unter 8°dH). Die Fische laichen nach einem vorherigen Treiben im Pflanzengewirr. Bei der Paarung legt das Männchen seine Bauchflosse von unten um das Weibchen und wirbelt dann durch Schwanzflossenschläge die Eier in die umgebenden Pflanzen. Die sonst bei fast allen Salmlerverwandten typische Drehung bei der Paarung entfällt. Bei einer Temperatur von 25°C schlüpfen die Larven nach 40 Stunden. Sie hängen zunächst einige Tage an der Oberfläche. Bei Zucht im Daueransatz sollte daher auch eine gute Oberflächenvegetation nicht fehlen. Sobald die Jungfische frei schwimmen, stehen sie dicht über dem Boden. Sie benötigen feinstes Futter, und die Anfütterung sollte mit Pantoffeltierchen oder Rädertierchen erfolgen. Für eine rationellere Zucht ist Laichansatz in kleinen besonderen Zuchtaquarien anzuraten.

**Neolebias trilineatus** Boulenger, 1899
Synonym: *Neolebias tritaeniatus* (Boulenger, 1913).
Vorkommen: Stromgebiet des Kongo.
Länge: bis 4,5 cm.
Körperform mäßig gestreckt, Bauchlinie stärker als die Rückenlinie gewölbt. Bei ausgewachsenen Exemplaren sind die Weibchen von erheblich runderer Körperform als die Männchen. Grundfärbung auf dem Rücken braunoliv, nach den Seiten hin silberfarbig. Längs der Körpermitte drei dunkle Längsbänder, von denen aber nur das mittlere immer gut erkennbar ist. Dieses mittlere Längsband läuft vom Kiemendeckel bis zur Schwanzwurzel und endet dort in einem großen dunklen Fleck. Wenn sich die Fische wohlfühlen, zeigt sich um den Schwanzwurzelfleck herum eine golden leuchtende Zone und die sonst farblosen Flossen nehmen eine rötliche Tönung an. Nach bisher vorliegenden Beobachtungen scheint diese Art im Verhalten und in ihren Ansprüchen mit den schon länger bekannten *Neolebias*-Arten übereinzustimmen. Genau wie diese ist sie ein typischer Bodenfisch, der nur äußerst selten die unteren Wasserschichten verläßt. Bereits im Aquarium nachgezüchtet.

**Neolebias unifasciatus** Steindachner, 1894
Vorkommen: Westafrika, von Guinea bis Gabun.
Länge: bis 3,5 cm.
Körperform ähnlich der vorherigen Art, jedoch etwas schlanker. Grundfärbung gelbbraun, auf dem Rücken braunoliv. Über die Körpermitte läuft, ausgehend von der Schnauzenspitze, ein fast schwarzes Längsband bis in die Schwanzflosse hinein. Bei ausgewachsenen Fischen sind die Männchen erheblich schlanker als die Weibchen. Wenn sich die Fische wirklich wohlfühlen, zeigen sie einen rötlich irisierenden Glanz und die Afterflosse und die Bauchflosse werden rot. Auch diese Art ist schon häufiger im Aquarium vermehrt worden, doch scheint sie nicht so produktiv zu sein wie *N. ansorgii*.
Verschiedentlich ist die Vermutung geäußert worden, daß der in der Aquarienliteratur als *N. landgrafi* bezeichnete Fisch mit dieser Art identisch sein könne. Dagegen spricht, daß diese Art weder in der Körperform noch in der Färbung mit den Fischen übereinstimmt, die unter dem Namen *N. landgrafi* in Europa als Aquarienfische gehalten wurden. Nach den Untersuchungen von Poll und Gosse (1963) ist *N. landgrafi* (Ahl, 1928) ein Synonym von *N. ansorgii* (Günther, 1912). Falls dies zutrifft, könnte es sich bei dem als Aquarienfisch unter dem Namen *N. landgrafi* bekannten Fisch um eine rötliche Farbform von *N. ansorgii* gehandelt haben. Merkwürdig in diesem Zusammenhang ist, daß nie Bastardierungen dieser beiden Formen gemeldet worden sind. Dazu ist zu beachten, daß diese Fische in den späten dreißiger Jahren ziemlich häufig gehalten und nachgezüchtet wurden und daß beide Stämme den zweiten Weltkrieg als Aquarienfische säuberlich getrennt überlebten.

## Unterfamilie Ichthyborinae

Diese Unterfamilie enthält eine Anzahl hochspezialisierter Raubfische. Sie umfaßt insgesamt neun Gattungen, die sich auf ca. 20 Arten verteilen. Es handelt sich um langgestreckte Fische mit Längen zwischen 5–30 cm. Das Verhältnis von Körperlänge zur Körperhöhe beträgt in der Regel 5,5–6:1 und manche Arten sind noch mehr gestreckt. Als Aquarienfische sind die meisten von ihnen nur als Schaustücke für öffentliche Aquarien von Interesse. In ausgewachsenem Zustand sind die meisten von ihnen recht transportempfindlich und daher sieht man sie auch in Schauaquarien nur selten. Lediglich einige Arten der folgenden Gattungen können im Zimmeraquarium gehalten werden, wenn dieses genügend groß und als Artaquarium für diese Fische eingerichtet ist. Fälschlich werden sie bei uns mitunter als „Flossenfresser“ bezeichnet, was jedoch keineswegs ihren normalen Nahrungsgewohnheiten entspricht.

**Gattung Phago** Günther, 1865
Die Arten dieser westafrikanischen Gattung sind äußerst langgestreckt und von fast rundem Körperquerschnitt. Das Maul ist tief gespalten und die Kiefer haben kräftige Zähne. Typisch für die Gattung ist, daß sie ihren Oberkiefer nach oben bewegen können. Eine andere Eigenheit der Gattung *Phago,* welche sie von fast allen Salmlerverwandten unterscheidet, ist das Vorhandensein von Hartstrahlen in Rücken- und Afterflosse.

**Phago loricatus** Günther, 1865
Vorkommen: In Kleingewässern im unteren Stromgebiet und im Delta des Nigers.
Länge: bis 18 cm.
Verhältnis von Körperlänge zur Körperhöhe 7:1. Schuppen auffällig groß. Grundfärbung oberseits dunkelbraun, an den Körperseiten mehr rotbraun, unterseits gelbgrau. Von der Schnauzenspitze ausgehend läuft entlang der Körpermitte ein dunkles Längsband, welches in der Schwanzwurzel in einem dunklen Fleck endet. Ein zweites Längsband läuft parallel dazu unterhalb vom Kiemendeckelrand bis zum hinteren Ansatz der Afterflosse. Als Aquarienfisch ist diese Art ein recht problematischer Pflegling. Jungfische fressen größere lebende Futtertierchen aller Art, größere Exemplare fressen meist nur lebende Fische. Sie sind störungsempfindlich und verweigern, wenn sie oft gestört werden, nicht selten jede Nahrungsaufnahme. In zu kleinen Behältern beschädigen sie sich leicht ihre langgestreckte Schnauze, was Kiefermißbildungen nach sich zieht. Sie sind jedoch unempfindlich in bezug auf die Wasserverhältnisse und können auch in hartem Wasser gehalten werden, Haltungstemperatur 23–28°C. Über Geschlechtsunterschiede und Fortpflanzungsverhalten liegen keine Angaben vor.

**Phago maculatus** E. Ahl, 1922
Vorkommen: Kleingewässer im Nigerdelta.
Länge: bis 14 cm.
In der Körperform der vorherigen Art ähnlich, jedoch noch langgestreckter. Verhältnis von Körperlänge zur Körperhöhe 7,5–8:1. Grundfärbung oberseits hell-braunoliv, an den Körperseiten heller braungelb, unter dem Bauch hellgrau. Vom Kiemendeckelrand bis in die Schwanzflosse läuft ein aus einer großen Anzahl von Flecken bestehendes Längsband. Durch beide Schwanzflossenlappen laufen jeweils zwei dunkle Streifen. Rückenflosse mit einem Muster, bestehend aus feinen Tupfen. Haltungsbedingungen wie bei der vorherigen Art.

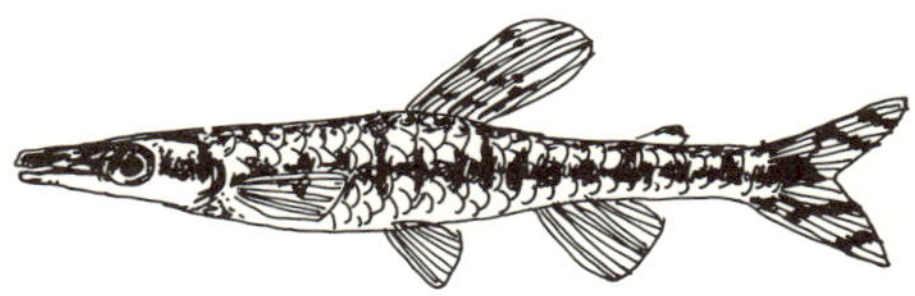

*Phago maculatus*

**Gattung Phagoborus** Myers, 1924
Der vorherigen Gattung nahestehend. Die Körperform der *Phagoborus*-Arten ist jedoch nicht ganz so langgestreckt wie die der *Phago*-Arten. Weiterhin unterscheiden sie sich durch eine andere Bezahnung und haben im Kiefer nur eine Zahnreihe; die Angehörigen der Gattung *Phago* haben doppelte Zahnreihen. In ihrer Lebensweise sind die *Phagoboros*-Arten einseitiger auf Fischdiät eingestellt und nur äußerst schwer an anderes Futter zu gewöhnen. Guter Zugang zu kleinen Futterfischchen ist Voraussetzung für ihre Haltung. Die fol-

gende Art wird mitunter als Jungfisch zusammen mit anderen Fischen aus dem Kongogebiet importiert.

**Phagoborus ornatus** (Boulenger, 1901)
Vorkommen: Oberes Kongogebiet, Stanley Pool.
Länge: bis 20 cm.
Färbung oberseits gelbbraun. Längs der Körpermitte ein braunes Längsband. In der Schwanzflosse in jedem Lappen drei dunkle Längsstreifen. Übrige Flossen farblos. Die Körperform gleicht, wie aus der Abbildung ersichtlich, weitgehend der eines Hechtes.

## Amerikanische Salmlerverwandte

### Familie Erythrinidae

Eine kleine Familie primitiver Raubfische, die sich auf drei Gattungen mit insgesamt fünf Arten verteilen. Es handelt sich bei ihnen um mittelgroße bis große Fische, von denen die kleinsten rund 20 cm lang werden und die größten Längen bis zu 1 m erreichen können. Ihre Körperform ist langgestreckt. Da sie aber im Körperquerschnitt fast rund sind und ihr Kopf recht breit ist, wirken sie sehr massiv. Die Maulspalte ist tief und ihre kräftigen Kiefer sind mit starken Zähnen besetzt. Ihre Flossen sind auffällig abgerundet, eine Fettflosse ist bei ihnen nicht vorhanden.
Bei den Gattungen *Erythrinus* und *Hoplerythrinus* ist der vordere Teil der Schwimmblase zu einem zusätzlichen Atmungsorgan umgewandelt. Mit Hilfe dieses Organs können sie Sauerstoff aus der Luft, den sie an der Oberfläche aufnehmen, im Organismus verwerten. Sie können daher auch in äußerst sauerstoffarmen Gewässern leben. Aus zwei Gattungen kommen Einzelfische ab und zu als Jungtiere nach Europa.

**Gattung Hoplias** Gill, 1903
Mit drei Arten ist diese Gattung über weite Räume des nördlichen und mittleren Südamerikas weit verbreitet. In ihrer Lebensweise ähneln sie stark unseren Hechten und ihre Nahrung besteht vorzugsweise aus Fischen. Hält man sie allein, so können Jungfische einige Zeit im Zimmeraquarium gehalten werden. Da aber ihre hübsche Jugendfärbung mit zunehmendem Alter einem einfarbigen Graubraun Platz macht, haben sie selbst als Schaustücke für öffentliche Aquarien nur begrenzten Wert.

**Hoplias malabaricus** (Bloch, 1794)
Vorkommen: Nördliches und mittleres Südamerika östlich der Anden.
Länge: bis 50 cm.
In der Annahme, daß der ihm in konserviertem Zustande vorliegende Fisch von der Malabarküste in Indien stamme, beschrieb Bloch diese Art unter dem Namen *Macrodon malabaricus*. Da Artnamen entsprechend der nomenklaturischen Prioritätsregel auch dann nicht geändert werden dürfen, wenn sie wie im vorliegenden Falle geographisch ausgesprochen irreführend sind, kann der Artnahme *malabaricus* als Schulbeispiel für die konsequente Anwendung der Prioritätsregel dienen. Jungfische haben eine rötlichbraune Grundfärbung, die nach den Körperseiten hin in Hellbraun übergeht. Am Kopf ein Muster, bestehend aus schwarzen und roten Strichen. Vom hinteren Rande des Kiemendeckels aus läuft ein verschwommen wirkendes dunkleres Längsband längs der Körpermitte bis zur Schwanzwurzel. Alle Flossen mit aus in Reihen von Punkten angeordneten Mustern. Anfänglich zweckmäßig mit lebenden Fischen entsprechender Größe füttern. Sie gewöhnen sich jedoch schnell daran, auch tote Fische oder Fischfleischstücke anzunehmen. Die mitunter angeratene Fütterung mit Rinderherz bzw. Fleisch von Säugetieren führt bei diesem

Fisch sehr schnell zu einer Organverfettung. Exemplare des bis zu 1 m langen *Hoplias macrophthalmus* (Pellegrin, 1907) aus Guyana und des nur etwa 25 cm lang werdenden *Hoplias microlepis* (Günther, 1860) aus dem westlichen Südamerika sind, soweit bekannt, bisher noch nicht lebend nach Europa eingeführt worden.

**Gattung Erythrinus** Gronow, 1763
Diese Gattung enthält nach heutigem Kenntnisstand nur eine Art.

**Erythrinus erythrinus** (Schneider, 1801)
Vorkommen: Nördliches und mittleres Südamerika östlich der Anden sowie die Insel Trinidad.
Länge: bis 20 cm.
Obwohl auch diese Art ein ausgesprochener Raubfisch ist, läßt sie sich leichter im Zimmeraquarium halten als *Hoplias*. Auch einzeln gehalten ist sie ein sehr interessanter Pflegling. Die Körperform ist gestreckt und der Querschnitt des Vorderkörpers fast rund. Der Schwanzstiel jedoch ist seitlich stark abgeplattet. Die Färbung kann je nach Herkunft recht unterschiedlich sein. Neben Exemplaren von braun-gelblicher und braun-rötlicher Grundfärbung, kommen auch solche von blaugrauer Färbung vor. An den Körperseiten haben

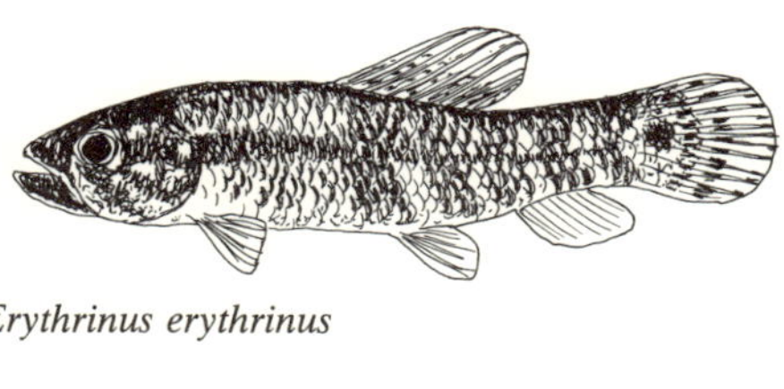

*Erythrinus erythrinus*

manche von ihnen drei bis fünf gelbe bzw. gelbrötliche Flecken. Über die Kiemendeckel laufen vom Kiemendeckelrand zum Auge mehrere dunkle Striche. Bauch-, Rücken- und Afterflosse gelblich, bei manchen Exemplaren rötlich getönt. Neben kleinen Futterfischen fressen sie Mückenlarven, Laubregenwürmer, Tubifex und sogar größere Daphnien. Sie lassen sich auch an Fischfleisch gewöhnen. Bei guter Pflege können sie ein erstaunlich hohes Alter erreichen. Ein mir bekanntes Exemplar lebte im Aquarium 22 Jahre.

## Familie Ctenoluciidae

Wie auch die vorherige Familie besteht auch diese aus Raubfischen, die zumindest teilweise auf Fischnahrung spezialisiert sind. Die Familie hat zwei Gattungen mit insgesamt vier Arten, von denen doch manche in mehrere Unterarten unterteilt werden.

**Gattung Ctenolucius** Gill, 1861
Besteht nur aus der folgenden Art. Im Aussehen, ebenso wie durch den wissenschaftlichen Gattungsnamen, unseren Hechten ähnlich, denen sie auch in ihrer Lebensweise gleichen.

**Ctenolucius hujeta** (Cuvier und Valenciennes, 1849)
Synonym: *Luciocharax insculptus* (Steindachner, 1878).
Vorkommen: Nordwestliches Südamerika von Panama bis Kolumbien (die Unterarten *C. hujeta beani* und *C. hujeta insculptus)* sowie Venezuela (die Nominatform *C. hujeta hujeta).*
Länge: Über die Größe liegen sehr unterschiedliche Angaben vor. Arnold-Ahl wie auch Sterba geben eine Länge von bis 70 cm an. Nach Angaben des Zoologischen Gartens in Leipzig, wo sich diese Art erstmalig erfolgreich vermehrte, waren jedoch schon Exemplare von 15 cm Länge deutlich geschlechtsdifferenziert und fortpflanzungstauglich. Zwei weitere erfolgreiche Züchter dieser Fische, H. J. Franke und W. Sommer, konnten diese Angaben bestätigen. Dabei muß bis auf weiteres die Frage offen bleiben, ob möglicherweise zwischen den Unterarten von *C. hujeta* betreffend der Größe bedeutende Unterschiede be-

stehen oder ob bei älteren Größenangaben Verwechslungen mit Arten aus der zweiten Gattung der Ctenoluciidae *(Boulengerella)* vorliegen. Die mit Erfolg nachgezüchteten *Ctenolucius hujeta* unbekannter Unterart wurden mit dem deutschen Namen Pfauenaugenhechtsalmler belegt.

In der Gestalt ähneln sie weitgehend einem Hecht, lediglich ihr Kopf ist verhältnismäßig kleiner. Die großen Schuppen auf den Körperseiten mit starkem Silberglanz, bei auffallendem Licht grünlich schimmernd. Auf dem Rücken von braunoliver Färbung. Auf der Schwanzwurzel ein Pfauenaugenfleck mit gelbfarbigen äußerem Rand. Bauch silberweiß. Rücken-, Schwanz- und Afterflosse durchschimmernd grünlich. Die mit spitzen Zähnen besetzten Kiefer sind verlängert und spitz ausgezogen, Oberkiefer an der Spitze etwas nach unten abgewinkelt. Fettflosse vorhanden. Nach Franke ist beim Weibchen die

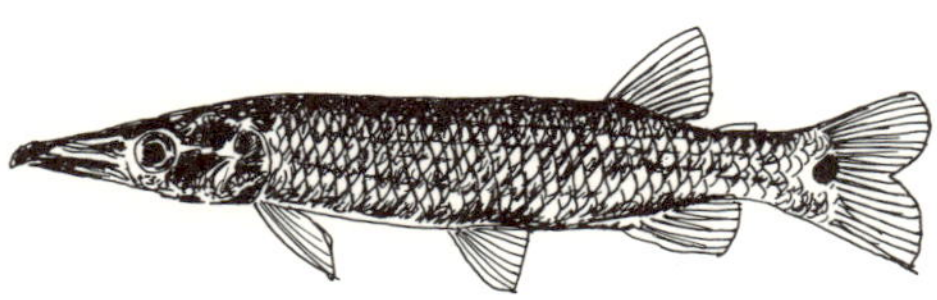

*Ctenolucius hujeta*

Afterflosse dreieckig und spitz ausgezogen, beim Männchen größer und an ihrem freien Rande gerundet. Neben kleinen Futterfischen fressen sie alle etwas größeren Futtertiere wie Mückenlarven, Tubifex, Laubregenwürmer und selbst große Daphnien.

Die Laichabgabe erfolgt nach Franke frei im Wasser dicht unter der Oberfläche. Den eigentlichen Paarungen gehen eine Anzahl von Scheinpaarungen vorauf. Bei der Paarung legt das Männchen seine Afterflosse um den Analtrakt des Weibchens und fängt die abgegebenen Eier auf, die nach erfolgter Befruchtung zu Boden sinken. Die Eier sind glasklar und haben einen Durchmesser von etwa 1 mm und sind mit einem langen Haftfaden versehen. Insgesamt werden bei einer Paarung 2500–3000 Eier abgesetzt. Bei 26°C schlüpften die Larven nach 20–22 Stunden. Die Larven sind gleich nach dem Schlupf pigmentlos, zeigen aber bereits 24 Stunden später eine deutliche Pigmentierung. In der ersten freischwimmenden Phase ihrer Entwicklung hielten sich die Jungfische dicht unter der Oberfläche auf. Sie wurden mit Cyclopsnauplien angefüttert.

Da die Nachzucht dieser Art in Wasser mit unterschiedlicher Härte (zwischen 9–30°dH Totalhärte) gelungen ist, stellt sie nachweislich keine besonderen Forderungen an die Wasserbeschaffenheit.

## Familie Crenuchidae

Diese bei uns als Prachtsalmler bezeichnete Familie besteht nur aus zwei Gattungen mit insgesamt drei Arten. In ihrem Aussehen erinnern sie etwas an Zahnkarpfen.

**Gattung Crenuchus** Günther, 1863
Besteht nur aus der folgenden Art.

**Crenuchus spilurus** Günther, 1863
Prachtsalmler
Vorkommen: Mittleres und oberes Amazonasgebiet einschließlich dem Einzugsbereich des Rio Negro. Kommt stellenweise auch in Guiana und Surinam vor.
Länge: bis 6 cm. Männchen größer als Weibchen.
Auch in der Form auffällig geschlechtsdimorph. Die Männchen sind kräftiger gefärbt und die Rücken- und Afterflosse ist bei ihnen stark vergrößert. In der Färbung können sie jedoch recht unterschiedlich sein. Exemplare aus dem Rio Negro haben eine rotbräunliche Grundfärbung und eine intensiv gelb-gesäumte Rücken- und Afterflosse. Auf dem

Schwanzstiel vor dem Schwanzflossenansatz ein dunkler Fleck. Fische aus Guiana haben eine bläulichere Grundfärbung und rote Flossensäume an Rücken- und Afterflosse. Die Rücken- und Afterflosse ziert ein aus dunklen

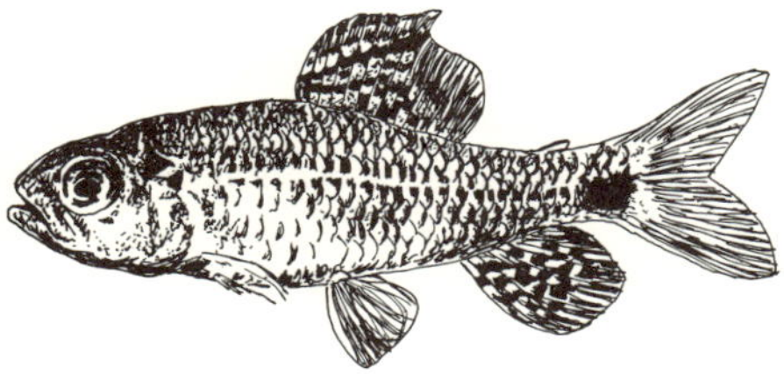

*Crenuchus spilurus*

Punkten bestehendes Muster. Trotz seiner tiefen Maulspalte ist der Prachtsalmler ein friedliches Fischchen, das unbedenklich auch mit kleineren Arten zusammengehalten werden kann. Importfische sind anfänglich recht scheu und stehen oft lange Zeit ruhig zwischen den Pflanzen. Haltungstemperatur 24–28 °C.
Vereinzelt ist diese brutpflegende Art schon im Aquarium vermehrt worden. Zuchterfolge gelangen in einem torfgefilterten Wasser mit einer Totalhärte von 4 °dH. Die Laichabgabe erfolgt in Grotten, unter Wurzeln und an ähnlichen Versteckplätzen. Der in Form eines geschlossenen Geleges angesetzte Laich wurde vom Männchen bewacht. Die bei einer Temperatur von 24–26 °C nach sechs Tagen freischwimmenden Jungfische wurden mit gereinigten Pantoffeltierchen angefüttert. Über das Ablaichverhalten liegen bisher keine genaueren Angaben vor.

**Gattung Poecilocharax** Eigenmann, 1909
Von dieser Gattung sind bisher zwei Arten bekannt geworden. Es handelt sich bei ihnen um kleine, nur wenige Zentimeter lange Fische, die sich vorwiegend in der Nähe des Bodens aufhalten. Soweit bekannt, ist *Poecilocharax bovallii* (Eigenmann, 1909) aus Guyana noch nicht lebend nach Europa gekommen. Die folgende Art kommt jedoch ab und zu in kleinerer Anzahl als Beifang zu uns und konnte auch bereits im Aquarium vermehrt werden.

**Poecilocharax weitzmani** Géry, 1965
Vorkommen dieser Art sind aus den Einzugsbereichen des Rio Negro, des oberen Orinoco bekannt und aus Kolumbien.
Länge: bis 5 cm, Weibchen kleiner.
Grundfärbung dunkel-olivgelb bis hellbraun. Längs der Körpermitte ein schillernd-bläuliches Längsband, das nach oben von einer roten Linie begrenzt wird. Rücken-, Schwanz- und Analflosse mit einem aus feinen Pünktchen bestehenden Muster. Die Körperform ist gestreckt, die Rückenlinie etwas gewölbt, die Bauchlinie fast gerade. Nach den Angaben von Meinken halten sich die Fische meist gut zwischen Pflanzen versteckt in Bodennähe auf. Höhere Wasserschichten werden auch bei der Futtersuche gemieden. Importfische sind sehr scheu. Nur bei stark gedämpftem Licht zeigen die Fische ihre wirkliche Färbung. Während der Laichperiode nimmt das sonst erheblich blassere Weibchen dieselbe Färbung wie das Männchen an. Die Weibchen laichten mit mehreren Männchen ab und je Laichabgabe wurden 60–80 Eier abgegeben. Die Eier wurden an der Unterseite von Blättern abgesetzt. Jungfische sind mit Pantoffeltierchen oder Rädertierchen anzufüttern.

## Familie Characidiidae

Diese Familie trägt den deutschen Namen Bodensalmler, ein Name, der die Angehörigen dieser Familie gut charakterisiert, denn es handelt sich bei ihnen um typische Bodenfische. Systematisch wird sie in drei Unterfamilien aufgeteilt, von denen jedoch nur die folgende für uns von Interesse ist.

**Unterfamilie Characidiinae**

Besteht aus drei Gattungen, denen wahrscheinlich ca. 30–40 Arten angehören. Die systematische Erforschung dieser Fische ist jedoch bisher keineswegs abgeschlossen und die Abgrenzungen der Arten gegeneinander oft unklar. Es handelt sich um kleine Arten mit einer Körperlänge bis zu 10 cm. Sie haben einen ziemlich gestreckten Körperbau und ihr Körperquerschnitt ist fast rund mit etwas abgeflachter Bauchseite. Brust- und Bauchflossen sind verhältnismäßig groß. Rückenflosse und Bauchflossen fast exakt an der Körpermitte angesetzt. Fettflosse vorhanden. Ihre Schwimmweise zeichnet sich durch ruckartige Bewegungen aus, und nach einer kurzen Schwimmstrecke verweilen die Fische mit aufgestützten Brust- und Bauchflossen.

**Gattung Characidium** Reinhardt, 1866

Dieser Gattung gehören nach Géry möglicherweise bis zu 30 Arten an, die aber bisher von ein paar Ausnahmen abgesehen nur unzureichend beschrieben sind. Lediglich die folgende Art ist schon lange auch als Aquarienfisch gut bekannt.

**Characidium fasciatum** Reinhardt, 1866

Vorkommen: Im ganzen östlichen Teil Südamerikas, vom Stromgebiet des Orinocos bis zum Stromgebiet des Rio de La-Plata weit verbreitet.

Länge: bis zu 10 cm.

Körper langgestreckt und seitlich nur wenig abgeflacht. Grundfärbung gleichmäßig olivbraun bis gelblich. Ein aus größeren, fast schwarzen Flecken zusammengesetztes Längsband läuft ausgehend von der Schnauzenspitze entlang der Körpermitte bis zur Schwanzwurzel. Quer über den Rücken und die Seiten laufen neun bis zehn undeutliche Querbänder, die jedoch nicht immer sichtbar sind. Innerhalb ihres großen Verbreitungsgebietes ist diese Art jedoch recht variabel in Färbung und Zeichnung. Möglicherweise sind auch ab und zu andere *Characidium*-Arten fälschlich unter dem Namen *C. fasciatum* in den Handel gekommen.

Die Weibchen besitzen eine etwas rundere Körperform, und die schlankeren Männchen haben in der Rückenflosse ein Muster aus feinen Pünktchen.

Am haltbarsten sind diese Fische im Aquarium bei separater Haltung und nicht zu hohen Temperaturen. Die beste Haltungstemperatur liegt bei 18–22°C. Bei höheren Temperaturen sind sie recht hinfällig und daher auch wenig für eine Gemeinschaftshaltung mit anderen Salmlerverwandten geeignet. Besondere Ansprüche an die chemischen Wasserwerte stellen sie nicht, aber sie schätzen klares Wasser. Ihre Vermehrung ist einfach, doch kann die Aufzucht der Jungfische etwas problematisch sein. Dem Ablaichen geht ein heftiges und sich oft über Stunden hinstreckendes Treiben voraus. Die Eier werden in Bodennähe zwischen den Pflanzen abgesetzt. Schon vier Tage nach der Laichabgabe schwimmen die Jungfische frei. Sie sind sehr klein und müssen mit feinstem Futter wie ausgesiebten Cyclopsnauplien, Rädertierchen oder gereinigten Pantoffeltierchen angefüttert werden.

**Gattung Jobertina** Pellegrin, 1909

Steht der vorherigen recht nahe und umfaßt nach derzeitigem Kenntnisstand sechs beschriebene Arten. Die folgende Art ist einige Male importiert worden.

**Jobertina rachovi** (Regan, 1913)

Vorkommen: Die Provinz Paraná im südlichen Brasilien.

Länge: bis 7 cm.

Ähnelt in der Körperform der vorherigen Art, ist jedoch nicht ganz so schlank. Grundfärbung gelblich-braun. Entlang der Körpermitte ein schmales schwarzes Längsband. Rücken-, After- und Bauchflossen mit feinem Pünktchenmuster. Bei den etwas schlankeren Männchen hat die Rückenflosse einen dunklen Saum. Auch diese Art ist schon im Aquarium vermehrt worden, und ihr Fortpflanzungsverhalten soll sich nicht von dem von *C. fasciatum* unterscheiden.

## Familie Lebiasinidae

Eine artenreiche Familie, die in zwei Unterfamilien aufgeteilt ist. Trotz mancher morphologischer Ähnlichkeiten sind die Angehörigen dieser beiden Unterfamilien, was ihre Eigenschaften als Aquarienfische betrifft, von unterschiedlichem Charakter.

### Unterfamilie Lebiasininae

Nach Géry ist die frühere Gattung *Piabucina* nunmehr in die Gattung *Lebiasina* mit einbezogen, und damit besteht die Unterfamilie lediglich aus folgender Gattung:

**Gattung Lebiasina** Cuvier und Valenciennes, 1846

Gut zehn Arten von schlankem Körperbau und räuberischer Lebensweise. Stellenweise als Vertilger von Malariamücken in Gewässern ausgesetzt, in denen sie ursprünglich nicht beheimatet waren. Ihre ursprüngliche Verbreitung umfaßt das nördliche bzw. nordöstliche Südamerika und einen Teil Mittelamerikas von Costa Rica bis zum Amazonasgebiet. Manche Arten können mit Hilfe von Darm- und Schwimmblase atmosphärische Luft aufnehmen. Bisher ist nur eine Art als Aquarienfisch bekannt geworden.

**Lebiasina astrigata** (Regan, 1903)
Synonym: *Piabucina astrigata* (Regan, 1903).
Vorkommen: Südl. Kolumbien und Ecuador.
Länge: 8 cm.
Körperform: langgestreckt-spindelförmig, Hinterkörper doch deutlich seitlich abgeplattet. Grundfärbung hell-graublau. Entlang der Körpermitte eine Reihe von sieben bis acht dunklen Flecken. An der Basis der Rückenflosse ein dunkler Fleck, im übrigen sind die Flossen farblos. Im Aquarium sollte man diese Art nur mit zumindest gleichgroßen Fischen zusammenhalten. Haltungstemperatur 22–28 °C. Importfische nehmen anfänglich meist nur lebendes Futter an, können aber nach und nach an Fischfleisch, Gefrierfutter u. ä. gewöhnt werden.

### Unterfamilie Pyrrhulininae

Bei den zu dieser Unterfamilie gehörenden Arten handelt es sich zum überwiegenden Teil um kleine Fische von schlankem spindelförmigem Körperbau, kleinem Kopf und enger Maulspalte. Ihre Verbreitung erstreckt sich über weite Gebiete des nördlichen und mittleren Südamerikas. Sie sind typische Bewohner kleinerer Gewässer mit guter Vegetation, wo sie in kleinen Schwärmen oder zumindest in Schulen von einigen -zig Exemplaren angetroffen werden. Als Aquarienfische sind viele von ihnen schon lange beliebt und werden regelmäßig auch im Aquarium vermehrt.

**Gattung Copeina** Fowler, 1906

Besteht aus einer, möglicherweise aus zwei Arten. Inwieweit es neben der Typenart *Copeina guttata* noch weitere zu dieser Gattung gehörige Arten gibt, ist zumindest unsicher. Möglicherweise kann es sich bei der aus dem peruanischen Teil des Amazonasgebietes stammenden Copeina osgoodi (Eigenmann, 1922) um eine gute Art handeln. Als Aquarienfisch ist jedoch lediglich die folgende Art bekannt geworden:

**Copeina guttata** (Steindachner, 1875)
Forellensalmler
Vorkommen: Unteres und mittleres Amazonasgebiet.
Länge: Kann in der Natur bis 15 cm lang werden, erreicht aber im Aquarium diese Grö-

ße kaum und ist dort mit etwa 6 cm Länge zuchttauglich.
Körperform mäßig langgestreckt und seitlich etwas abgeplattet. Schuppen sehr groß. Oberer Lappen der Schwanzflosse etwas größer als der untere. Geschlechtsunterschiede unbedeutend, Weibchen jedoch meist etwas kleiner und im laichreifen Zustand mit stärker gewölbter Bauchlinie. Grundfärbung gelboliv bis grünlichblau, auf dem Rücken dunkler und nach den Seiten hin heller werdend. Es kommen jedoch (herkunftsbedingt?) auch Fische von hellblauer Grundfärbung vor. An den Körperseiten hat jede Schuppe an ihrer Basis einen violetten bis roten Flecken. Bauchflossen, Afterflosse und unterer Schwanzflossenlappen mit gelblichen oder rötlichen Säumen. Ein dunkler Fleck in der Rückenflosse ist meist beim Weibchen stärker ausgeprägt.
Der Forellensalmler ist ein friedlicher Fisch, der unbedenklich auch mit kleineren Fischen vergesellschaftet werden kann. Stellt bei der Haltung keine besonderen Ansprüche an die Wasserverhältnisse und kann auch in mittelhartem Wasser vermehrt werden. Auch in bezug auf die Fütterung ist er anspruchslos, will man ihn jedoch zur Vermehrung bringen, ist Fütterung mit lebenden Futtertierchen angebracht. Bei der Vermehrung recht produktiv. Ausgewachsene Weibchen können bei einer Laichabgabe über 1000 Eier ablegen. Das Männchen ist brutpflegend und verteidigt sein Laichrevier, bis die Jungfische frei schwimmen. Beim Laichgeschäft bewegt sich das Zuchtpaar kreisförmig – das Männchen mit dem Kopf am Schwanz des Weibchens –, und durch die Bewegungen des Paares entsteht dabei im Boden eine flache Vertiefung. Besteht im Zuchtaquarium der Bodengrund aus feinem Sand, so vertieft sich die Laichgrube im Verlauf des Laichgeschäfts nicht selten bis zur Bodenscheibe. Das Ablaichen muß doch nicht unbedingt auf diese Weise erfolgen, es sind auch schon Laichabgaben auf flachen Steinen beobachtet worden. Die abgegebenen Eier heften fest neben- und übereinander. Sowie alle Eier abgelegt sind, wird das Weibchen vom Männchen aus dem Laichrevier vertrieben. Die Larven schlüpfen bei einer Temperatur von 25°C nach 24–32 Stunden. Nach weiteren drei bis vier Tagen schwimmen die Jungfische frei und können sofort mit Artemianauplien angefüttert werden.

**Gattung Copella** Myers, 1956
Nach derzeitigem Kenntnisstand acht Arten. Die Systematik der Gattung ist schwierig und ihre Abgrenzung gegenüber der Gattung *Pyrrhulina* nicht immer eindeutig. Myers hat in dieser Gattung eine Anzahl von Arten vereinigt, die früher zu den Gattungen *Copeina* und *Pyrrhulina* gerechnet wurden. Das Abgrenzungsmerkmal, welches die *Copella*-Arten von den *Copeina*- und *Pyrrhulina*-Arten unterscheidet, sind zwei halbkreisförmige Vorwölbungen am Unterkieferknochen der Männchen, die bei den *Copella*-Arten vorhanden sind. Bei den Männchen der *Copeina*- und *Pyrrhulina*-Arten fehlen diese Vorwölbungen. Dieses Unterscheidungsmerkmal ist, da ohne eingehende Untersuchung des Unterkieferknochens nicht feststellbar, für den Aquarienfreund wertlos. Ein Unterscheidungsmerkmal, das äußerlich auffällt, ist der ausgeprägte Geschlechtsdimorphismus der *Copella*-Arten. In der Praxis kann es jedoch mitunter schwer sein, *Copella*-Arten eindeutig von *Pyrrhulina*-Arten zu unterscheiden, zumal ein gewisser Geschlechtsdimorphismus auch bei manchen *Pyrrhulina*-Arten vorkommt. Diese Schwierigkeiten haben dazu beigetragen, daß manche Arten mit falschen Namen belegt wurden, bzw. daß die Artzugehörigkeit von im Aquarium gehaltenen und vermehrten Fischen nicht sicher festgestellt werden konnte. Eine gründliche systematische Überarbeitung dieser Gattungen wäre äußerst wünschenswert. Die *Copella*-Arten haben eine schlanke und elegante

Körperform. Ihr Körperquerschnitt ist fast rund, und nur der Hinterkörper ist seitlich etwas abgeplattet. Kopf oberseitig etwas abgeflacht, Maul oberständig. Es handelt sich bei ihnen um gute und äußerst wendige Schwimmer. Dementsprechend sind ihre Flossen gut entwickelt. Eine Fettflosse ist nicht vorhanden. Bei den Männchen sind Rücken- und Afterflosse vergrößert. Bei allen Arten ist der obere Schwanzflossenlappen größer als der untere. Dieser Unterschied ist bei den Männchen meist markanter als bei den Weibchen.
Für ihre Haltung eignen sich nicht allzu kleine Aquarien mit gutem Pflanzenwuchs. Ist der Pflanzenwuchs im Aquarium zu dürftig, bzw. die Beleuchtung des Aquariums zu stark, so zeigen die Fische nicht ihre schönsten Farben. Ohne allzu große Ansprüche an das Wasser zu stellen, fühlen sie sich in einem nicht zu harten und möglichst etwas sauren Wasser am wohlsten. Haltungstemperatur 23–26°C. Alle *Copella*-Arten sind ausgezeichnete Springer, und ihre Aquarien sollten gut schließende Deckscheiben haben. In der Natur dürften die *Copella*-Arten zu einem guten Teil vom Anflug leben, und auch im Aquarium ziehen sie solches Futter, wie z. B. Essigfliegen oder Blattläuse, jedem anderen Futter vor. Sie fressen jedoch ohne Schwierigkeiten auch Ersatzfutter. Zusammen mit größeren Arten in Gesellschaft gehalten, kommen sie nicht zu ihrem Recht. Am besten hält man sie separat.
Alle *Copella*-Arten sind Brutpfleger, mit dem Männchen als brutpflegenden Teil. Abgesehen von *Copella arnoldi,* der seine Eier an Gegenständen über der Wasseroberfläche absetzt, laichen die bisher im Aquarium vermehrten Arten auf Pflanzenblättern. Die Ablaichstelle wird vor der Eiabgabe vom Männchen mit dem Maul und durch drehende Körperbewegungen gesäubert. Beim Ablaichen fängt das Männchen die Eier jeder Paarung – in der Regel sechs bis zwölf – in der gewölbten Afterflosse auf, wo deren Befruchtung erfolgt. Anschließend streckt das Männchen die Afterflosse, und die Eier fallen auf die vorher gereinigte Ablaichstelle. Ihr Haftvermögen ist groß, und nur selten fallen einzelne Eier zu Boden. Bis zum Schlüpfen der Jungfische werden die ein geschlossenes Gelege bildenden Eier vom Männchen bewacht.
Durch Stöße mit der Schnauzenspitze, die das Blatt mit anhaftendem Gelege in vibrierende Bewegung setzt und durch Befächeln des Geleges mit den Brust- und Bauchflossen bewirkt das brutpflegende Männchen eine Wasserzirkulation um das Gelege herum. Manche Männchen entfernen auch weißwerdende, d. h. unbefruchtete bzw. abgestorbene Eier mit dem Maul aus dem Gelege.
Das Fortpflanzungsverhalten aller *Copella*-Arten ist jedoch bisher noch nicht bekannt und nur bei den Arten, die bisher im Aquarium vermehrt wurden, sind wir diesbezüglich genauer unterrichtet. Wir wissen auch nicht, ob außer *C. arnoldi* noch weitere Arten ihre Eier oberhalb des Wasserspiegels absetzen. Möglicherweise könnte die dem Spritzsalmler äußerst ähnliche *Copella carsevennesis* (Regan, 1912) aus Guyana und Surinam ein ähnliches Fortpflanzungsverhalten haben. In den zeitigen fünfziger Jahren sind nämlich wiederholte Male äußerst elegante und schlanke "Spritzsalmler“ aus diesen Gebieten importiert und auch im Aquarium vermehrt worden, die eventuell gar keine *C. arnoldi* waren. Auch *Copella*-Arten, deren Artzugehörigkeit nicht mit Sicherheit ermittelt werden konnte, wurden bereits im Aquarium vermehrt. Am besten bekannt von diesen ist die sogenannte „Zick-Zack-Copella“, die, wie H. J. Franke nachweisen konnte, nicht mit *Copella metae* (Eigenmann, 1914) identisch ist, wie anfänglich angenommen wurde.

**Copella arnoldi** (Regan, 1912)
Spritzsalmler
Synonyme: *Copeina arnoldi* (Regan, 1912), *Copeina callolepis* (Regan, 1912), *Pyrrhulina filamentosa* (Valenciennes, 1846).
Vorkommen: Unteres Stromgebiet des Amazonas.
Länge: Männchen bis 8 cm, Weibchen kleiner, max. 6 cm.
Körper langgestreckt und seitlich nur wenig zusammengedrückt. Maulspalte breit und etwas oberständig. Schuppen groß, mit deutlich dunkel markierten Rändern. Grundfärbung auf dem Rücken bräunlich-gelb. An den Seiten heller gelblich und zum Bauch hin gelblichweiß. An den Körperseiten beim Männchen ein Teil der Schuppen mit roten Pünktchen. Die Rückenflosse hat bei beiden Geschlechtern an ihrer Basis einen dunklen Fleck und eine rote Spitze. Beim Männchen ist die Rükkenflosse zu einer langen Spitze ausgezogen und die Schwanz-, After- und Bauchflossen sind stark vergrößert. Schwanzflosse, Afterflosse und Bauchflossen sind beim Männchen gelblich getönt und die Schwanzflosse hat einen rötlichen Saum. Beim Weibchen sind diese Farben blasser bzw. lediglich angedeutet. In der Körperform unterscheiden sich die Weibchen von dem Männchen außerdem durch einen mehr gedrungenen Körperbau. Das eigentümliche Ablaichverhalten wurde bereits im Kapitel „Verhalten“ (Seite 27) ausführlich beschrieben.
Bei Zucht im Aquarium sind angerauhte Deckscheiben (Milchglas) mit der angerauhten Seite nach unten zu verwenden, da an solchen Scheiben die Eier besser haften. Die sehr kleinen Jungfische werden mit Pantoffeltierchen oder Rädertierchen angefüttert.

**Copella metae** (Eigenmann, 1914)
Rehsalmler
Synon.: *Copeina metae* (Eigenmann, 1914), *Pyrrhulina nigrofasciata* (Meinken, 1952).
Vorkommen: Rio Meta im peruanischen Teil des Amazonasgebietes.
Länge: 6 cm.
In der Körperform der vorherigen Art ähnlich, doch haben die Männchen dieser Art nicht so stark vergrößerte Flossen. Grundfärbung auf dem Rücken rehbraun, an den Körperseiten heller braun, unter dem Bauch fast weiß. Ausgehend von der Schnauzenspitze läuft entlang der Körpermitte bis zum Schwanzflossenansatz ein breites braunes Längsband, das nach oben von einem hellen Rand abgeschlossen wird. Dieses Längsband kann je nach Befinden mehr oder weniger deutlich hervortreten. Schuppen an den Körperseiten mit einem roten Punkt an der Basis. Flossen gelb- oder hellbraun getönt. In der Rückenflosse bei beiden Geschlechtern ein schwarzer Fleck. Die Weibchen sind in der Regel kleiner und haben eine etwas gerundetere Körperform. Im Zuchtaquarium benötigen sie für die Laichabgabe geeignete breitblättrige Pflanzen, z. B. Echinodorusarten. Die Larven schlüpfen bei 25–26 °C bereits nach 24–30 Stunden. Sie sind zunächst glasklar-durchscheinend und hängen an der Ablaichstelle und an Pflanzen in der näheren Umgebung. Nach vier bis fünf weiteren Tagen schwimmen die Jungfische frei und sind mit Rädertierchen oder Pantoffeltierchen anzufüttern.

---

**Oben:** Pirayas, wahrscheinlich *Serrasalmus nattereri*.
**Mitte links:** *Myleus rubripinnis*.
**Mitte rechts:** *Myleus gurupyensis*.
**Unten links:** *Mylossoma duriventre*.
**Unten rechts:** *Metynnis hypsauchen*.

**Copella nattereri** (Steindachner, 1875)
Blaupunktsalmler
Synonym: *Pyrrhulina nattereri* (Steindachner, 1875).
Vorkommen: Einzugsgebiet des Rio Negro.
Länge: bis 5 cm.
Gleicht in der Körperform der vorherigen Art. Der obere Schwanzflossenlappen ist besonders beim Männchen größer als der untere. Grundfärbung gelblich-braun, Schuppen an den Körperseiten mit blauen Tupfen. Je nach Herkunft kann jedoch die Färbung etwas unterschiedlich sein und neben Fischen mit blauen Schuppenflecken gibt es auch solche, die rote Schuppenflecken haben. Längs der Körperseite läuft etwas unterhalb der Körpermitte vom Unterkiefer bis zur Schwanzwurzel ein dunkelbraunes Band. Die Rückenflosse hat eine rote Basis an die sich eine dunkle Zone anschließt, die äußerste Flossenspitze ist wiederum rot. Die Männchen zeigen, wenn sie sich wohlfühlen, oben und unten am Schwanzflossenansatz eine rot getönte Zone. Gleichzeitig nehmen auch Afterflosse und Bauchflosse eine rötliche Färbung an. Beim Weibchen fehlt diese Flossenfärbung oder ist nur ganz schwach angedeutet. Vermehrung wie bei der vorherigen Art. Es sei jedoch darauf verwiesen, daß die Zucht dieser Art nur in weichem Wasser mit einer Gesamthärte von max. 6°dH möglich ist.

**Oben links:** Silberbeilbauchfisch *(Thoracocharax securis).*
**Oben rechts:** Blinder Höhlensalmler *(Astyanax fasciatus jordani).*
**Mitte links:** *Boehlkea fredcochui.*
**Mitte rechts:** Talerfisch *(Ctenobrycon spilurus spilurus).*
**Unten:** *Aphyocharax alburnus.*

**Copella vilmae** Géry, 1963
Regenbogencopella
Vorkommen: Oberes Amazonasgebiet.
Länge: bis 6 cm.
In der Körperform den beiden vorherigen Arten ähnlich, doch etwas schlanker. Weibchen von etwas gedrungenerem Körperbau. Grundfärbung oberseits rötlich-braun. Längs der Körpermitte, von der Schnauzenspitze und durch die Schwanzflosse hindurch, ein dunkelbraunes breites Längsband, das nach oben von einem schmaleren bläulichen Streifen begrenzt wird. An der Basis der Rückenflosse ein roter Fleck. Beim Männchen ist der obere Schwanzflossenlappen stark vergrößert und seine Schwanz- und Afterflosse ist zart rötlich getönt. Bisher wurde diese Art nur vereinzelt eingeführt und über ihre Vermehrung im Aquarium ist noch nichts bekannt geworden. Neuimportierte Wildfänge sind von wundervoll rötlicher Tönung, die aber im Aquarium bald verschwindet.

**Gattung Nannobrycon** (Hoedeman, 1950)
Die Arten dieser Gattung, die unter dem Namen „Schrägschwimmer" den Aquarienfreunden bekannt sind, zeichnen sich dadurch aus, daß sie normalerweise in schräger Haltung mit dem Kopf nach oben schwimmen. Dabei bildet ihre Körperachse im Verhältnis zum Wasserspiegel einen Winkel von 50–75°. Nur wenn sie gezwungen sind schnell zu schwimmen, z. B. wenn sie erschreckt flüchten, schwimmen sie in waagerechter Haltung. Sie sind über große Gebiete verbreitet und Vorkommen finden sich im oberen Orinocogebiet, in Guyana, Surinam, Guiana und an verschiedenen Stellen des mittleren Amazonasgebietes. Die Aufteilung in viele, oft voneinander getrennte Populationen, hat das Entstehen von Lokalvarietäten begünstigt. Mitunter sind solche Formen auch als Arten beschrieben worden. Die Gattung enthält jedoch mit Sicherheit nur zwei Arten. Bei *Nannobry-*

*con ocellatus* (Eigenmann, 1909) handelt es sich wahrscheinlich lediglich um eine Lokalform (Unterart?) von *Nannobrycon unifasciatus* (Steindachner, 1876).
In der Natur leben diese Fische in kleineren Schwärmen vorwiegend in kleinen Nebengewässern, die gute Deckungsmöglichkeiten bieten, d. h. in Gewässern, die eine dichte Vegetation, bestehend aus Wasserpflanzen besitzen oder vom Ufer her stark verkrautet sind. In pflanzenlosen Gewässern werden sie meist zwischen Treibholz angetroffen. Auch im Aquarium kommen sie am besten zu ihrem Recht und zeigen ihre schönsten Farben, wenn man sie in einem dementsprechend eingerichteten Artaquarium hält. Bei der Haltung sind sie betreffend der Wasserverhältnisse nicht sonderlich empfindlich, für ihre Vermehrung jedoch ist weiches Wasser erforderlich. Ihre Eier setzen sie an der Unterseite breitblättriger Wasserpflanzen ab. Bei jeder Paarung werden lediglich ein bis fünf Eier abgegeben. Diese haften jedoch meist nur zu einem geringen Teil am Blatt fest und die meisten sinken zu Boden. Bei einer Temperatur von 25 °C schlüpfen die zunächst glasklar-durchscheinenden Larven nach 24–32 Stunden. Am fünften bis sechsten Tage, vom Ablaichen an gerechnet, schwimmen die Jungfische frei. Sie halten sich anfänglich versteckt an den dunkelsten Stellen des Aquariums auf. Trotz ihrer geringen Größe haben sie eine weite Maulöffnung und können mit Artemianauplien angefüttert werden. Nur wenig produktiv. Je Laichabgabe legt das Weibchen maximal 100 Eier, meist jedoch nur 30–50.

**Nannobrycon eques** Steindachner, 1867
Schrägsteher
Synonym: *Poecilobrycon eques* (Steindachner, 1867).
Vorkommen: Mittleres Amazonasgebiet und Einzugsbereich des Rio Negro.
Länge: bis 5 cm.
Körperform spindelförmig. Beim Männchen ist die Rückenlinie etwas mehr gewölbt als die Bauchlinie. Grundfärbung bräunlich-gelb bis braunoliv, unter dem Bauch fast weiß, längs des Rückens laufen drei punktierte Linien. Unterhalb der Körpermitte ein breites Längsband, das in seinem vorderen Teil schwarz ist und sich nach hinten rötlich verfärbt. Dieses an der Schnauzenspitze beginnende Band endet hinten im unteren Schwanzflossenlappen. Besonders im vorderen Teil des Längsbandes haben die Schuppen helle Ränder. Afterflosse

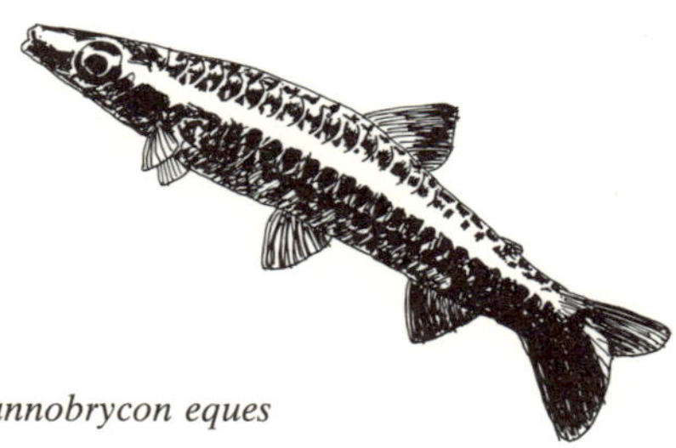

*Nannobrycon eques*

rot und mit bläulich-weißem Saum. Beim Männchen haben die Bauchflossen bläulichweiße Spitzen. Die hier beschriebene Tagfärbung verändert sich bei Eintritt der Dunkelheit und macht einer gänzlich anderen Nachfärbung Platz. Dabei verschwindet die Längsbinde und an ihrer Stelle werden zwei schräge dunkle Querbinden sichtbar.
Nach Sterba soll auch *Nannobrycon* (Poecilobrycon) *auratus* (Eigenmann, 1909) mit dieser Art identisch bzw. eine Lokalform sein.

**Nannobrycon unifasciatus** (Steindachner, 1876)
Vorkommen: Mittleres Amazonasgebiet, Rio Negro. Kommt auch in Guyana und an manchen Stellen im Stromgebiet des Orinocos vor.
Länge: bis 6,5 cm.
Körperform mehr gestreckt als bei der vorherigen Art. In ihrer Schwimmweise ist diese Art

nicht ein so ausgeprägter Schrägschwimmer wie die vorherige Art und schwimmt auch bei langsamen Bewegungen häufig waagerecht. Grundfärbung gelblich-braun. Bei Wohlbefinden goldfarben. Eine dunkle Längsbinde läuft von der Schnauzenspitze bis zur Schwanzwurzel. In beiden Schwanzflossenlappen ein braunrotes Feld. Afterflosse dunkelbraun bis schwarz, andere Flossen farblos. Die Nachtfärbung besteht bei dieser Art in einer „Ausbleichung“ der Körperfärbung, doch bleibt das Längsband sichtbar und Querbänder fehlen. Nach Sterba ist beim Männchen die Afterflosse unten abgerundet, beim Weibchen unten gerade.

**Gattung Nannostomus** Günther, 1872

Eine Gattung kleiner Fische von langgestreckter Körperform und fast rundem Körperquerschnitt. Maul endständig, Maulspalte klein, Kiefer mit mehrspitzigen Zähnen. Von den Arten der Gattung *Nannobrycon* unterscheiden sie sich durch geringfügige Unterschiede des Skeletts, die für den Aquarienfreund nicht feststellbar sind. Ein eindeutig sichtbarer Unterschied ist jedoch ihre Schwimmweise, denn im Gegensatz zu den *Nannobrycon*-Arten schwimmen die Angehörigen der Gattung *Nannostomus* stets waagerecht. Zusammenfassend werden die *Nannostomus*-Arten von den Aquarienfreunden als „Ziersalmler“ bezeichnet und sie sind aufgrund ihrer geringen Größe und ihrer prächtigen Färbung sehr beliebte Aquarienfische. Ähnlich wie die Angehörigen der vorherigen Gattung sind auch die *Nannostomus*-Arten Fische, welche vorwiegend kleinere fließende Gewässer mit guten Deckungsmöglichkeiten bewohnen. Stellenweise werden manche von ihnen in torfigem Wasser von Schwarzwassercharakter gefunden. Doch kennt man auch zahlreiche Fundstellen in Klarwasser mit reichlicher Unterwasservegetation. Im Aquarium sind sie leicht zu halten, nur sollte man sie nicht mit wesentlich größeren Arten vergesellschaften. Sie können auch in härterem Wasser gehalten werden, für ihre Nachzucht ist jedoch weicheres Wasser erforderlich. Die Ansprüche welche die einzelnen Arten stellen sind aber etwas unterschiedlich. Einige von ihnen, wie z. B. *N. beckfordi* und *N. bifasciatus* können auch in mittelhartem Wasser vermehrt werden. Auffällig sind die harmlosen Imponierkämpfe der Männchen untereinander, wobei sie, meist parallel zueinander stehend und in ihren schönsten Farben erstrahlend, ihren Gegner durch Flossenspreizen zu imponieren versuchen.

Unter guten Bedingungen gehalten laichen die *Nannostomus*-Arten auch im Gesellschaftsaquarium regelmäßig. Beobachtet man, daß ein Paar mit dem Ablaichen beginnt, so kann man es aus dem Aquarium herausfangen und in ein vorbereitetes Laichaquarium setzen. Schon nach kurzer Zeit werden die Fische dort ihr Laichgeschäft fortsetzen. Als Zuchtaquarien reichen bei diesen kleinen Arten schon Behälter mit ca. 10 l Inhalt. Als Laichpflanzen kommen alle feinfiedrigen Arten von Wasserpflanzen in Betracht. Bei den weniger laichräuberischen Arten wie *N. beckfordi* und *N. bifasciatus* ist die Zucht auch im Daueransatz möglich. Laichräuberei kann jedoch auch innerhalb derselben Art individuell recht unterschiedlich sein und von manchen Paaren erhält man nur eine Nachzucht, wenn man Laichroste verwendet. Die Unterscheidung der Geschlechter ist nicht immer ganz einfach. Die Geschlechter lassen sich jedoch bei laichreifen Fischen meist an der Körperform unterscheiden. Nach H. J. Franke ist die Afterflosse bei den Männchen unten gerundet, bei den Weibchen gerade. Mitunter kann man bei laichreifen Weibchen, wenn man sie im Gegenlicht betrachtet, die Eier durch die Wand der Leibeshöhle erkennen. Die Anzahl der bei einem Ablaichen abgegebenen Eier ist nicht sonderlich groß, doch laichen die Paare innerhalb einer Laichperiode mit einem Zeitabstand von vier bis sieben Tagen mehrere Male hintereinander.

**Nannostomus beckfordi** Günther, 1872
Längsbandziersalmler
Synonym: *Nannostomus anomalus* (Steindachner, 1876).
Vorkommen: Guyana, Surinam, Guiana, unteres und mittleres Amazonasgebiet, Stromgebiet des Rio Negro.
Länge: bis 6,5 cm.
Diese Art hat keine Fettflosse. Entsprechend ihres weiträumigen Verbreitungsgebietes recht variabel. Nach Weitzmann gehören auch *Nannostomus minimus* (Eigenmann, 1909) und *Nannostomus aripirangensis* (Meinken, 1931) zu dieser Art. Als Aquarienfische werden schon seit langer Zeit zwei Farbvarianten gehalten, teils die Nominatform (= Anomalus-Typ), teils eine von der Nominatform deutlich unterschiedene Lokalform von der Insel Aripiranga im Amazonenstrom (= Aripiranga-Typ), die auch unter dem deutschen Namen „Aripiranga-Ziersalmler" bekannt ist.
**Die Nominatform** ist oberseits gelbgrau bis gelbbraun, an den Körperseiten heller gelblich, unter dem Bauch hellgelb bis fast weiß. Schuppen an den Körperseiten dunkel gesäumt. Längs der Körpermitte läuft ein dunkles Band, das an der Schnauzenspitze beginnt und in den mittleren Strahlen der Schwanzflosse endet. Nach oben wird dieses dunkle Band von einem hellen goldfarbigen Saum abgeschlossen. Bei Männchen, die sich wohlfühlen, ist die ganze obere Körperhälfte etwas rötlich angehaucht. Der untere Schwanzflossenlappen und der untere Teil der Afterflosse ist beim Männchen rot. Bei den Weibchen sind die Flossen farblos. Während der Dunkelheit verblassen diese Farben und als typische Nachtfärbung zeigen sich zwei schwarze Flekken. Einer etwa auf der Körpermitte, der zweite oberhalb des Schwanzflossenansatzes.
**Der Aripiranga-Typ** unterscheidet sich von der Nominatform nicht nur in der Färbung. Fische dieses Typs sind von etwas kompakterem Körperbau und meist etwas kleiner als die Nominatform. Bei ihnen wird die dunkle nach oben goldfarbig gesäumte Längsbinde durch einen dritten Saum von roter Färbung abgeschlossen. Bei den Männchen sind After- und Bauchflossen rot, die Bauchflossen haben bläulich-weiße Spitzen. In ihrer Grundfärbung wirken besonders die Männchen etwas dunkler und zur Laichzeit erscheinen sie wie mit Blut übergossen, wobei die Rotfärbung auf dem Hinterkörper besonders intensiv ist. Bei manchen Weibchen zeigt sich während der Laichzeit in der Rückenflosse ein roter Fleck.

**Nannostomus bifasciatus** Hoedeman, 1954
Zweibindenziersalmler
Vorkommen: Surinam und Guiana.
Länge: bis 6 cm.
In der Körperform der vorherigen Art ähnlich. Manche Populationen ohne Fettflosse. Grundfärbung gelblich-weiß. Über den Körper laufen zwei dunkle Längsbinden, eine breite unterhalb der Körpermitte, eine schmalere in der oberen Rückenhälfte. Das obere Band ist nicht immer vollständig sichtbar. Bei Wohlbefinden sind Schwanz- und Afterflosse rötlich, beim Männchen mit roten Flecken an der Basis. Bauchflossen beim Männchen mit weißen Spitzen, beim Weibchen farblos. In Nachtfärbung zeigen sich, ähnlich wie bei *N. beckfordi,* zwei große dunkle Flecken. Der Zweibindenziersalmler wurde schon häufiger im Aquarium nachgezüchtet. Kann auch in mittelhartem Wasser vermehrt werden.

**Nannostomus digrammus** Fowler, 1913
Vorkommen: Weit verbreitet im unteren und mittleren Amazonasgebiet, kommt aber auch in Guiana und Surinam vor.
Länge: 3 cm?? Größenangabe unsicher, denn im Aquarium haben Fische dieser Art Längen von über 4 cm erreicht.

Wird ziemlich regelmäßig, doch leider nur in Einzelstücken, als Beifang zusammen mit anderen Fischen importiert. Arttypisch sind die in Absätzen stark verdickten Afterflossenstrahlen beim Männchen, die eine sichere Unterscheidung von anderen *Nannostomus*-Arten ermöglichen. Auch bei dieser Art kommen Fische mit und Fische ohne Fettflosse vor. Grundfärbung auf dem Rücken gelblichbraun. Von der Schnauzenspitze bis zur Schwanzwurzel läuft ein goldfarbiges Band, das oben und unten von einem dunklen Streifen begrenzt wird. Im unteren Schwanzflossenlappen ein braunroter Fleck. Die große lappenförmige Afterflosse der Männchen wird meist angelegt getragen. Über Nachzuchten im Aquarium ist bisher nichts bekannt.

**Nannostomus espei** (Meinken, 1956)
Synonym: *Poecilobrycon espei* (Meinken, 1956).
Vorkommen: Rio Mazaruni in Guyana.
Länge: bis 3,5 cm.
Wirkt in der Körperform etwas gedrungener als die meisten anderen *Nannostomus*-Arten. Dies ist jedoch eine optische Täuschung, die auf dem von den übrigen Arten abweichenden Zeichnungsmuster beruht. Grundfärbung graubraun bis hell-gelbbraun, an den Körperseiten heller und unter dem Bauch fast weiß. Von der Schnauzenspitze läuft durch das Auge ein goldfarbiges Band bis zur Schwanzwurzel. Nicht immer ist dieses Band jedoch in seiner ganzen Länge zu sehen. Vier oder fünf schräg von vorne nach hinten geneigte dunkle Querbinden zieren die untere Körperhälfte. Die Schuppen auf der oberen Körperhälfte sind dunkel umrandet. Die Weibchen unterscheiden sich von den Männchen durch eine etwas rundere Körperform. Bei den Männchen ist der vordere Teil der Afterflosse dunkel getönt. In ihrem Fortpflanzungsverhalten weicht diese Art von den übrigen *Nannostomus*-Arten ab. Die Laichabgabe erfolgt, ähnlich wie bei den *Nannobrycon*-Arten, an der Unterseite größerer Blätter. Die verhältnismäßig großen Eier werden in der Regel einzeln abgesetzt. Die Gesamtzahl der Eier beträgt bei einer Laichabgabe meist nur 20–30. Dafür laicht jedoch dasselbe Paar innerhalb einer Laichperiode mit wenigen Tagen Zwischenraum mehrere Male hintereinander. Bei einer Temperatur von ca. 25 °C schlüpfen die Larven nach ca. 30 Stunden. Die Jungfische beginnen am sechsten Tage nach dem Ablaichen frei zu schwimmen und können sofort mit Artemianauplien angefüttert werden. Bisher sind Nachzuchten nur in weichem und torfgefiltertem Wasser bekannt geworden. Mehr als andere *Nannostomus*-Arten scheint diese Art ein Anflugfresser zu sein. Als fortpflanzungsstimmulierendes Futter haben sich bei ihr Essigfliegen (Drosophila) bewährt.

**Nannostomus harrisoni** (Eigenmann, 1909)
Synonym: *Poecilobrycon harrisoni* (Eigenmann, 1909)
Vorkommen: Guyana, Surinam und das obere Amazonasgebiet.
Systematisch nimmt diese Art eine Sonderstellung zwischen den Gattungen *Nannobrycon* und *Nannostomus* ein und Géry zählt sie zu einer besonderen Untergattung *(Poecilobrycon)*. Äußerlich unterscheidet sie sich von den übrigen *Nannostomus*-Arten durch eine verhältnismäßig längere Schnauzenpartie.
Länge: bis 6 cm.
Körperform sehr langgestreckt und schlank. Fettflosse vorhanden. Grundfärbung auf dem Rücken grünlichbraun, nach den Seiten hin heller gelblich. Ein durch dunkel umrandete Schuppen markiertes Längsband zieht sich längs des Oberrückens. Ein breites schwarzes Längsband, das bei der Schnauzenspitze beginnt und durch das Auge geht, verläuft entlang der unteren Körperhälfte bis in den Unterlappen der Schwanzflosse, wo es in einem großen Flecken endet. Wenn sich die Fische

wohlfühlen, zeigt sich um den schwarzen Schwanzflossenflecken herum eine rote Zone. Beim Männchen sind Bauchflossen und Afterflosse rötlich mit blauweißen Spitzen. Bereits im Aquarium vermehrt. Nach H. J. Franke schwimmen die Jungfische schräg, etwa wie *Nannobrycon*-Arten. Möglicherweise kann dies die Erklärung dafür sein, daß Eigenmann 1910 die Jungfische als Art unter dem Namen *Archicheir minutus* beschrieben hat.

**Nannostomus marginatus** Eigenmann, 1909
Zwergziersalmler
Vorkommen: Guyana und Surinam.
Länge: bis 3,5 cm.
Mehrere Unterarten sind beschrieben, die sich aber nur unbedeutend unterscheiden. Im Körperbau mehr gedrungen als andere *Nannostomus*-Arten. Fettflosse nicht vorhanden. Grundfärbung auf dem Rücken bräunlichgelb, an den Seiten heller goldgelb, unter dem Bauch fast weiß. Über den Körper laufen drei dunkelbraune Längsbänder. Eines beginnend über dem Auge entlang der oberen Körperhälfte, das zweite von der Schnauzenspitze durch das Auge entlang der Körpermitte, das dritte entlang der unteren Bauchhälfte. Die beiden oberen Bänder enden oberhalb bzw. unterhalb des Schwanzstieles in der Schwanzflosse. Das dritte Band, welches jedoch nicht bei allen Exemplaren gut sichtbar ist, beginnt an der Bauchkante etwa in der Höhe der Brustflossen und endet am Afterflossenansatz. Auf der Körpermitte, oberhalb des mittleren Längsbandes, ein kurzer roter Strich. Rückenflosse rot mit schwarzer vorderer Kante. Bauchflossen und Afterflosse rot. Die Weibchen unterscheiden sich von den Männchen durch eine deutlich rundere Körperform.
Im Artaquarium, oder auch mit anderen kleineren Fischen vergesellschaftet, ist diese Art trotz ihrer geringen Größe ein anspruchsloser und unempfindlicher Aquarienfisch. Ohne sonderlich anspruchsvoll zu sein, sagt ihm doch weiches Wasser am besten zu. Seine Vermehrung ist in einem weichen Wasser (Gesamthärte unter 8°dH) nicht schwer und selbst in kleinsten Behältern möglich. Viele Exemplare sind jedoch arge Laichräuber, so daß sich die Verwendung von Laichrosten bei Zuchtversuchen empfiehlt. Die Eier werden je Paarung in einer Anzahl von einem bis drei Stück abgesetzt, bei jeder Laichabgabe 20–40. Sie haben zunächst einen Durchmesser von etwa 1 mm, doch schwellen sie schon kurz nach der Laichabgabe auf fast die doppelte Größe an. Bei 25°C schlüpfen die Larven nach ca. 30 Stunden. Die fünf Tage nach dem Ablaichen frei schwimmenden Jungfische sind etwa 4,5 mm lang. Trotz dieser geringen Größe können sie notfalls mit Artemianauplien angefüttert werden. Da aber einzelne Jungfische dieses Futter nicht immer bewältigen können, ist eine Anfütterung mit Cyclopsnauplien besser.

**Nannostomus marylinae** (Weitzmann und Cobb, 1975)
Vorkommen: Kolumbien, im Einzugsgebiet des Apaporis und Caqueta.
Länge: bis 5 cm.
In der Körperform *N. beckfordi* ähnlich. Charakteristisch für die Art ist eine winzige Fettflosse. Ein breites, fast schwarzes Längsband läuft etwas unterhalb der Körpermitte von der Schnauzenspitze bis in die untere Hälfte der Schwanzwurzel. Auf der oberen Körperhälfte ein schmaleres Längsband, das von einem Punkt dicht über dem Kiemendeckel bis zu einem Punkt etwa in der Mitte zwischen Rükkenflosse und Schwanzflossenansatz verläuft. Rücken dunkelbraun, nach den Seiten hin heller und in Goldgelb übergehend, Bauch heller gelblichweiß. An der Afterflossenbasis und an der Basis der Schwanzflosse eine leicht rötliche Zone, die beim Männchen während der Balz leuchtend-hellrot wird. Die Nachtfärbung besteht aus zwei großen, etwas querge-

stellten Flecken und einem dünnen Längsstrich. Diese Art kommt häufiger als Beifang in Massenimporten von Roten Neon aus Kolumbien nach Europa. Ihre Vermehrung im Aquarium ist bereits gelungen. Nachzuchten sind bisher, soweit bekannt, nur in sehr mineralarmem Wasser (Totalhärte unter 3°dH) geglückt. Die Entwicklung der Jungfische unterscheidet sich nicht von anderen *Nannostomus*-Arten. Die bei einer Temperatur von 25°C am sechsten Tage nach der Laichabgabe schwimmenden Jungfische sind sehr klein. Anfütterung erfolgt am besten mit Rädertierchen oder Pantoffeltierchen.

**Nannostomus trifasciatus** Steindachner, 1876
Dreibindenziersalmler
Synonym: *Poecilobrycon vittatus* (Ahl, 1933).
Vorkommen: Oberes Amazonasgebiet, Stromgebiet des Rio Negro.
Länge: bis 6 cm.
In Färbung und Zeichnung der vorherigen Art ähnlich, doch schlanker. Es kommen Exemplare mit und solche ohne Fettflosse vor. Es ist jedoch nicht so, daß es Populationen mit und Populationen ohne Fettflosse gibt, denn selbst unter Wurfgeschwistern kann man Exemplare mit und ohne Fettflosse finden.
Färbung bei Wohlbefinden auf dem Rücken hellbraun. Vom oberen Augenrand läuft entlang der oberen Körperhälfte eine feine schwarze Linie. Körperseiten goldgelb bis weißgelb. Von der Schnauzenspitze läuft durch das Auge entlang der unteren Körperhälfte ein breites schwarzes Band bis zum unteren Teil des Schwanzstieles. Ein sehr schmales schwarzes Band läuft weit unten am Bauch etwa von der Bauchmitte bis zum Afterflossenansatz. Oberer Teil der Schnauzenspitze, oberer Teil der Iris und ein Fleck auf dem Vorderkörper oberhalb des mittleren Längsbandes rot. Bauchflossen, Rückenflosse und Afterflosse an der Basis rot. Zwei rote Flecken oben und unten am Übergang zwischen Schwanzwurzel und Schwanzflosse. Die Unterscheidung der Geschlechter ist schwierig. Nur wenn die Weibchen laichreif sind, erscheinen sie etwas runder als die Männchen. Kann wie die vorherige Art gezüchtet werden, doch wachsen die Jungfische langsamer. Für Zuchtversuche weiches und torfgefiltertes Wasser verwenden.
Außer den hier genannten *Nannostomus*-Arten werden zuweilen auch in der Natur vorkommende golden-glänzende Farbformen als Beifänge importiert. Besonders mit den in großen Mengen aus ihren Heimatgebieten eingeführten „Roten Neons". Die Artzugehörigkeit dieser Goldformen konnte bisher nicht eindeutig festgestellt werden. Eine als „Goldanomalus" bezeichnete Form wurde auch im Aquarium vermehrt. Bei ihr handelt es sich vermutlich um eine Farbform von *N. beckfordi.* Bei manchen – aber nicht bei allen – als Beifängen importierten Goldformen verblaßt der goldene Glanz nach einigen Monaten.

**Gattung Pyrrhulina** (Cuvier und Valenciennes, 1846)
Eine den Gattungen *Copeina* und *Copella* nahestehende Gattung, die sich von diesen durch eine etwas andere Bezahnung unterscheidet. Ihre Verbreitung erstreckt sich auf große Teile Südamerikas, und einige Arten kommen nach Süden bis zum Stromgebiet des Rio de La Plata vor. In ihrer Lebensweise ähneln sie den *Copella*-Arten. Im Aquarium sind sie anderen Fischen gegenüber jedoch nicht so verträglich wie diese, und besonders die größeren Arten können recht ruppig sein. Einige Arten sind als Aquarienfische schon lange bekannt, ohne jedoch besonders große Verbreitung gefunden zu haben. Neuimporte kommen ziemlich regelmäßig als „Beifänge" nach Europa. Die Feststellung der Artzugehörigkeit derartiger Beifänge wird vor allem dadurch erschwert, daß von manchen Arten lokal farblich abweichende Populationen vor-

kommen. Bei einigen *Pyrrhulina*-Arten sind außerdem Unterarten beschrieben. Genau wie bei der Gattung *Copella* sind auch Arten im Aquarium vermehrt worden, deren Artzugehörigkeit nicht festgestellt werden konnte. Das Vermehrungsverhalten stimmt weitgehend mit dem der meisten *Copella*-Arten überein. Die in Form von geschlossenen Gelegen meist auf der Oberseite größerer Wasserpflanzenblätter abgesetzten Eier werden von den Männchen bewacht. In der Körperform sind sie etwas kompakter und von nicht ganz so rundem Körperquerschnitt wie die *Copella*-Arten und wie bei diesen ist keine Fettflosse vorhanden.

**Pyrrhulina brevis** Steindachner, 1875
Vorkommen: Mittleres und oberes Amazonasgebiet, Rio Negro.
Länge: bis 9 cm.
Grundfärbung auf dem Rücken braun, an den Körperseiten heller und mit bläulich irisierenden Schuppen. Bauch silberweiß, bei Männchen in Laichstimmung rötlich. Von der Schnauzenspitze und durch das Auge zieht sich ein dunkles Band entlang der Körpermitte, welches sich jedoch nicht immer vollständig zeigt und oft nur in Form einiger diffuser Flecken sichtbar ist. Auf den Körperseiten längsgehende Reihen von rötlichen Pünktchen, die durch rote Basisflecken an den Schuppen gebildet werden. Im vorderen Teil der Rückenflosse ein schwarzer Fleck. Beim Weibchen sind Rücken- und Afterflosse sowie die Bauchflossen gelblich. Beim Männchen sind diese Flossen rötlich, in Laichstimmung rot und mit schwarzen Säumen. Entsprechend ihres großen Verbreitungsgebietes kann diese Art insbesondere in ihrer Färbung recht variabel sein.
Verschiedene Angaben in modernerer Aquarienliteratur, nach denen diese Art noch nicht lebend importiert worden sei, sind nicht korrekt. Diese Art ist seit ihrer Ersteinfuhr 1913 zwischenzeitlich häufiger in Einzelstücken eingeführt worden. In den dreißiger Jahren wurde sie unter anderen an der Zierfischzüchterei K. Zeller in Magdeburg nachgezüchtet. Auch heute kommen von Zeit zu Zeit besonders Jungfische als Beifänge mit anderen Arten nach Europa. Leider werden diese oft, wie übrigens die meisten Beifänge, von den Importeuren an Raubfische verfüttert.

**Pyrrhulina laeta** (Cope, 1871)
Synonyme: *Pyrrhulina maxima* (Eigenmann, 1899), *Pyrrhulina semifasciata* (Steindachner, 1875).
Vorkommen: wie *P. brevis*.
Länge: 8 cm.
In der Körperform schlanker, mit spitzerem Kopf und runderem Körperquerschnitt als andere als Aquarienfische bekannte *Pyrrhulina*-Arten. Besonders die schlankeren Männchen erinnern an *Copella*-Arten. Grundfärbung auf dem Rücken gelblich-grün bis braun. Auf dem Vorderrücken einige schwarze Flecken. Körperseiten dunkler grünlich-braun mit dunkel gerandeten Schuppen. Bauch gelblich-weiß bis silberweiß. Ein dunkler Strich läuft von der Schnauzenspitze durch das Auge bis zum hinteren Rand des Kiemendeckels. Hinter dem Kiemendeckel einige rote Tupfen. Rückenflosse an der Basis orangefarben und mit einem dunklen Flecken. Beim Weibchen sind Schwanz- und Afterflosse durchscheinend gelblich, beim Männchen mehr rötlich. Die Männchen unterscheiden sich von den Weibchen, außer durch ihre wesentlich schlankere Körperform, durch einen verlängerten oberen Schwanzflossenlappen. *P. laeta* sollen auf breiten Blättern ablaichen. Nähere Angaben über Nachzuchten liegen nicht vor.

**Pyrrhulina rachowiana** Myers, 1926
Vorkommen: Stromgebiet des unteren Paraná (Argentinien).
Länge: bis 5 cm.
Körperform gedrungener als bei anderen als Aquarienfische gehaltenen *Pyrrhulina*-Arten und seitlich etwas zusammengedrückt. Beim Männchen ist die Bauchlinie auffällig gerade und der obere Schwanzflossenlappen etwas vergrößert. Grundfärbung auf dem Rücken braun. Ausgehend vom hinteren Kiemendekkelrand bis zur Schwanzwurzel läuft ein goldgelber Strich und direkt darunter eine dunkelbraune Linie. Von der Schnauzenspitze durch das Auge bis zum Kiemendeckelrand ein dunkler Strich. Bauch gelblich-weiß. In der Rückenflosse ein schwarzer Fleck. Bei Wohlbefinden zeigen sich beim Weibchen Afterflosse und Bauchflossen bläuliche, beim Männchen rötliche Säume.
An die Wasserverhältnisse stellt diese Art keine besonderen Ansprüche. Zucht einfach. Laichen meist auf größeren Blättern, doch sind auch Laichabgaben auf flachen Steinen bzw. auf kiesigem Boden schon beobachtet worden. Zuchttemperatur 22–24°C. Die Larven schlüpfen bei dieser Temperatur nach 30–35 Stunden. Die vier bis fünf Tage später freischwimmenden Jungfische können sofort mit Artemianauplien angefüttert werden.

**Pyrrhulina spilota** Weitzmann, 1960
Dreipunkt-Pyrrhulina
Vorkommen: Peruanischer Teil des Amazonasgebietes, Rio Ucayli.
Länge: Männchen bis 8 cm, Weibchen bis 6,5 cm.
Nach H. J. Franke, der diese Art erstmalig importieren und auch im Aquarium vermehren konnte, wird diese Art in der Natur in Schwarzwasser angetroffen. Körperform ziemlich kompakt, seitlich etwas abgeplattet. Schwanzstiel auffällig breit. Färbung lebender Fische (nach H. J. Franke): Grundfärbung hell-sandfarben mit dunklen Schuppenrändern, welche auf dem Rücken und im Bereich der Mittellinie ein feines Netzwerk bilden. Beim Männchen in Prachtfärbung sind die Schuppen der Bauchpartie rot umrandet. In der unteren Körperhälfte sind zeitweilig drei dunkle Flecken – über den Bauchflossen, dem vorderen Afterflossenansatz und im unteren Teil des Schwanzstiels – sichtbar. Eine schmale schwarze Binde führt um den Unterkiefer, durch das Auge und über den Kiemendeckel. Dahinter löst sie sich in einige dunkle Punkte auf. Alle Flossen, besonders im vorderen Bereich, ziegelrot getönt. Am freien Rande der Afterflosse mehrere schwarze Flecken. Auffällige hellblau-weiße Säume an Rücken- und Schwanzflosse. Bei Fischen in Laichstimmung verschwinden Körperflecke und Kopfbinde, dafür zeigt sich beim Männchen ein kreisrunder Schulterfleck und ein kleiner dunkler Fleck in der hellen unteren Irishälfte. Laichabgaben erfolgten auf breiten Blättern. Nach H. J. Franke ist die Eizahl erstaunlich gering (50–80 Eier je Laichabgabe) und die Jungfische sind sehr lange auffällig hellsandfarbig (bis zur dritten Lebenswoche keinerlei Zeichnung). Sie wurden mit Cyclopsnauplien und Rädertierchen angefüttert.

**Pyrrhulina vittata** Regan, 1912
Vorkommen: Mittleres Amazonasgebiet, Rio Tapajoz.
Länge: bis 7 cm.
Körperform gestreckt und seitlich nur wenig abgeplattet. Beim Männchen ist die Bauchlinie gerade, beim Weibchen mehr gewölbt. Oberer Schwanzflossenlappen beim Männchen nur unbedeutend vergrößert. Grundfärbung auf dem Rücken grünlich-braun, Körperseiten heller und mit grünlich-blauem Schimmer. Unterseite gelblich bis weiß, beim Männchen in Laichstimmung rötlich. Die Schuppen auf der oberen Körperhälfte haben an ihrer Basis einen hellen Fleck und einen dunklen

Rand. Eine fast schwarze Linie streckt sich vom Unterkiefer durch das Auge, über den Kiemendeckel und noch ein Stück über diesen hinaus. Zeitweilig zeigen sich drei dunkle Flecken, einer auf der Mitte der unteren Körperhälfte, einer über dem Ansatz der Afterflosse und einer auf der Schwanzwurzel. Flossen beim Weibchen farblos, beim Männchen rötlich getönt.
Zucht in weicherem Wasser (Gesamthärte bis 8°dH) nicht schwer. Zuchttemperatur 24–26°C. Die Jungfische können sofort mit Artemianauplien angefüttert werden.
Außer den hier beschriebenen *Pyrrhulina*-Arten werden ab und zu noch weitere im Handel angeboten. Eine bis 10 cm lang werdende und verhältnismäßig schlanke Art mit roten Tupfen auf den Körperseiten und herrlich blaugesäumter Schwanzflosse wurde als *P. filamentosa* angeboten und auch im Aquarium vermehrt. Nach A. v. d. Nieuwenhuizen kommen bei dieser Art auch Laichabgaben an senkrechten Steinen vor. Es konnte jedoch nicht festgestellt werden, ob es sich bei dieser Art wirklich um *Pyrrhulina filamentosa* (Valenciennes, 1846) handelte.
Eine weitere Art wurde unter dem deutschen Namen „Rotsaum-Pyrrhulina" bekannt und konnte von I. Koslowski nachgezogen werden. Auch bei dieser Art konnte die Artzugehörigkeit nicht ermittelt werden. Möglicherweise handelt es sich bei ihr um eine wissenschaftlich noch nicht beschriebene Art.

## Familie Anostomidae

Eine über große Teile Südamerikas und manche Inseln der Karibik verbreitete Familie. Ihre Vertreter sind zum größten Teil langgestreckte Fische von spindelförmigem Körperbau, mit spitzem kegelförmigem Kopf und kleinem vorderständigem oder oberständigem Maul. Die Lippen sind gut ausgebildet und bei manchen Arten wulstig ausgeformt. Die Bezahnung ist innerhalb der Familie nicht einheitlich, doch sind die Zähne meist kräftig und mit vielen kleinen Spitzen versehen, so daß sie sich gut zum Abweiden (Abnagen) von Algen eignen. Ihre Gewohnheit in Ruhestellung und auch bei der Nahrungssuche eine schräge bis fast senkrechte Haltung mit dem Kopf nach unten einzunehmen, brachte ihnen ihren deutschen Namen ein. Nach Sterba ist diese Körperhaltung eine Schutzfunktion, da sie in dieser Haltung leichter in ihrer natürlichen Umgebung, z. B. zwischen aufstrebenden Wasserpflanzen, verschwinden. Für den Aquarienfreund ist jedoch die Eigenschaft des „Kopfstehens" kein zuverlässiges Zeichen der Familienzugehörigkeit. Die Eigenheit, eine Haltung mit dem Kopf nach unten einzunehmen, findet man auch bei manchen Vertretern anderer Familien wie z. B. bei manchen Arten der Curimatidae. Andererseits gibt es in der Familie der Anostomidae Arten, die diese Haltung nie einnehmen. Die meisten Arten werden in der Natur in kleineren Gruppen angetroffen. Doch sind insbesondere Jungfische von *Leporinus*-Arten auch in sehr großen Schwärmen beobachtet worden. Systematisch werden die Anostomidae in zwei Unterfamilien, die Leporellinae und die Anostominae aufgeteilt, von denen nur die letztere für uns von Interesse ist. Die hier beschriebenen Gattungen und Arten gehören zu dieser Unterfamilie.

**Gattung Abramites** Fowler, 1906
Eine nur aus zwei Arten bestehende Gattung, von der jedoch nur eine häufiger als Aquarienfisch gehalten wird.

**Abramites hypselonotus** (Günther, 1868)
Brachsensalmler
Synonym: *Abramites microcephalus* Norman, 1926.
Vorkommen: Zwei Unterarten in getrennten Verbreitungsgebieten. Die Nominatform *A. h. hypselonotus* kommt sowohl im Stromge-

biet des Orinoco als auch im Amazonasbecken vor. Die zweite Unterart *A. h. ternetzi* soll in ihrem Vorkommen auf den Einzugsbereich des Rio Paraguay begrenzt sein. Importiert werden meist Fische der Nominatform.
Länge: bis 14 cm.
Körperform, abweichend von den meisten anderen Arten der Familie, recht hochrückig und seitlich abgeplattet. Kopf auffällig klein und spitz. Maul vorderständig. Grundfärbung gelbbraun bis graubraun. Über den Körper

*Abramites hypselonotus*

laufen sieben bis acht dunkle, fast schwarze Querbinden. Die vierte dieser Binden schließt Rückenflosse und die Bauchflossen mit ein. Fettflosse leuchtend gelb oder rötlich und mit schwarzem Saum. Bei den Jungfischen sind Zeichnung und Färbung markanter als bei älteren Exemplaren. Bei älteren Fischen verliert das Zeichnungsmuster nach und nach seine Konturen, die Farbnuancen verblassen und machen einem mehr oder weniger einfarbigen Blaugrau Platz. Bei der Haltung ist zu beachten, daß dieser Fisch viel Pflanzenkost benötigt. Zartere Wasserpflanzen werden in kurzer Zeit abgeweidet, und ausgewachsene Exemplare können selbst härtere Pflanzen wie z. B. Echinodorusarten bis auf die Wurzeln abfressen. Als zusätzliche Pflanzenkost wird auch Kopfsalat gefressen. Haltung in größeren Aquarien mit guten Versteckmöglichkeiten.

Über Nachzuchten im Aquarium ist nichts bekannt geworden.

**Gattung Anostomus** Scopoli, 1777

Eine über große Teile des nördlichen und mittleren Südamerikas verbreitete Gattung von langgestrecktem Körperbau und fast rundem Körperquerschnitt. Ihr Maul, mit einer für die Aufnahme vegetabilischer Nahrung angepaßten Bezahnung, ist oberständig. Bei der Nahrungssuche bzw. beim Abweiden von Algenrasen können sie jede beliebige Körperhaltung, einschließlich Rückenlage, einnehmen. Die Schwanzflosse ist tief eingeschnitten und besteht aus zwei gleichgroßen Lappen. Eine Fettflosse ist immer vorhanden. Die Färbung ist meist sehr ansprechend und bei einigen Arten prächtig. Gegenüber kleineren Fischen sind sie nicht immer verträglich und manche Arten können untereinander streitsüchtig sein. Für ihre Haltung benötigt man größere Aquarien mit einem guten Pflanzenwuchs aus härteren Wasserpflanzen und zahlreichen Versteckplätzen. Die meisten Arten stammen aus weichem Wasser und fühlen sich in einem solchen am wohlsten, doch ohne in dieser Hinsicht sonderlich empfindlich zu sein. Neben lebenden Futtertierchen aller Art nehmen sie auch Ersatzfutter an. Lebenswichtig ist für sie vegetabilische Kost in Form von Algen, tiefgefrorenem und wieder aufgetautem Spinat, Pflanzenflocken u. ä. Manche Arten fressen auch höhere Wasserpflanzen und Kopfsalat. Ohne ausreichende vegetabilische Nahrung verkümmern manche Arten schnell und gehen nicht selten vorzeitig ein.

**Anostomus anostomus** (Linné, 1758)
Prachtkopfsteher
Vorkommen: Stromgebiet des Orinoco und des oberen Amazonas. Kommt auch in Guyana und Surinam vor.
Länge: Männchen bis 14 cm, Weibchen bis 18 cm.

Ausgewachsene Weibchen haben eine deutlich gerundetere Bauchlinie als die Männchen. Grundfärbung gelbocker mit drei dunkelbraunen Längsstreifen, von denen der mittlere von der Schnauzenspitze, durch das Auge, bis zum Schwanzflossenansatz verläuft. Die Rückenflosse und die Schwanzflosse sind an der Basis

*Anostomus anostomus*

rot. Diese Rotfärbung ist beim Weibchen blasser. Jungfische sind gelblichweiß mit braungrauen Längsbändern und ohne rote Zeichen in den Flossen. Bei der Aufnahme von zu Boden gesunkenem Futter nehmen sie Rükkenlage ein. Vermehrung im Aquarium ist schon einige Male gelungen, doch waren die zahlenmäßigen Erfolge bisher äußerst bescheiden. Möglicherweise wurden diese Erfolge nach vorheriger Hormonbehandlung mittels Kunstbefruchtung erzielt. Nähere Angaben liegen darüber nicht vor. Zuchtversuche werden durch den Umstand, daß die Importe dieser Art zum größten Teil aus Männchen bestehen, sehr erschwert.
Weitere *Anostomus*-Arten, die vereinzelt importiert wurden und ab und zu im Handel angeboten werden, sind:

**Anostomus taeniatus** (Kner, 1858)
Vorkommen: Mittleres Amazonasgebiet, Rio Negro.
Länge: bis 20 cm.
In der Körperform der vorherigen Art ähnlich, jedoch etwas mehr hochrückig und seitlich etwas abgeplattet. Färbung auf dem Rücken dunkelgelbgrün bis blaugrün, zum Bauch hin heller. Längs der Körpermitte läuft vom Auge bis zur Schwanzwurzel ein breites dunkelbraunes Längsband, welches nach oben von einem hellgelben Streifen begrenzt wird. Flossen gelblich durchscheinend. Zeitweilig zeigen sich auch vier undeutliche Binden, die quer über den Körper laufen.

**Anostomus ternetzi** Fernandez-Yepez, 1949
Vorkommen: Stromgebiet des Orinoco und Guyana.
Länge: bis 15 cm.
Stimmt in Körperform und Zeichnungsmuster weitgehend mit *A. anostomus* überein. Da die bei *A. anostomus* goldgelbe Grundfärbung bei dieser Art blaß weißgelblich ist und die für *A. anostomus* typischen roten Markierungen in den Flossen fehlen, wirkt diese Art unscheinbarer.

**Anostomus trimaculatus** (Kner, 1858)
Vorkommen: Mato Grosso (Stromgebiet des Rio Xingu).
Länge: bis 20 cm.
Bei dieser Art ist ähnlich wie bei *A. taeniatus* die Körperform etwas hochrückiger und seitlich abgeplattet. Grundfärbung auf dem Rükken olivgrün, nach den Seiten hin heller, ins gelbliche übergehend. Auf der unteren Körperhälfte haben die Schuppen an ihrer Basis braune Tupfen. Drei dunkle, hell umrandete Flecken sind charakteristisch. Der erste Fleck befindet sich auf dem Kiemendeckel, der zweite auf der Körpermitte und der dritte vor dem Schwanzflossenansatz. Brustflossen farblos, alle anderen Flossen rötlich.

**Gattung Leporinus** Agassiz, 1829

Eine Gattung, die mit über 50 Arten über weite Gebiete des nördlichen und mittleren Südamerika östlich der Anden verbreitet ist. Die meisten von ihnen erreichen Längen von 30–40 cm und werden als Bewohner normaler Zimmeraquarien zu groß. Besonders als Jungfische sind manche von ihnen recht ansprechend gefärbt und haben nicht selten originelle Zeichnungsmuster, so daß sie, wenn auch meist nur vorübergehend, von manchen Aquarienfreunden gehalten werden. Für öffentliche Aquarien sind viele von ihnen gute Schaustükke. In ihrer Körperform ähneln sie der vorherigen Gattung, jedoch schwimmen nicht alle *Leporinus*-Arten als typische „Kopfsteher". Das Maul ist je nach Art endständig, bzw. leicht ober- oder unterständig. Typisch für sie ist, daß die beiden mittleren Oberkieferzähne etwas verlängert sind, ein Kennzeichen, daß ihnen den Namen Leporinus (Häschen) einbrachte. Schwanzflosse tief eingeschnitten, der obere Schwanzflossenlappen meist größer als der untere. Fettflosse vorhanden. Viele *Leporinus*-Arten können nicht in bepflanzten Aquarien gehalten werden, da sie selbst die härtesten Pflanzen fressen. Viel vegetabilische Zusatznahrung ist erforderlich, wenn diese Fische gesund bleiben sollen. Richtig gefüttert sind sie jedoch unempfindlich und äußerst langlebig. Die Systematik der Gattung ist schwierig und besonders bei Jungfischen kann es oft unmögich sein, ihre Artzugehörigkeit zu bestimmen. Géry unterteilt die Gattung in drei Untergattungen. Da diese Einteilung dem Aquarienfreund kaum einen besseren Überblick gibt, wird von dieser Einteilung hier abgesehen und die einzelnen Arten werden in alphabetischer Reihenfolge besprochen.

**Leporinus affinis** (Günther, 1864)
Vorkommen: Stromgebiet des Orinoco und mittleres Amazonasgebiet.
Länge: bis 28 cm.
Als Jungfisch lebhaft und hübsch gezeichnet. Körperform langgestreckt und seitlich etwas abgeplattet. Grundfärbung beim Jungfisch zitronengelb. Über den Körper laufen acht bis neun scharf abgegrenzte schwarze Querbänder. Von der Schnauzenspitze bis zum Auge ein dunkler Strich. Flossen durchsichtig und leicht gelb getönt. Ältere Exemplare verlieren ihre scharf gegeneinander abgegrenzten Farbmuster und werden fast einfarbig braungrau.

**Leporinus arcus** Eigenmann, 1912
Vorkommen: Surinam, Cottica River.
Länge: bis 40 cm.
Körperform ähnlich der vorherigen Art, doch ist die Bauchlinie vom Kiemendeckel bis zum Afterflossenansatz gewölbter und der ganze Fisch erscheint etwas rundlicher. Beim Jungfisch ist die Grundfärbung auf dem Rücken dunkelbraun, an den Körperseiten hell-gelbbraun. Zwei schwarze Längsbänder laufen ausgehend vom Auge bis zum Schwanzflossenansatz, bzw. zum Ansatz der Afterflosse. Nach oben werden diese dunklen Bänder von einem hellen Streifen begrenzt.

**Leporinus fasciatus** (Bloch, 1794)
Vorkommen: Stromgebiet des Orinoco und mittleres Amazonasgebiet. Steht *L. affinis* äußerst nahe; von manchen Autoren wird *L. affinis* als eine Unterart von *L. fasciatus* angesehen. In diesem Falle wird *Leporinus fasciatus* Nominatform *(= Leporinus fasciatus fasciatus* [Bloch, 1794]) und *Leporinus affinis* eine Unterart (= *Leporinus fasciatus affinis* [Günther, 1864]). Es ist fast unmöglich, diese beiden Arten bzw. Unterarten sicher zu unterscheiden. *L. fasciatus* hat zehn bis elf Querbänder, *L. affinis* acht bis neun. Eine sichere Differenzierung ist die Anzahl der Bänder nicht.

**Leporinus frederici** (Bloch, 1795)
Vorkommen: Guyana, Surinam, Guiana und das untere Amazonasgebiet.
Länge: bis 35 cm.
Körperform spindelförmig und nur am Hinterkörper seitlich etwas abgeplattet. Grundfärbung oberseits grau, nach den Körperseiten hin hellgrau mit silberartigem, bei manchen Exemplaren mit messingartigem Glanz. Jungfische haben bis zehn unregelmäßige dunkelgraue Querbinden, die sich jedoch mit zunehmendem Alter verlieren. Über die Schnauzenspitze läuft von Auge zu Auge eine schmale schwarze Binde. Auf der Körperseite drei dunkelgraue bis schwarze Flecken, einer auf der Körpermitte, der zweite etwa auf der Höhe des vorderen Afterflossenansatzes und der dritte mitten auf der Schwanzwurzel. Fettflosse schwarz umrandet, übrige Flossen farblos.

**Leporinus maculatus** Müller und Troschel, 1845
Die Systematik einer Gruppe von Arten (??) zu der neben der hier genannten noch eine Anzahl nahe verwandter Arten bzw. Unterarten (??) gehören, ist so unsicher, daß sowohl Sterba wie auch Géry lediglich von einer „*Leporinus-maculatus-megalepis*-Gruppe, bzw. von einer *Leporinus maculatus*-Gruppe sprechen. Möglicherweise handelt es sich bei diesen Fischen lediglich um geographisch voneinander getrennt lebende Populationen derselben Art, die innerhalb ihres sehr großen Verbreitungsgebietes, welches weite Teile des nördlichen und mittleren Südamerikas umfaßt, vorkommen. Die Größe der verschiedenen Formen scheint jedoch nicht einheitlich zu sein und neben Fischen, die fast 20 cm lang werden, gibt es auch solche, die zumindest im Aquarium kaum länger als 10 cm werden. Auch die Grundfärbung ist recht variabel. Auf dem Rücken grüngrau bis blaugrau, an den Körperseiten goldgelb bis rötlichgelb. Über den ganzen Körper mehr oder weniger unregelmäßig verteilt eine kleine oder größere Anzahl schwarzer Flecken. Diese Art ist wahrscheinlich bisher als einzige ihrer Gattung im Aquarium vermehrt worden. Die Jungfische haben bis zu einer Länge von etwa 15–20 mm dunkle unregelmäßige Querstreifen, die sich nach einiger Zeit in die typische Fleckenzeichnung auflösen.

**Leporinus striatus** Kner, 1859
Vierstreifensalmler
Vorkommen: Von Kolumbien und den östlichen Teilen Ecuadors bis zum Mato Grosso und Paraguay.
Länge: bis 17 cm, bleibt aber im Aquarium meist wesentlich kleiner und ist dort mit ca. 10 cm deutlich geschlechtsdifferenziert. Die Weibchen haben von dieser Größe an eine deutlich gerundetere Körperform.
Eine der wenigen *Leporinus*-Arten, die sich gut auch für das gewöhnliche Zimmeraquarium eignet, gegenüber anderen Fischen jedoch leider oft recht unverträglich ist. Körperform gestreckt, Kopf spitz. Grundfärbung silberweiß bis gelblichweiß. Über den Körper laufen vier dunkelbraune bis schwarze Längsbinden. Die oberste dicht unterhalb der Rükkenmitte, eine zweite von der Stirn bis zur Fettflosse, eine dritte vom Auge bis zur Schwanzwurzel und eine vierte etwa vom Brustflossenansatz bis zum hinteren Afterflossenansatz. Als Jungfisch kann diese Art leicht mit *L. arcus* verwechselt werden, allerdings hat *L. arcus* keine so markante Streifenzeichnung wie *L. striatus* und bei ihr lassen sich meist nur die beiden mittleren Längsbinden deutlich erkennen. Bei *L. striatus* dagegen sind die Längsbinden schärfer abgegrenzt. *L. striatus* ist meist auch etwas schlanker als der rundlicher wirkende *L. arcus*. Normalerweise schwimmt *L. striatus* waagerecht, „Kopfstellung" nimmt er nur selten ein.
Außer den genannten *Leporinus*-Arten werden von Zeit zu Zeit noch andere Arten impor-

tiert. So wurden während der letzteren Jahre, vereinzelt und meist als Einzeltiere, im Handel **Leporinus leschenaulti** (Valenciennes, 1849) und **Leporinus megalepis** (Günther, 1863) angeboten. *L. leschenaulti* ist *L. friderici* ähnlich und wird auch im Aquarium bis zu 25 cm lang. *L. megalepis* ist als Jungfisch sehr schön gezeichnet. Bei ihm befinden sich auf dem Hinterkörper drei hell umrandete schwarze Flecken, die sich kontrastvoll von der goldgelben Grundfärbung abheben. *L. megalepis* schwimmt normalerweise waagerecht.

**Gattung Synaptolaemus** Myers und Fernandez-Yepez, 1950

Diese nur aus einer Art bestehende Gattung, welche mit zwei weiteren ebenfalls monotypischen Gattungen *(Sartor* und *Gnathodolus)* den oberen Orinoco und den „Casiquiare-Kanal“ sowie die direkt damit in Verbindung stehenden Wasserläufe bewohnt, sind hochspezialisierte, an ihr Lebensmilieu angepaßte Fischformen. Der Charakter ihrer Biotope wird stark von großen Treibholzmengen bestimmt, zwischen denen die Fische unzählige Vesteckplätze finden. Auffällig ist ihr rechtwinklig zur Körperachse abgewinkeltes oberständiges Maul, welches ihnen ein spezielles, nicht verwechselbares Aussehen gibt.

**Synaptolaemus cingulatus** Myers und Fernandez-Yepez, 1950

Länge: bis 12 cm (??).

Körperform langgestreckt, Körperquerschnitt hochoval, Hinterkörper seitlich mehr abgeplattet. Der vordere Teil des Kopfes etwas nach oben abgeknickt, Maulpartie abgestumpft. Die Färbung kann (herkunftsbedingt??) unterschiedlich sein. Neben Stücken von dunkelblau bis braunvioletter Grundfärbung und acht roten Querbinden, kommen auch solche von mehr hellbrauner Grundfärbung und mehr gelblichen Querbinden vor. Obwohl diese Art (bzw. Gattung) wahrscheinlich die am wenigsten spezialisierte Form dieser eigentümlichen Kopfsteher ist, kann ihre Ernährung im Aquarium problematisch sein. Neben Pflanzenkost benötigen sie bodenlebende Wasserinsekten und Würmer in geeigneten Größen. Haltung in weichem Wasser bei Temperaturen zwischen 24–28 °C. Bisher wurde diese Art nur in kleineren Mengen importiert. Die vorliegenden aquaristischen Erfahrungen sind gering.

## Familie Hemiodidae

Eine Familie schlanker Fische, die vorzugsweise in schneller fließenden Gewässern heimisch sind. Ihr Gebiß ist teilweise zurückgebildet und ihr Unterkiefer gänzlich oder teilweise zahnlos. Bei manchen Arten ist das Maul vorstreckbar. Die Familie wird in zwei Unterfamilien unterteilt, deren Angehörige sich auch am lebenden Fisch gut unterscheiden lassen.

**Unterfamilie Hemiodinae**

In ihrer Körperform erinnern die Arten der Hemiodinae an Weißfische unserer einheimischen Fischfauna, z. B. an den Ukelei. Sie sind schnelle und elegante Schwimmer und gute Springer. Bei ihrer Haltung im Aquarium ist auf gut schließende Deckscheiben zu achten. Gegenüber kleineren Fischen sind sie friedlich, aber auch die kleineren Arten eignen sich aufgrund ihrer Lebhaftigkeit und ihres großen Schwimmbedürfnisses nur für größere Aquarien. Im Schwarm gehalten sind sie äußerst attraktiv. Da sie verhältnismäßig sauerstoffbedürftig sind, sollte man sie nicht bei zu hohen Temperaturen halten. 22–24 °C als Haltungstemperatur und gute Durchlüftung sind daher angebracht. Außer lebendem und totem Futter animalischer Herkunft benötigen sie auch viel pflanzliche Nahrung. Fehlt solche im Nahrungsangebot, so vergreifen sich manche von ihnen auch an den Wasserpflanzen. Bisher sind nur Arten der folgenden Gattung als Aquarienfische bekannt geworden:

**Gattung Hemiodopsis** Fowler, 1906
Die Arten dieser Gattung sind über das Stromgebiet des Orinoco, in Guyana, Surinam, Guiana und über große Teile des Amazonasstromgebietes verbreitet. Bisher wurden 13 Arten beschrieben, von denen jedoch nur wenige lebend nach Europa gelangt sind. Über gelungene Vermehrung im Aquarium ist nichts bekannt geworden.

**Hemiodopsis goeldii** (Steindachner, 1908)
Synonym: *Hemiodus goeldii* (Steindachner, 1908).
Vorkommen: Guyana, Surinam und Guiana.
Länge: bis 12 cm (?).
Die bisher am häufigsten eingeführte Art. Körperform schlank und seitlich etwas zusammengedrückt. Grundfärbung hell-blaugrau, bei auffallendem Licht silbrig-glänzend. Auf der Körpermitte, etwa auf der Höhe zwischen Brustflossen und Afterflosse ein runder schwarzer Fleck. Ein kurzes schwarzes Band läuft von einem Punkt oberhalb des Afterflossenansatzes entlang der Körpermitte und winkelt an der Schwanzwurzel in den unteren Teil der Schwanzflosse ab und endet in der Spitze des unteren Schwanzflossenlappens.

**Hemiodopsis gracilis** (Günther, 1864)
Synonym: *Hemiodus gracilis* (Günther, 1864).
Vorkommen: Unteres und mittleres Amazonasgebiet, soll auch in Guyana vorkommen.
Länge: bis 16 cm, erreicht jedoch im Aquarium selten mehr als 12 cm.
Der vorigen Art ähnlich, doch intensiver gefärbt. Auf der Mitte des Vorderkörpers ein dunkler Fleck, der jedoch nicht bei jeder Stimmung lange sichtbar ist. Ein tiefschwarzer Streifen läuft über die Mitte des Hinterkörpers, winkelt an der Schwanzwurzel nach schräg-unten ab und endet in der Spitze des unteren Schwanzflossenlappens. Die äußeren Teile der Schwanzflosse sind rötlich und werden bei Wohlbefinden, besonders im unteren Lappen, blutrot.

**Hemiodopsis quadrimaculatus** (Pellegrin, 1908)
Torpedosalmler
Synonym: *Hemiodus quadrimaculatus* (Pellegrin, 1908).
Vorkommen: Guiana, Camponifluß.
Länge: bis 10 cm.
Körperform wie bei den vorherigen Arten. Grundfärbung gelblich-silberfarben. Über den Körper vier dunkle Querbänder. Das hinterste Querband auf der Schwanzwurzel läuft schräg in den unteren Schwanzflossenlappen aus. Bisher sind offenbar nur Fische der Nominatform *H. q. quadrimaculatus* eingeführt worden.

**Hemiodopsis sterni** Géry, 1964
Vorkommen: Mato Grosso, Rio Jurena.
Länge: bis 9 cm.
In der Körperform seitlich zusammengedrückter als die vorherigen Arten. Schwanzflossenlappen auffällig schmal und tief gegabelt. Quer über den Körper drei tiefschwarze Binden. Auch diese Art hat die typische Zeichnung, die aus einem dunklen Strich besteht, der von der Unterseite des Schwanzstieles bis zur Spitze des unteren Schwanzflossenlappens läuft.

---

**Oben links:** Glühlichtsalmler *(Hemigrammus erythrozonus)*, Männchen oben.
**Oben rechts:** Rautenflecksalmler *(Hemigrammus caudovittatus)*.
**Mitte links:** *Hemigrammus ulreyi.*
**Mitte rechts:** *Hemigrammus ocellifer ocellifer,* Weibchen.
**Unten links:** *Hyphessobrycon socolofi,* Weibchen.
**Unten rechts:** Rosentetra *(Hyphessobrycon bentosi bentosi)*, Männchen rechts.

**Unterfamilie Parodontinae**

Bei diesen Fischen handelt es sich um hochgradig angepaßte Bodenbewohner, die ihr Lebensmilieu in schnell strömendem Wasser haben. Ihr Maul ist auffällig klein und stark unterständig. Brust- und Bauchflossen sind groß und als Stützorgane geeignet. Ihr Körperquerschnitt ist fast rund und im Bereich des Vorderkörpers unten etwas abgeplattet.

**Gattung Parodon** Cuvier und Valenciennes, 1849

Diese Gattung umfaßt rund 20 Arten von denen, soweit bekannt, lediglich die folgende bisher als Aquarienfisch gehalten wurde.

**Parodon pongoense** (Allen, 1942)
Synonym: *Apareiodon pongoense* (Allen, 1942).
Vorkommen: Peruanischer Teil des Amazonasgebietes, Ecuador und Kolumbien.
Länge: 8 cm.
Körperform langgestreckt, Körperquerschnitt fast rund, Vorderkörper unten und Hinterkörper seitlich etwas abgeplattet. Über die Körpermitte läuft von der Schnauzenspitze ein schwarzes Längsband bis in die Schwanzflosse hinein. Ein schmaleres Band läuft vom Nacken entlang des Oberrückens bis zur Fettflosse. Zwischen den beiden Längsbändern eine messingglänzende Zone, unter dem Bauch silberweiß. Hält sich viel am Boden auf, wo sie meist auf Brust- und Bauchflossen gestützt verweilen. Haltung in weichem und sauerstoffreichem Wasser, möglichst mit guter Wasserzirkulation. Ein überaus interessanter Pflegling, über dessen Lebensgewohnheiten noch nicht viel bekannt ist.

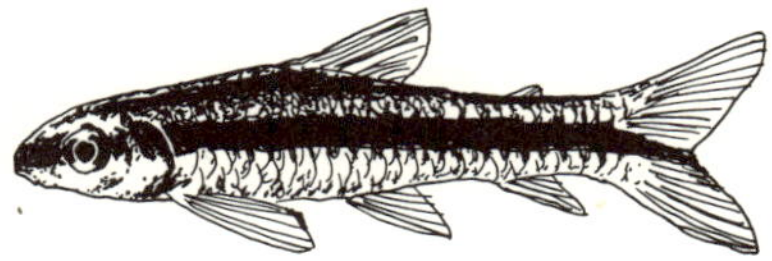

*Parodon pongoense*

## Familie Curimatidae

Barbensalmler

Eine artenreiche Familie, die in vieler Hinsicht in Südamerika denselben ökologischen Platz einnimmt wie in Europa und Asien die Karpfen und ihre nächsten Verwandten. Auch in ihrem Körperbau erinnert sie häufig an diese. Bei den meisten Arten ist er recht massiv, das Maul zahnlos, endständig oder leicht unterständig, vorstreckbar und mit großen meist wulstartig ausgebildeten Lippen. Bei manchen Arten sind diese Lippen mit einer großen Anzahl feiner Lippenzähne versehen. Ihre Nahrung besteht zum größten Teil aus pflanzlicher Kost. Einige von ihnen sind „Kopfsteher". Da die meisten Angehörigen dieser Familie recht groß werden, haben nur wenige Bedeutung als Aquarienfische. Systematisch werden die Curimatidae in vier Unterfamilien unterteilt.

**Unterfamilie Chilodinae**

Zu ihr gehören die beiden Gattungen *Caenotroplus* (mit zwei Arten) und *Chilodus* (mit einer Art). Sowohl in ihrem Verhalten wie auch in ihrem Aussehen sind sich die Arten dieser beiden Gattungen recht ähnlich. Alle sind Kopfsteher, die meist mit dem Kopf nach

---

**Oben links:** Kaisertetra *(Nematobrycon palmeri)*.
**Oben rechts:** Kerris Salmler *(Inpaichthys kerri)*.
**Mitte links:** Roter von Rio *(Hyphessobrycon flammeus)*.
**Mitte rechts:** Rotaugen-Moenkhausia *(Moenkhausia sanctaefilomenae)*.
**Unten:** Schwarzer Neontetra *(Hyphessobrycon herbertaxelrodi)*.

unten in schräger bis fast senkrechter Haltung schwimmen. Als Aquarienfische sind in Europa wahrscheinlich nur Vertreter der Gattung *Chilodus* gehalten worden.

**Gattung Chilodus** Müller und Troschel, 1844

**Chilodus punctatus** Müller und Troschel, 1845
Punktierter Kopfsteher
Vorkommen: Weit verbreitet in Guyana, Surinam, Guiana, im oberen Orinoco und oberen Amazonasgebiet. Mehrere Unterarten sind beschrieben worden, doch ist der Status derselben zumindest zweifelhaft.
Länge: bis 9 cm.
Körperform langgestreckt, Vorderkörper mit fast rundem Querschnitt, Hinterkörper seitlich etwas zusammengedrückt. Maul etwas oberständig und mit enger Maulspalte. Grundfärbung hellgrau, je nach Stimmung und Verfassung mitunter auch gelblich oder braungrau. Auf der Unterseite heller und unter dem Bauch silberfarbig. Beginnend an der Schnauzenspitze läuft durch das Auge ein schwarzes Band entlang der Körpermitte bis in die Schwanzflosse. Dieses Band ist jedoch nicht selten in seinem hinteren Teil nur angedeutet und diffus wahrnehmbar. Alle Schuppen auf dem Rücken und auf der ganzen hinteren Körperhälfte haben an ihrer Basis einen schwarzbraunen bis schwarzen Fleck. Diese Schuppenflecken bilden ein punktiertes Reihenmuster, welches dem Fisch sein typisches Aussehen gibt. Auch die Rückenflosse ziert ein Muster aus dunklen Tupfen, ein dunkler vorderer Rand und eine schwarze Spitze. Für einen „Kopfsteher“ ist diese Art recht bewegungsfreudig und sollte nicht in zu kleinen Aquarien gehalten werden. Sie benötigen außer lebenden Futtertierchen auch viel pflanzliche Nahrung und fressen neben Algen auch zartere Wasserpflanzen und Kopfsalat. Nachzucht im Aquarium ist schon häufiger gelungen. *S. punctatus* laichen bei gedämpftem Licht nach stürmischem Treiben, bei dem manche Paare auch waagerecht schwimmen, im Pflanzengewirr. Bei der Paarung schmiegen sich die Partner, Kopf an Kopf stehend, dicht

*Chilodus punctatus*

aneinander und stoßen bei einer kurzen Drehung jeweils drei bis fünf etwa 1,5 mm große Eier von gelblich klarer bis weiß-trüber Färbung aus. Innerhalb kurzer Zeit (drei bis fünf Stunden) quellen die Eier stark an. Bei einer Temperatur von 25°C schlüpfen die Larven nach 30–36 Stunden. Sechs bis sieben Tage nach dem Ablaichen schwimmen die Jungfische frei. Sie können sofort in typischer Kopfsteherhaltung schwimmen und werden mit Artemiamauplien angefüttert.
Weder bei der Haltung noch bei der Zucht ist der punktierte Kopfsteher sonderlich anspruchsvoll in bezug auf die Wasserbeschaffenheit. Nachzuchten sind in Wasser mit bis zu 10°dH Gesamthärte gelungen. Sie sind jedoch sowohl als ausgewachsene Exemplare und in noch höherem Grad als Jungfische empfindlich, wenn man sie in Wasser von anderer Beschaffenheit umsetzt. Auch Schadstoffbelastung des Wassers vertragen sie

schlecht. Eine effektive Filterung und häufiger, teilweiser Wasserwechsel sind anzuraten.

**Unterfamilie Prochilodinae**

Umfaßt drei Gattungen meist größerer Fische, die Längen von 30–45 cm erreichen. In ihrer Heimat sind viele von ihnen geschätzte Speisefische und sie treten häufig in großen Schwärmen auf. Mit ihrer hochrückigen Körperform erinnern sie an unsere einheimischen Brachsen. Die Jungfische einiger Arten der folgenden Gattung sind prächtig gefärbt und werden mitunter als Aquarienfische angeboten.

**Gattung Semaprochilodus** Fowler, 1941

Typisch für die Arten dieser Gattung ist die tiefgegabelte Schwanzflosse mit markanter Streifenzeichnung. Ihre Lippen sind mit feinen Lippenzähnen versehen und können trichter- bzw. scheibenförmig vorgestülpt werden.

**Semaprochilodus taeniurus** (Steindachner, 1882)
Synonym: *Prochilodus taeniurus* (Steindachner, 1882)
Vorkommen: Mittleres Amazonasgebiet.
Länge: bis 30 cm.

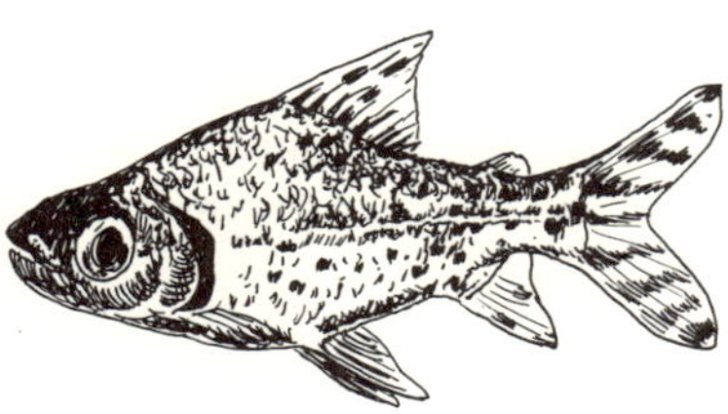

*Semaprochilodus taeniurus*

Körperform mäßig gestreckt, hochrückig und seitlich abgeplattet. Grundfärbung gelblich- bis silbrig-weiß. Mit Ausnahme von Kopf und Brust ist der Körper von kurzen bräunlichen Punkten und Strichen bedeckt, die zusammen ein Streifenmuster bilden. In der Schwanzflosse sieben dunkelbraune längsgehende Streifen. Auch die Rückenflosse und die Afterflosse sind mit vier bzw. drei braunen Längsstreifen geziert. Bauchflossen leuchtend rot. Benötigt viel pflanzliche Nahrung, ist aber nicht wählerisch und frißt z.B. auch gequollene Haferflocken.

**Semaprochilodus theraponura** (Fowler, 1906)
Synonym: *Prochilodus theraponura* (Fowler, 1906).
Vorkommen: Mittleres Amazonasgebiet.
Länge: bis 35 cm.
Diese Art, in ihrer Heimat recht häufig und als Speisefisch unter dem Namen „Bocachio" geschätzt, kommt mitunter als Jungfisch zu uns. Diese Jungfische sind recht hübsch gefärbt und anderen Fischen gegenüber friedlich. Da sie im Aquarium meist nicht sonderlich raschwüchsig sind, kann man sie einige Zeit auch im Zimmeraquarium halten. Ihre Körperform gleicht der vorherigen Art, doch sind sie als Jungfische von etwa gleicher Länge meist etwas schlanker. Auch fehlt bei ihnen die für *S. taeniurus* typische Körperzeichnung. Die Jungfische haben eine blau-silbrig glänzende Grundfärbung, die zum Bauche hin bei Wohlbefinden rötlich getönt ist. Bauchflossen und Rückenflosse sind hellrot, die Rückenflosse hat vorne einen dunkelbraunen Rand. Brustflossen rötlich durchscheinend, Schwanz-, After- und Fettflosse gelblich. Schwanzflosse mit neun, Afterflosse mit vier dunklen Längsstreifen, Fettflosse dunkel umrandet. Mit zunehmendem Alter verblassen jedoch die schönen Jugendfarben, die kräftigen Rottöne werden blaß-gelblich und das markante Streifenmuster in Schwanz- und Afterflosse wirkt bei älteren Exemplaren verwaschen.

**Unterfamilie Curimatinae**
Barbensalmler
Ihre Vertreter sind in drei Gattungen mit insgesamt gut einhundert Arten über große Gebiete Mittel- und Südamerikas verbreitet. Wie schon die vorherige Unterfamilie ähneln auch die Curimatinae unseren Karpfenfischen. Ihr Aussehen erinnert an etwas kompaktere Weißfische, denen sie auch in ihrer Lebensweise ähnlich sind. Zähne findet man bei ihnen nur bei den Jungfischen. Während sie heranwachsen, bilden sich ihre Zähne zurück und ausgewachsene Exemplare sind vollständig zahnlos. Ihre Nahrung besteht zu einem guten Teil aus pflanzlicher Kost und manche fressen auch Detritus, den sie wie Karpfenfische gründelnd vom Boden aufnehmen, eine Form der Nahrungsaufnahme, die bei salmlerartigen Fischen ungewöhnlich ist. Als Aquarienfische sind bisher nur wenige Arten aus den Gattungen *Curimata* und *Curimatopsis* gehalten worden, doch wurden einige davon mit Erfolg im Aquarium vermehrt.

**Gattung Curimata** Bose, 1817
Artenreiche Gattung, deren Arten vorwiegend in größeren Flüssen leben. Die meisten von ihnen erreichen Längen von mehr als 20 cm.

**Curimata argentea** Gill, 1858
Synonym: *Curimatus argentus* (Gill, 1858).
Vorkommen: Weit verbreitet über das östliche Südamerika, von Venezuela bis zum Rio de La Plata, kommt auch auf Trinidad vor.
Länge: bis 18 cm.
Körper gestreckt und seitlich zusammengedrückt. Rückenflosse hoch und spitz, Schwanzflosse tief eingeschnitten, Schuppen auffällig groß. Grundfärbung silbrig mit grünlichem oder bläulichem Schimmer. Auf der Schwanzwurzel ein ovaler dunkler Fleck, der nach hinten spitz ausläuft und als feiner Strich bis in die Schwanzflosse hineinreicht. Bei Wohlbefinden werden Rücken-, After- und Schwanzflosse gelb-rötlich. Schon einige Male im Aquarium vermehrt. Laicht nach stürmischem Treiben dicht unter der Oberfläche. Die Larven schlüpfen bei 24 °C nach 48 Stunden, und nach weiteren vier Tagen schwimmen die Jungfische frei. Bei kühlerer Temperatur verzögert sich ihre Entwicklung, sie vertragen jedoch Temperaturabfälle bis herab zu 18 °C ohne Schaden zu nehmen.

**Curimata latior** (Spix und Agassiz, 1829)
Vorkommen: Unteres und mittleres Amazonasgebiet.
Länge: bis 20 cm.
In der Körperform der vorherigen ähnlich, doch haben ausgewachsene Exemplare eine auffällig scharfe Bauchkante (Bauchkiel) und sehr kleine Schuppen. Jungfische sind von mehr gerundeter Körperform und haben eine gleichmäßig hell-gelbbraune Grundfärbung, die zum Bauch hin heller wird. Jungfische kommen mitunter vereinzelt als Beifänge mit anderen Fischen nach Europa. Nähere Aquarienbeobachtungen über sie sind jedoch nicht bekannt.

Weitere Arten der Gattung *Curimata,* die mitunter als einzelne Jungfische nach Europa gelangt sind: *Curimata ciliata* (Müller und Troschel, 1844) aus Guyana und Surinam sowie *Curimata vittata* (Kner, 1859) aus dem Rio Negro.

**Gattung Curimatopsis** Steindachner, 1876
Eine kleine Gattung mit nicht genau bekannter Artenanzahl. Géry nennt nur zwei „gute Arten“ und er führt mit Vorbehalt einige weitere Arten in der „dubiosen Gattung bzw. Untergattung“ *Hemicurimata* (Myers, 1929). Da diese Arten als Aquarienfische von gewissem Interesse sind und ihre systematische Stellung unklar bzw. umstritten ist, werden sie hier mit unter dem Gattungsnamen *Curimatopsis*

geführt. Bei ihnen handelt es sich um kleinere Fische, die in ihrem Verhalten den echten Characiden (z. B. *Hyphessobrycon*-Arten) ähnlich sind. Die exakte Artbestimmung eingeführter Fische ist schwierig und die im Handel angegebenen Namen sind meist unsicher.

**Curimatopsis macrolepis** Steindachner, 1876
Vorkommen: Guyana, Surinam, Guiana und unteres Amazonasgebiet.
Länge: bis 7 cm (?).
Körperform schlank, ausgewachsene Fische mäßig hochrückig, seitlich nur wenig abgeplattet. Schuppen groß und mit irisierendem Glanz. Grundfärbung oberseits blau-silbrig,

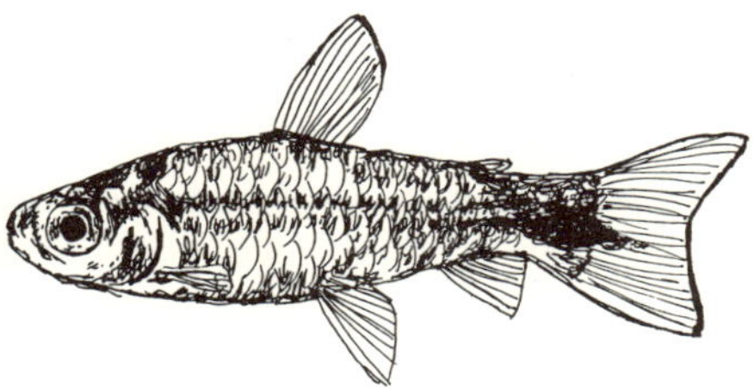

*Curimatopsis*-Type

an den Seiten heller und unter dem Bauch fast weiß. Flossen, mit Ausnahme der Brustflossen, gelblich. Auf der Schwanzwurzel ein dunkler ovaler Fleck, der bis in die Schwanzflosse hineinreicht. Bisher nur in Einzelstükken importiert.
Eine ähnliche, aber in der Körperform schlankere Art ist *Curimatopsis evelynae* Géry, 1963 aus dem Einzugsbereich des Rio Meta in Kolumbien. Diese Art wird ziemlich regelmäßig in Einzelexemplaren als Beifang mit Roten Neon eingeführt. Ausgewachsene Männchen dieser Art sind auf dem Oberrücken, auf dem Schwanzstiel und in den Schwanzflossenlappen leuchtend tief-kupferrot.

**Curimatopsis (Hemicurimata) maculatus** E. Ahl, 1934
Vorkommen: Nördliches Argentinien.
Länge: bis 6 cm.
Körperform mäßig lang und gedrungen und seitlich zusammengedrückt. Grundfärbung auf dem Rücken olivgrün, nach den Seiten hin in gelblich-grün übergehend. Auf der oberen Körperhälfte eine Anzahl von unregelmäßig verteilten dunklen Tupfen. Auf der Schwanzwurzel ein ovaler Fleck, der bis in die Schwanzflosse hineinreicht. Ein anspruchsloses Fischchen, welches zum Wohlbefinden jedoch viel Algen und andere Pflanzenkost benötigt. Schon öfter im Aquarium vermehrt. Die zwischen dichten Wasserpflanzenbeständen abgesetzten Eier schlüpfen bei 22 °C nach 48 Stunden. Die vier Tage nach dem Schlupf freischwimmenden Jungfische nehmen außer feinsten lebenden Futtertierchen auch feinzerriebenes Trockenfutter an.

**Curimatopsis (Hemicurimata) saladensis** Meinken, 1933
Grünbandsalmler
Vorkommen: Rio Salado (Argentinien).
Länge: bis 6 cm.
Körperform der vorherigen Art ähnlich. Färbung und Körperform ist bei ausgewachsenen Fischen deutlich geschlechtsdimorph. Grundfärbung beim Männchen oberseits dunkel graubraun bis fast schwarz. Entlang der oberen Körperhälfte streckt sich oberhalb der Mittellinie ein breites grasgrün schimmerndes Band, welches auf dem Vorderrücken beginnt und im oberen Teil der Schwanzwurzel endet. Ein dunkler Streifen entlang der Körpermitte ist nicht immer erkennbar. Brust und Bauchregion sind rötlich angehaucht. Kiemendeckel leuchtend messingglänzend. Auf dem Schwanzstiel ein rot umrandeter dunkler Fleck. Rücken-, Schwanz- und Afterflosse gelbrötlich. Beim Weibchen sind alle Farben matter. Bei ausgewachsenen Fischen unter-

scheidet sich das Männchen vom Weibchen außerdem dadurch, daß sein Schwanzstiel wesentlich breiter ist, ein Unterschied, der sich mit zunehmendem Alter mehr und mehr ausprägt. Dieser Geschlechtsunterschied scheint auch bei anderen (allen?) *Curimatopsis*-Arten vorzukommen.

Eine prächtige anspruchslose Art, die sich gut mit anderen Arten entsprechender Größe zusammenhalten läßt. Sie sollte jedoch ihrer Herkunft entsprechend nicht allzu warm gehalten werden. Zucht nicht schwer. Bei Temperaturen von 20–23 °C laichen sie willig, ähnlich wie Barben zwischen dichten Wasserpflanzenbeständen. Bei 22 °C schlüpfen die Larven nach 30 Stunden. Die vier Tage danach frei schwimmenden Jungfische können mit feinsten lebenden Futtertierchen angefüttert werden. Etwas später nehmen sie auch ganz fein zerriebenes Trockenfutter an.

## Familie Gasteropelecidae

Beilbauchfische

Beilbauchfische unterscheiden sich durch ihre charakteristische Körperform unverwechselbar von allen anderen Salmlerverwandten. Ausgehend vom Unterkiefer und endend an der Afterflosse, beschreibt ihre Brust- und Bauchlinie einen nach außen gewölbten halbkreisartigen Bogen. Brust- und Bauchpartie laufen unten spitz in einem scharfen Kiel aus. Diese auffällige Vergrößerung der Brustpartie wird von dem stark vergrößerten Schultergürtel ihres Skeletts getragen, an welchen die kräftigen Muskeln befestigt sind, die die großen Brustflossen in Bewegung setzen. Durch diese Muskeln können die Brustflossen in eine schnelle Bewegung versetzt werden, so daß die Fische über den Wasserspiegel hinausschießen und anschließend mehrere Meter auf dem Wasserspiegel entlang gleiten können. Die Stabilität der Körperhaltung wird dabei durch den im Wasser verbleibenden unteren Teil des Bauchkieles und den in der Luft befindlichen, seitlich ausgestreckten Brustflossen unterstützt. Beilbauchfische können also nicht fliegen, auch wenn dies in älteren Schriften mitunter behauptet worden ist. Betrachtet man jedoch den an das Brustbein eines Vogels erinnernden Schultergürtel und die daran befestigte Muskulatur, so kann man gut verstehen, daß die ersten Wissenschaftler, die diese Fische anatomisch untersuchten, die Vermutung äußerten, diese Fische könnten möglicherweise fliegen.

Ihren Lebensgewohnheiten nach sind Beilbauchfische hauptsächlich Bewohner der oberen Wasserschichten. Ruhend stehen sie meist zu kleinen Trupps vereinigt dicht unter der Oberfläche. Von größeren Fischen bedroht, versuchen sie zunächst meist durch gleitendes Schwimmen zu entkommen. Bei anhaltenden Störungen bilden sie in tieferem Wasser dicht zusammengedrängte Schwärme. In der Natur dürfte ihre Nahrung zu einem großen Teil aus Anflug bestehen und auch im Aquarium ziehen sie z. B. Essigfliegen jedem anderen Futter vor. Besonders bei der Eingewöhnung von Importfischen ist es gut, wenn derartiges Futter zugänglich ist. Gerne gefressen werden von den größeren Arten auch Mückenlarven und ebenso werden die meisten anderen Futtertierchen angenommen, solange sie sich in den oberen Wasserschichten befinden. Fast alle Importfische gewöhnen sich nach einiger Zeit auch an Ersatzfutter.

Beilbauchfische sind im Aquarium jedoch häufig recht schreckhaft und versuchen bei Störungen im Sprung gleitend zu entkommen. Ihre Aquarien sollten daher stets sorgfältig abgedeckt sein. Vergesellschaften sollte man sie nur mit kleineren, friedfertigen Fischen. Ihre Vermehrung im Aquarium ist bisher nur in bescheidenem Umfang bei einzelnen Arten gelungen. Da sie aber ziemlich regelmäßig importiert werden, sind sie meist im Handel erhältlich.

In Amerika trifft man Beilbauchfische von Panama im Norden bis zum Stromgebiet des Rio de La Plata im Süden an. Die meisten Arten werden in ausgesprochen mineralarmen Gewässern angetroffen. Bei der Haltung im Aquarium fühlen sie sich unzweifelhaft bei Haltung in weichem Wasser und bei etwas gedämpfter Beleuchtung am wohlsten. Systematisch verteilen sie sich auf drei Gattungen mit insgesamt acht Arten.

**Gattung Carnegiella** Eigenmann, 1909
Umfaßt drei Arten kleiner Beilbauchfische mit Längen zwischen 2,5–4,5 cm. Sie sind unter geeigneten Bedingungen leicht haltbar und die am häufigsten eingeführten Beilbauchfische. Von den anderen Gattungen unterscheidet sie sich durch die fehlende Fettflosse.

**Carnegiella marthae** Myers, 1927
Vorkommen: Weit verbreitet im Stromgebiet des Orinoco und im mittleren und oberen Amazonasgebiet.
Länge: bis 3,5 cm.
Die Färbung ist weitgehend von den äußeren Bedingungen abhängig. Die in der Aquarienliteratur veröffentlichten Photos dieser Art geben nur selten ihre wirkliche Färbung wieder, da diese Fische, sowie sie irgendwie erschreckt werden, in ihren Farben verblassen. Nur so läßt sich die in manchen Händlerpreislisten angewandte deutsche Bezeichnung „Glasbeilbauchfisch" erklären, der eher für die folgende Art zutreffend wäre. Wenn sie nicht beunruhigt und bei gedämpftem Licht gehalten werden, ist ihre Grundfärbung satt blaugrau mit einem silbrigen Schimmer an den Körperseiten. Entlang der Mittellinie läuft ein dunkler Streifen, der nach oben von einer feinen hellen Linie begrenzt wird. Ein zweiter dunkler Streifen läuft entlang der Unterkante des Brust- und Bauchkiels. Unregelmäßig verstreut zieren eine Anzahl von schwarzen Punkten und kleinen Flecken die untere Körperhälfte. Die wie Flügel wirkenden großen Brustflossen sind in ihrem mittleren Teil fast schwarz. Es ist jedoch zu beachten, daß diese Art innerhalb ihres großen Verbreitungsgebietes recht variabel ist und daß sowohl hellere wie auch dunklere Populationen vorkommen. Möglicherweise existieren auch Populationen, denen der Status einer Unterart zukommt. So soll die 1950 von Fernandez-Yepez beschriebene *Carnegiella schereri,* aus dem peruanischen Teil des Amazonasgebietes, eine Unterart von *C. marthae* sein. Die systematisch korrekte Bezeichnung der Nominatform wäre in diesem Fall *C. m. marthae* und diejenige für die genannte Unterart *C. m. schereri.*
Über Geschlechtsunterschiede und gelungene Nachzuchten im Aquarium ist nichts bekannt. Bei starkem Gegenlicht kann man bei ausgewachsenen Weibchen, die sich in gutem Ernährungszustand befinden, die Eier mitunter durch die Bauchdecke hindurch erkennen. Als Aquarienfisch steht *C. marthae* in dem Ruf recht empfindlich zu sein.

**Carnegiella myersi** Fernandez-Yepez, 1950
Zwergbeilbauchfisch
Vorkommen: Peruanischer und kolumbianischer Teil des Amazonasgebietes.
Länge: bis 2,5 cm.
Kleinster aller Beilbauchfische. Der vorherigen Art recht ähnlich, doch von mehr durchscheinend-blau-silbriger Grundfärbung und in der Körperform etwas gestreckter. Nur selten im Handel angeboten.

**Carnegiella strigata** (Günther, 1864)
Marmorierter Beilbauchfisch
Synonym: *Carnegiella vesca* (Fraser-Brunner, 1950).
Vorkommen: Guyana, Surinam, Guiana und im Stromgebiet des Amazonas.
Länge: bis 4,5 cm.
Der bekannteste und am häufigsten eingeführte Beilbauchfisch. Die Grundfärbung der No-

minatform *C. s. strigata* ist gelblich bis gelblichbraun und bei auffallendem Licht grünlich schimmernd. Eine dunkle Linie entlang der Körpermitte auf der hinteren Körperhälfte und ein gleichfalls dunkler Streifen entlang des hinteren Teiles des Bauchkieles ist immer erkennbar. Auf dem Unterkörper ein unregelmäßiges marmoriertes Muster. Flossen farblos, doch zeigen die Brustflossen mitunter eine leicht dunkle Tönung. Bei der Unterart *C. s. fasciata,* die außer im Amazonasgebiet auch nordöstlich davon in Kolumbien angetroffen wird, ist das Marmormuster auf der unteren Körperhälfte einheitlicher und markanter. Außer einem Streifen entlang der hinteren Kante des Bauchkiels besteht bei ihr das Muster aus einem breiten und zwei schmalen, schräg von unten nach hinten verlaufenden Streifen, die in der Mitte teilweise unterbrochen sind. Von diesen Streifen ist der untere am breitesten und der oberste zum Auge hin nach oben abgewinkelt.

Als Aquarienfisch ist diese Art recht haltbar, sie sollte jedoch nicht mit größeren Fischen vergesellschaftet werden. Zucht ist im Aquarium schon gelungen. Bei der Paarung drücken sich die Fische seitlich und, wegen der großen Brustflossen, etwas schräg gegeneinander. Die Paarungen erfolgen dicht unter dem Wasserspiegel und je Paarung werden jeweils zwei bis sechs Eier abgegeben. Die Larven schlüpften bei 26°C nach 30–36 Stunden. Die am fünften Tage nach der Laichabgabe frei schwimmenden Jungfische wurden mit gereinigten Pantoffeltierchen angefüttert. Zwei Tage später nahm ein Teil der Jungfische bereits Artemianauplien an.

**Gattung Gasteropelecus** Scopoli, 1777

Die Arten dieser Gattung sind größer und auch etwas hochrückiger als die *Carnegiella*-Arten. Sie haben eine Fettflosse. In ihrem Verhalten sind sie noch ausgeprägtere Oberflächenfische. Die oberen Wasserschichten verlassen sie, im Gegensatz zu den *Carnegiella*-Arten, selbst wenn sie verfolgt werden nur äußerst selten. Plötzlich auftretenden Gefahren versuchen sie auf dem Wasserspiegel gleitend zu entkommen. Als Aquarienfische sind sie etwas heikel und empfindlich gegen plötzliche Veränderungen der Wasserverhältnisse.

**Gasteropelecus levis** (Eigenmann, 1909)
Synonym: *Pterodiscus levis* (Eigenmann, 1909).
Vorkommen: Unteres Amazonasgebiet.
Länge: bis 6 cm.
Grundfärbung gelblich- bis leicht bräunlich-silbrig glänzend mit einem dunklen Strich vom Kiemendeckel bis zur Schwanzwurzel. Entlang der Bauchkante ein schmaler schwarzer Streifen, der besonders im hinteren Teil deutlich hervortritt.

**Gasteropelecus maculatus** Steindachner, 1879
Vorkommen: Panama, Kolumbien, Venezuela.
Länge: bis 8 cm.
Grundfärbung oberseits grünlich bis grau, an den Seiten heller und mit starkem Silberglanz. Ein dunkleres Längsband, das sich vom Kiemendeckel bis zur Schwanzwurzel zieht, ist oft nur undeutlich zu erkennen. Auf dem Hinterkörper eine Anzahl unregelmäßig verteilter dunkler Flecken und Punkte.

**Gasteropelecus sternicla** (Linné, 1758)
Vorkommen: Guyana, Surinam und mittleres Amazonasgebiet.
Länge: bis 6,5 cm.
In ihrem Verbreitungsgebiet ist diese Art recht häufig und wird ziemlich regelmäßig importiert. Die Färbung ist stark von der Stimmung abhängig. Sieht man diesen Fisch bei einem Händler, so ist er meist blaß-gelblich mit mattem Silberglanz. Nicht beunruhigt und bei gedämpftem Licht gehalten, ist er oberseits hell-braunoliv und die untere Körperhälfte

stark silberglänzend. Vom Kiemendeckel bis zur Schwanzwurzel läuft ein dunkles Längsband, das besonders am Hinterkörper gut sichtbar ist. Entlang der Afterflossenbasis zieht sich ein schwarzer Strich. Wurde bereits im Aquarium vermehrt. Die Zucht gelang in einem weichen torfgefilterten Wasser. Das Laichverhalten stimmt mit dem von *Carnegiella strigata* überein.

**Gattung Thoracocharax** Fowler, 1906

Für das Auge unterscheiden sich die beiden Arten dieser Gattung von den vorherigen durch größere Schuppen, eine höhere Körperform und eine noch stärker gewölbte Bauchlinie. Die Körperhöhe entspricht etwa ⅔ der Körperlänge; bei *Carnegiella* und *Gasteropelicus* ist das Verhältnis von Körperhöhe zur Körperlänge etwa 1:2. Als Aquarienfische sind sie besonders bei der Eingewöhnung recht empfindlich und verletzen sich in kleineren Aquarien leicht aufgrund ihrer Schreckhaftigkeit. Einmal richtig eingewöhnt, können sie jedoch recht langlebig sein.

**Thoracocarax securis** (Filippi, 1853)
Silberbeilbauchfisch
Synonym: *Thoracocarax pectorosus* (Garman, 1890).
Vorkommen: Mittleres Amazonasgebiet.
Länge: bis 9 cm.
Grundfärbung leicht bläulich und mit starkem Silberglanz. Flossen bläulich durchschimmernd. Auch der vordere Teil des Brustkammes und die Basis der Afterflosse zeigen eine bläuliche Tönung. Ein ebenfalls bläulich schimmerndes Längsband, welches vom Kiemendeckel bis zur Schwanzwurzel läuft, ist meist nur auf der hinteren Körperhälfte zu erkennen.

**Thoracocharax stellatus** (Kner, 1859)
Vorkommen: Weit verbreitet von Kolumbien und Venezuela bis zum nördlichen Argentinien.
Länge: bis 10 cm.
In den meisten Beschreibungen in der Aquarienliteratur sind geringere Längen angegeben. Möglicherweise kommen bei dieser Art Populationen von unterschiedlicher Maximalgröße vor. Auffällig ist die bei dieser Art besonders steil von der Schnauzenspitze abfallende Brustlinie, die in ihrem oberen Teil fast senkrecht verläuft. Grundfärbung hell-braunoliv und an den Seiten silberglänzend. Entlang der Brust- und Bauchlinie ein schmaler schwarzer Rand und entlang der Körpermitte ein dunkles Längsband.

## Familie Serrasalmidae

Sägesalmler

Umfaßt verhältnismäßig groß werdende Arten mit Längen von 12–50 cm und mehr. In ihrer Gestalt sind sie recht hochrückig, manche fast scheibenförmig. Die Brust- und Bauchkante ist bei den meisten Arten sägeartig gezahnt, was ihnen ihren deutschen Namen einbrachte. Sie sind ausgesprochene Schwarmfische, die jedoch in ihrer Lebensweise, besonders was ihre Nahrungswahl betrifft, recht unterschiedlich sind. Neben ausgesprochen friedlichen Pflanzen- und Allesfressern, wie z. B. die *Metynnis*-Arten, gehören zu ihnen auch so ausgesprochene Raubfische wie die Pirayas. Eine Unterteilung in drei Unterfamilien erleichtert die Übersicht etwas, doch ist die Systematik dieser Familie als ganzes gesehen sehr schwierig. Oft läßt sich die exakte Artzugehörigkeit importierter Fische – zumindest am lebenden Fisch – nicht feststellen. Wissenschaftliche Namen der im Aquarium gehaltenen Arten sind oft unsicher.

**Unterfamilie Myleinae**

Besteht aus sieben Gattungen mit gut zwanzig Arten. Als Aquarienfische werden von ihnen nur die Scheibensalmler *(Metynnis)* häufiger gehalten. Einzelne Jungfische aus den Gattungen *Colossoma, Mylossoma* und *Myleus* werden jedoch mitunter importiert und im Handel angeboten. Aufgrund der Größen, welche sie meist erreichen, können sie im Zimmeraquarium nur vorübergehend gehalten werden. Ausgewachsen können jedoch manche von ihnen gute Schaustücke für öffentliche Aquarien sein.

**Gattung Colossoma** Eigenmann und Kennedy, 1903

Diese Gattung besteht nach derzeitigem Kenntnisstand aus vier Arten. Géry schlägt eine Unterteilung in zwei Untergattungen vor und ordnet neben dem „subgenus" *Colossoma,* zu dem nur die Art *Colossoma oculus* gezählt wird, die restlichen drei Arten dem „subgenus" *Colossoma (Piaractus)* zu. Es sei noch darauf aufmerksam gemacht, daß die Bezeichnung „Pacu" nicht unbedingt identisch mit *C. oculus* ist. In manchen Teilen Südamerikas werden auch andere *Colossoma-* und *Myleus*-Arten als „Pacus" bezeichnet. Typisch für die Angehörigen der Gattung *Colossoma* ist, daß der vordere Teil ihrer Fettflosse von gegliederten Stahlen getragen wird. Die ab und zu im Handel angebotenen Jungfische gehören in der Regel der folgenden Art an.

**Colossoma oculus** (Cope, 1871)

Pacu

Nach Géry ist *Colossoma nigripinnis* (Cope, 1878) wahrscheinlich ein Synonym von *C. oculus.* Es sei jedoch darauf hingewiesen, daß *C. oculus* in seinem großen Verbreitungsgebiet, welches das gesamte Amazonasbecken umfaßt, äußerst variabel ist. Auch der Umstand, daß Jungfische eine wesentlich schlankere Körperform haben können, erschwert die Artbestimmung. Géry gibt ihre Maximalgröße mit 40 cm an. Ob es sich bei den an öffentlichen Aquarien gehaltenen Fischen, die nachweislich noch größer wurden, wirklich um *C. oculus* handelte, konnte mit Sicherheit nicht fest-

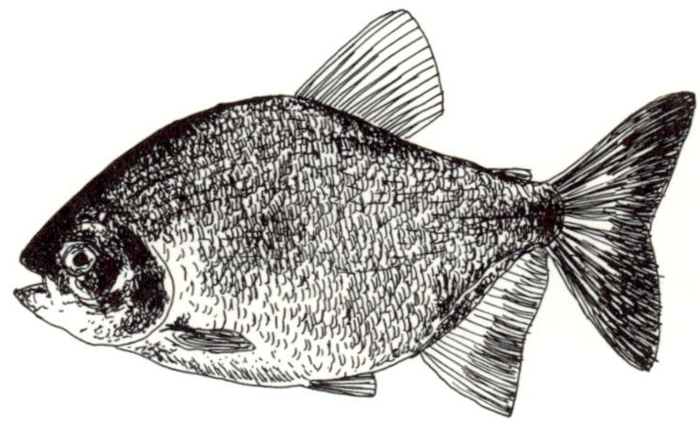

*Colossoma oculus*

gestellt werden. Körperform massig, längsoval und seitlich nur mäßig abgeplattet. Jungfische haben eine auffällig große Schwanzflosse, einen verhältnismäßig großen Kopf und eine grünlich bis leicht rötlich schimmernde Färbung. Auf den Körperseiten eine Anzahl unregelmäßig verteilter dunkler Flecken von unterschiedlicher Größe. Ältere Fische haben eine einfarbig graublaue Grundfärbung und bei ihnen wirken Schwanzflosse und Kopf größenmäßig normaler im Verhältnis zum Körper. In seiner Heimat hat der Pacu große Bedeutung als Speisefisch. Für das Zimmeraquarium kommt er nur vorübergehend als Jungfisch in Frage.

**Gattung Metynnis** Cope, 1878

Scheibensalmler

Wie die vorherige Gattung, sind auch die Scheibensalmler systematisch schwierig. Nach den Untersuchungen von W. A. Gosline (1951) besteht die Gattung lediglich aus sechs Arten. Da in der Aquarienliteratur eine weitaus größere Artenanzahl beschrieben worden ist und die nicht korrekten Namen teilweise heute noch gebraucht werden, erfolgt hier eine komplette Aufstellung der gültigen Namen sowie der Synonyme. Dabei sind die gültigen fett gedruckt.

**Metynnis argenteus** Ahl, 1923
*M. anisurus* (Ahl, 1923)
*M. dungerni* (Ahl, 1923)
*M. eigenmanni* (Ahl, 1923)
*M. heinrothi* (Ahl, 1923)
*M. snethlageae* (Ahl, 1923)

**Metynnis hypsauchen** (Müller und Troschel, 1844)
*M. calichromus* (Ahl, 1922)
*M. ehrardti* (Ahl, 1927)
*M. fasciatus* (Ahl, 1931)
*M. orinocensis* (Steindachner, 1908)
*M. schreitmuelleri* (Ahl, 1922)

**Metynnis lippincottianus** (Cope, 1871)
*M. orbicularis* (Steindachner, 1908)
*M. roosevelti* (Eigenmann, 1915)
*M. seitzi* (Ahl, 1923)

**Metynnis luna** (Cope, 1878)

**Metynnis maculatus** (Kner, 1859)

**Metynnis mola** (Eigenmann und Kennedy, 1903)
*M. otuquensis* (Ahl, 1923)
Nach Géry ist weiterhin *Metynnis altidorsalis* (Ahl, 1923) möglicherweise ein weiteres Synonym von *M. argentus* und *Metynnis guaporensis* (Eigenmann, 1915) ein Synonym von *M. luna.*
Von einer Aufzählung der Synonyme bei den Artbeschreibungen wird abgesehen.
Typisch für die Scheibensalmler ist ein kleiner Stachel vor der Rückenflosse und eine langgestreckte Fettflosse. Ihre Gestalt ist scheibenförmig-hochrückig und seitlich stark abgeplattet. Das Verhältnis von der Körperhöhe zur Körperlänge beträgt je nach Art (und Alter) 5,5 bis 7:10. Grundfärbung und Zeichnungsmuster können je nach Herkunft, aber mitunter auch nach dem Alter, verschieden sein. Fleckenzeichnungen können entwicklungsmäßig bedingt auftauchen und wieder verschwinden, andere Zeichnungsmuster können beständig sein. Als Aquarienbewohner sind sie anspruchslose und dankbare Schwarmfische. Sie benötigen jedoch ihrer Größe entsprechende Aquarien. In zu kleinen Behältern sind sie schreckhaft und zeigen nicht ihr richtiges Wesen. Da diese Fische vorwiegend Pflanzenfresser sind, hat es nicht viel Zweck, ihre Aquarien zu bepflanzen. Die meisten Wasserpflanzen werden nämlich von ihnen innerhalb kurzer Zeit bis auf die Wurzeln abgefressen. Passende Versteckmöglichkeiten können im Aquarium durch Wurzelstöcke, Steine u. ä. angelegt werden. An Pflanzennahrung kann man an sie, neben Algen und Wasserpflanzen, auch tiefgefrorenen Spinat (aufgetaut) und Kopfsalat verfüttern. Neben der Pflanzenkost nehmen sie auch alle kleineren Futtertierchen an und sie gewöhnen sich auch meist schnell an Ersatzfutter verschiedenster Art. An die Wasserverhältnisse stellen sie keine besonderen Ansprüche. Haltungstemperatur 23–28 °C. In weicherem Wasser ist bei zwei Arten die Nachzucht im Aquarium bereits gelungen. Bei den folgenden Artbeschreibungen sind nur die regelmäßiger eingeführten Arten erwähnt.

**Metynnis argenteus** Ahl, 1923
Vorkommen: Guyana, Surinam, Guiana sowie das untere Amazonasgebiet.
Länge: bis 14 cm.
Schuppen sehr klein. Grundfärbung hellbraungrau-silberfarbig, bei auffallendem Licht mit stahlblauem Schimmer. Ein dunkler Schulterfleck ist bei Jungfischen immer, bei älteren Fischen nur mitunter zu erkennen. Manche Jungfische zeigen auch an den Körperseiten eine undeutliche Fleckenzeichnung. Bei man-

chen Exemplaren kommt es zu periodischen Farbveränderungen in den Flossen. Die Spitze der Rückenflosse wird dann schwarz und die Basis der Afterflosse und die davor liegende Bauchpartie rot. Es ist anzunehmen, daß es sich bei diesen Farbveränderungen um periodisch zur Laichzeit auftretende Geschlechtsmerkmale handelt. Im Aquarium noch nicht nachgezüchtet.

**Metynnis hypsauchen** (Müller und Troschel, 1844)
Vorkommen: Kommt weit verbreitet in den Ländern Guayana, Surinam, Guiana und in den Stromgebieten des Amazonas und des Paraguay vor.
Länge: bis 14 cm.
Bedingt durch die große Verbreitung in verschiedensten Gewässern, ist auch diese Art in Färbung und Zeichnungsmuster recht variabel. Jungfische sind silberfarbig, oberseits mit schwach gelblicher Tönung. Die Rückenflosse hat eine Zeichnung aus einigen dunklen, unregelmäßig verteilten Tupfen. Die Schwanzflosse hat hinten einen schwarzen Saum, und der untere Teil der Afterflosse ist rötlich. Manchmal läßt sich auch ein Schulterfleck erkennen. Bei ausgewachsenen Fischen wird die Färbung mehr grünblau-schimmernd und die Männchen zeigen an Schwanz und Afterflosse dunkle Säume. Nach Angaben von G. Schmidt (Zoologischer Garten Wuppertal), der diese Art erfolgreich vermehren konnte, ist beim Männchen die Afterflosse bogenförmig ausgebuchtet, beim Weibchen gerade. Die Zucht gelang in einem Wasser mit einer Gesamthärte von 13°dH. Etwa 2000 Eier wurden abgelegt, die von den Eltern nicht behelligt wurden. Die Larven schlüpften bei einer Temperatur von 28°C nach 70 Stunden. Nahrung wurde von ihnen erst drei Tage später aufgenommen. Zum Anfüttern wurden Cyclopsnauplien verwendet. Die Jungfische waren sehr raschwüchsig.

**Metynnis lippincottianus** (Cope, 1871)
Vorkommen: Weit verbreitet im Stromgebiet des Amazonas.
Länge: bis 13 cm.
Wie auch bei den vorherigen Arten kommen auch bei dieser Art je nach Herkunft der Fische unterschiedliche Zeichnungsmuster vor. Die Grundfärbung auf dem Rücken ist bläulich-grün, nach den Seiten hin heller, rein blaugrau mit starkem Silberglanz. Besonders jüngere Exemplare zeigen ein markantes Fleckenmuster, welches aus runden Flecken besteht. Diese Flecken zeigen sich unregelmäßig verteilt auf dem ganzen Körper mit Ausnahme von Kopf und Bauchpartie. Die Anzahl und die Größe der Flecken kann unterschiedlich sein. Eine Form mit besonders deutlichen kleinen runden Flecken wurde häufig als „M. roosevelti“ bezeichnet.

**Metynnis maculatus** (Kner, 1859)
Vorkommen: Stromgebiet des Rio Madeira (Brasilien).
Länge: bis 12 cm.
Die Körperform ist bei dieser Art ein wenig gestreckter als bei den vorherigen. Grundfärbung oberseits hellbraun, nach den Seiten hin heller und mit stark silbrigem Glanz. Auf den Körperseiten ein Muster von kleinen runden dunkleren Flecken. Manche Exemplare auch mit größerem langgestrecktem Schulterfleck. Rückenflosse gelblich getönt und mit schwarzem hinteren Saum und schwarzer Spitze. Schwanzflosse hinten mit dunklem Saum; beim Männchen zeigt sich zuweilen vor diesem dunklen Saum ein feiner roter Streifen. Afterflosse rötlich, während der Laichzeit beim Männchen im unteren Teil rot. Beim Männchen ist die Afterflosse ausgebuchtet, beim Weibchen gerade. Wurde bereits im Aquarium vermehrt. Nach H. J. Franke laichten die Fische zwischen feinfiedrigen Pflanzen und insgesamt wurden rund 150 Eier abgegeben, die einen Durchmesser von ca. 2 mm hatten.

Die nach vier bis fünf Tagen frei schwimmenden Jungfische waren ca. 8 mm lang und wurden mit Cyclopsnauplien angefüttert. Die Jungfische waren sehr raschwüchsig und hatten bereits nach einem halben Jahr fast die Größe der Elternfische erreicht.

**Gattung Myleus** Müller und Troschel, 1844
Eine Gattung von etwa zehn Arten, die sich systematisch häufig nur schwer gegeneinander abgrenzen lassen. Auch die Verbreitung der einzelnen Arten ist oft unklar, aber offenbar kommen von manchen Arten stark voneinander abweichende Formen vor, die als „Arten" beschrieben worden sind.

**Myleus gurupyensis** Steindachner, 1911
Synonyme: *Myloplus arnoldi* (Ahl, 1936), *Myleus maculatus* (Amaral Campos, 1951).
Vorkommen: Amazonasgebiet, Rio Gurupy.
Länge: bis 18 cm.
Bauchkiel mit deutlich erkennbaren „Sägezähnen", Schuppen sehr klein und bei Jungfischen oft kaum erkennbar. Körperform scheibenförmig, seitlich stark abgeplattet. Vorderer Teil der Afterflosse zu einer abgerundeten Spitze ausgezogen. Grundfärbung silberglänzend, an der Afterflossenbasis und auf dem Rücken gelblich. Die ausgezogene Spitze der Afterflosse orangefarbig bis rot. Über Geschlechtsunterschiede und Vermehrung im Aquarium ist nichts bekannt. Als Aquarienfisch anspruchslos und auch gegenüber kleineren Arten friedlich. Frißt auch Pflanzenkost. Haltungstemperatur zwischen 22 und 28 °C.

**Myleus rubripinnis** (Müller und Troschel, 1844)
Synonyme: *Myleus asterias* (Müller und Troschel, 1844), *Myleus ellipticus* (Günther, 1864).
Mehrere Unterarten.
Vorkommen: Guayana, Surinam und Guiana.
Länge: bis 20 cm.
Körperform wie vorherige Art. Vorderer Teil der Afterflosse sichelförmig ausgezogen. Jungfische haben eine helle silbrig bis graugrünliche Grundfärbung. Ältere Exemplare bei Wohlbefinden dunkel-blaugrau bis fast schwarz. Unregelmäßig über den Körper verteilt eine Anzahl orangefarbiger bis roter Flekken. Auf den Körperseiten zeigen sich außerdem noch eine große Anzahl irisierender heller Pünktchen. Über Geschlechtsunterschiede und Nachzuchten im Aquarium ist nichts bekannt. Möglicherweise kann es sich bei den häufig recht unterschiedlichen Formen der Afterflosse um Geschlechtsmerkmale handeln.

**Gattung Mylossoma** Eigenmann und Kennedy, 1903
Die Lebensweise der zu dieser Gattung gehörigen Arten, insgesamt fünf, stimmt weitgehend mit den Arten der Gattungen *Myleus* und *Metynnis* überein. Äußerlich können sie jedoch von diesen durch den bei ihnen fehlenden kleinen Stacheldorn vor der Rückenflosse gut unterschieden werden. Lediglich die folgende Art ist bisher schon häufiger lebend eingeführt worden.

**Mylossoma duriventre** (Cuvier, 1817)
Mühlsteinsalmler
Vorkommen: Weit verbreitet in den Stromgebieten des Amazonas, Paraguays, Paranás und Rio de La Platas. Während ihres Heranwachsens machen die Jungfische dieser Art mehrere deutlich unterschiedliche Stadien durch. Jungfische haben einen ovalen, seitlich stark zusammengedrückten Körper und eine gelbgrünliche Grundfärbung mit stark silbrigem Glanz an den Körperseiten. Quer über den Oberkörper laufen fünf dunkle Querbinden, im oberen Körperdrittel gerade unter der Rükkenflosse befindet sich ein dunkler, hell umrandeter Fleck. Mit zunehmendem Alter verblassen zunächst die Querbinden, und die an-

fänglich gelb-grünliche Grundfärbung wird dunkler gelbbraun. Der Augenfleck verschwindet und statt dessen zeigt sich ein dunkler Fleck auf dem Kiemendeckel. Von den vorher nur schwach getönten Flossen verfärben sich Schwanz- und Afterflosse dunkel. Manche Exemplare haben auch an der Unterseite der Afterflosse einen roten Saum. Nur als Jungfisch für das Zimmeraquarium geeignet. Ausgewachsene Fische sind gute und unempfindliche Schaustücke für öffentliche Aquarien.

**Unterfamilie Serrasalminae**

Die Angehörigen dieser Unterfamilie zeichnen sich besonders durch ihre Kiefer aus, die mit einer Reihe dichtstehender messerscharfer Zähne besetzt sind. Ihre Körperform ist hochrückig und seitlich stark zusammengedrückt. Systematisch besteht diese Unterfamilie nur aus einer Gattung, die jedoch manche Autoren in mehrere Untergattungen aufteilen. Die Unterscheidung der Arten ist häufig schwierig und am lebenden Fisch oft nicht möglich. Es besteht daher keinerlei Gewähr, daß die Namen, unter denen sie im Handel angeboten werden, richtig sind. Jungfische verschiedener Arten werden mitunter importiert und manche Arten sind auch schon in Europa im Aquarium vermehrt worden. Auch bei diesen Nachzuchten bestehen teilweise Unklarheiten betreffs der Artzugehörigkeit. Bei vielen (allen?) Arten ist der Transport ausgewachsener Exemplare problematisch, da die Fische, wenn sie durch die Transportbedingungen gestreßt werden, sich nicht selten gegenseitig schwere Schäden zufügen. Meist müssen sie, jedes Stück einzeln für sich, verpackt werden. Nach Sterba lassen sich besonders gefährliche, aggressive Arten an ihrem äußerlich gut sichtbaren wulstigen und stark vorspringendem Kinn und der starken Rundung der Kopf-Nacken-Linie von weniger angriffslustigen Arten unterscheiden. Diese sollen eine gestrecktere Körperform und ein weniger vorspringendes Kinn haben. Es sei jedoch darauf verwiesen, daß zumindest bei gewissen Arten beträchtliche Unterschiede im Aussehen zwischen jüngeren und älteren Fischen bestehen. Ältere Exemplare haben oft eine gedrungenere Körperform als Jungfische.

Als Jungfische lassen sich Pirayas auch gut im Zimmeraquarium halten. Die Haltung ausgewachsener Exemplare erfordert jedoch sehr große Aquarien. Mit anderen Fischen sollte man sie allerdings nicht vergesellschaften.

Schematische Darstellung eines Pirayagebisses

Vereinzelt ist es zwar schon gelungen, gewisse Arten mit robusten Welsen und Cichliden zusammen zu halten. In diesen Fällen wurden jedoch die Fische schon als Jungtiere aneinander gewöhnt und nur mit lebenden Futtertieren wie Würmern, Mückenlarven u. ä. gefüttert. Für sich gehalten, bereitet es keine Schwierigkeiten, sie an totes Futter wie z. B. Fischfleisch zu gewöhnen. Sollen sie aber auf die Dauer gesund bleiben, sollte möglichst kein besonders fetter Fisch verfüttert werden. Vor allem in kleineren Aquarien werden die meisten Pirayas sehr leicht fett. Auch eine

Fütterung mit Fleisch von Säugetieren (z. B. Rinderherz) führt bei diesen Fischen leicht zu einer Organverfettung.
Auch wenn etliche Geschichten über Pirayas sicher „Anglerlatein“ sind, so sollte man doch beim Umgang mit ausgewachsenen Pirayas immer vorsichtig sein. Man kann nämlich durchaus auch von im Aquarium gehaltenen Pirayas gebissen werden.

**Gattung Serrasalmus** Lacépède, 1803
Pirayas
Nach unseren derzeitigen Kenntnissen zählt die Gattung 15 Arten, deren Verbreitung sich über das ganze nördliche und mittlere Südamerika östlich der Anden erstreckt. Nach Süden kommen sie bis zum Stromgebiet des Rio de La Plata vor. Die bisher importierten Fische gehörten in der Regel den nachstehend aufgeführten Arten an.

**Serrasalmus nattereri** (Kner, 1859)
Vorkommen: Stromgebiete des Orinoco, Amazonas und Parana.
Länge: bis 30 cm.
Körperform hoch und seitlich stark abgeplattet. Die Höhe entspricht etwa der halben Körperlänge. Färbung bei Jungfischen hellblaugrau mit zahlreichen silbrig glänzenden Pünktchen. Bauch leicht rötlich getönt. Brustflossen, Bauchflossen und Afterflosse rot, Schwanzflosse hinten mit einem breiten schwarzen Saum. Ältere Exemplare dunkler braungrau.

**Serrasalmus piraya** Cuvier, 1819
Vorkommen: Stromgebiet des Rio Sao Francisco.
Länge: bis 33 cm.
Als Jungfisch der vorherigen Art so ähnlich, daß sie kaum zu unterscheiden sind. Bei älteren Exemplaren soll die ausgefranst erscheinende Fettflosse sie von allen anderen *Serrasalmus*-Arten unterscheiden.

**Serrasalmus rhombeus** (Linné, 1766)
Vorkommen: Im ganzen nordöstlichen Südamerika einschließlich des Amazonasgebietes weit verbreitet.
Länge: bis 33 cm.
In der Körperform der vorherigen Art ähnlich. Jungfische haben eine hell-graublaue Grundfärbung mit zahlreichen dunkleren Flecken. Afterflosse und Schwanzflosse dunkel gesäumt. Mit zunehmendem Alter werden sie dunkler; ausgewachsene Exemplare können fast schwarz werden.

Weitere *Serrasalmus*-Arten, die vereinzelt während der letzteren Jahre angeboten wurden, sind: **Serrasalmus hollandi** (Eigenmann, 1915) aus dem Stromgebiet des Amazonas und **Serrasalmus spilopleura** (Kner, 1860), eine Art, die im ganzen östlichen Südamerika vom Orinoco bis zum Rio de La Plata vorkommt.

**Unterfamilie Catoprioninae**
Steht den Pirayas nahe, unterscheidet sich von diesen aber dadurch, daß die vorderen Strahlen der Rückenflosse lang ausgezogen sind. Auch die oberen Strahlen der Schwanzflosse sind etwas verlängert. Nur eine Gattung mit einer Art.

**Gattung Catoprion** Müller und Troschel, 1844

**Catoprion mento** (Cuvier, 1819)
Wimpelpiraya
Vorkommen: Guyana, Surinam, Guiana, Amazonasgebiet.
Länge: bis 14 cm.
Körperform scheibenförmig und seitlich stark abgeplattet. Körperhöhe entspricht bei ausgewachsenen Fischen etwa ⅗ der Körperlänge, Jungfische etwas schlanker. Bei ausgewachsenen Exemplaren steht der Unterkiefer stark vor und das Maul ist dadurch nach oben gerichtet. Grundfärbung bläulich-silberfarbig, auf dem Rücken dunkler und zum Bauch hin

gelblich getönt. Schwanzflosse im vorderen Teil fast schwarz, Afterflosse orangefarbig. Als Aquarienfisch leichter zu halten als die Pirayas. Angeblich soll sich diese Art in der Natur teilweise von den Schuppen anderer Fische ernähren. Selber habe ich, obwohl ich diese Art einige Jahre lang zusammen mit Scheibensalmlern gehalten habe, nie beobachten können, daß sie diese etwa gleichgroßen Fische angegriffen hätte. Neben lebenden Futtertieren wurde auch Ersatzfutter angenommen.

## Familie Characidae

Echte (südamerikanische) Salmler

Diese artenreichste Familie der Salmlerverwandten überhaupt, wird in elf Unterfamilien aufgeteilt. Bei den folgenden Artbeschreibungen sind diese Unterfamilien nur dann genannt, wenn zu ihnen gehörige Arten als Aquarienfische gehalten werden. Aquaristisch sind die Characidae von größtem Interesse, sind doch zahlreiche der zu ihr gehörenden kleineren Arten ausgezeichnete Aquarienfische.

### Unterfamilie Characinae

Die zahlreichen Arten dieser Unterfamilie verteilen sich auf 14 Gattungen. Für uns als Aquarienfreunde ist sie jedoch nur von begrenztem Interesse, denn lediglich aus drei der zu ihr gerechneten Gattungen sind bisher Arten als Aquarienfische importiert und gehalten worden. Einige dieser Arten wurden auch im Aquarium vermehrt. Neben diesen kleineren Arten werden als Einzelstücke mitunter Exemplare einer vierten Gattung, *Acestrorhynchus,* mitgebracht. Diese an Hechte erinnernden Raubfische sind gute Schaustücke für öffentliche Aquarien.

**Gattung Acestrorhynchus** Eigenmann und Kennedy, 1903

Eine Gattung ausgeprägter Raubfische, die sich hauptsächlich oder ausschließlich von anderen Fischen ernähren. Leider ist die Eingewöhnung dieser Fische nicht einfach und sie sind daher auch an Schauaquarien nur selten zu sehen. Ihre Eingewöhnung ist am ehesten bei Jungfischen erfolgversprechend. Die folgende Art ist schon häufiger eingeführt worden.

**Acestrorhynchus microlepis** (Schomburgk, 1841)

Vorkommen: Über große Teile des nordöstlichen Südamerikas verbreitet.

Länge: bis 30 cm.

Körperform hechtähnlich, langgestreckt und seitlich nur mäßig abgeplattet. Maulspalte tief, Gebiß kräftig, manche Fangzähne sind auch bei geschlossenem Maul sichtbar. Grundfärbung hell-gelbgrünlich, an den Seiten mit Silberglanz, unter dem Bauch fast weiß. Hinter dem Kiemendeckel ein dunkler Schulterfleck. Jungfische haben einen dunklen Flecken auf der Schwanzwurzel, der bei älteren Fischen verschwindet. Importe nehmen anfänglich nur lebendes Futter an, lassen sich jedoch meist an tote Kost wie z. B. Fischfleisch gewöhnen.

Äußerst ähnlich dieser Art ist *Acestrorhynchus cachorro* (Fowler, 1939), welcher möglicher-

---

**Oben:** Zitronensalmler *(Hyphessobrycon pulchripinnis).*
**Unten:** Neontetra *(Paracheirodon innesi).*

weise nur eine Form von *A. microlepis* ist. Die Systematik der ganzen Gattung ist schwierig und die exakte Feststellung der Art bei lebenden Exemplaren meist nicht möglich.

*Acestrorhynchus microlepis*

**Gattung Charax** Gronovius, 1763
Mit sechs Arten in den Gewässern Guyanas, Surinams, Guianas sowie im unteren Amazonasgebiet verbreitet, hat diese Gattung ein gewisses historisches Interesse. Die erste der zu ihr gehörigen Arten *(Charax gibbosus)* wurde bereits von Linné 1758 beschrieben und ist somit einer der ersten wissenschaftlich bekannten Salmlerverwandten. Der Gattungsname *Charax,* der ja Pate bei vielen von ihm abgeleiteten Namen stand, wie z. B. Characinae, Characidae, Characoidei, „Characiden“ usw. wurde kurz danach (1777) von Scopoli aufgestellt.

**Charax gibbosus** (Linné, 1758)
Vorkommen: Weit verbreitet im Guyana, Surinam, Guiana und im östlichen Brasilien bis zum Stromgebiet des Rio Paraguay.
Länge: bis 15 cm.

Körperform gestreckt und seitlich stark abgeplattet. Kopf klein und deutlich gegen den Rücken durch einen Knick abgesetzt. Als Jungfisch bis zu einer Länge von ca. 5 cm erscheint dieser Fisch fast durchsichtig mit leicht gelblicher Tönung. Ältere Fische sind dunkler, gelbbräunlich, und haben auf der oberen Körperhälfte zahlreiche irisierende Tupfen. Die Schwimmweise ist etwas nach vorne geneigt. In ruhender Stellung beträgt der Neigungswinkel bis zu 45°. Die Unterscheidung der Geschlechter ist bei geschlechtsreifen Fischen einfach: die Männchen sind wesentlich schlanker und meist auch kleiner als die Weibchen. Während der Laichzeit zeigt sich oft ein schmaler Schulterfleck. Zucht in entsprechend großen Aquarien ist schon häufiger gelungen.

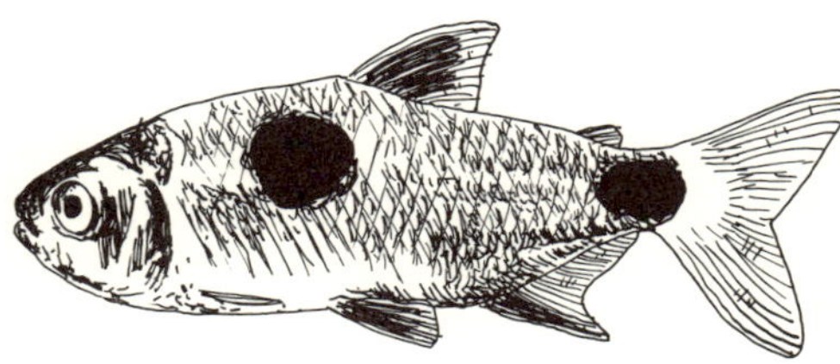

*Exodon paradoxus*

**Gattung Exodon** Müller und Troschel, 1844
Besteht nur aus folgender Art:

**Exodon paradoxus** Müller und Troschel, 1844
Vorkommen: Verstreut in bestimmten Biotopen im unteren und mittleren Amazonasgebiet sowie in Guyana und Surinam. In der Natur ist die Art ein typischer Bewohner klarer Wasserläufe mit meist sandigem Boden in savannenähnlichen Landschaftstypen oder in Buschgelände.

---

**Oben:** *Nematobrycon lacortei,* Männchen rechts.
**Unten:** *Hyphessobrycon eos,* Sonnensalmler.

Länge: bis 15 cm. Im Aquarium jedoch meist kleiner.
Ein ungewöhnlich prächtiger Fisch, der jedoch leider streitsüchtig und bissig ist und nicht mit kleineren Arten vergesellschaftet werden kann. Körperform mäßig gestreckt. Bei ausgewachsenen Fischen entspricht die Körperhöhe etwa einem Drittel der Körperlänge, Jungfische sind etwas schlanker. Seitlich abgeplattet. Grundfärbung silbrig-blau, auf dem Rükken mit grünlichem Glanz. Auf der Körperseite zwei große schwarze Flecken, einer auf dem Vorderrücken vor dem vorderen Rückenflossenansatz, der zweite auf der Schwanzwurzel. Rund um den vorderen Flecken stark grünlich und violett irisierende Glanzzonen. Rückenflosse, Bauchflossen und Afterflosse in ihren vorderen Teilen rot. Schwanzflosse und Fettflosse gelblich. Färbung stark vom Wohlbefinden und Lichteinfall abhängig. Bereits im Aquarium vermehrt. Laichen nach stürmischem Treiben, wobei sie nicht selten aus dem Wasser springen, zwischen Wasserpflanzen. Jungfische schwimmen bei einer Temperatur von 25–26°C nach fünf Tagen frei und können sofort mit Artemianauplien angefüttert werden. Nur für größere Aquarien geeignet. Fütterung möglichst mit etwas größeren lebenden Futtertierchen (Mückenlarven und Würmern) sowie mit Fischfleisch.

**Gattung Roeboides** Günther, 1864
Die ca. 15 Arten dieser Gattung werden in zahlreichen Gewässern sowohl in Mittelamerika wie auch im ganzen östlichen Südamerika angetroffen. Nach Süden erstreckt sich ihre Verbreitung bis zum Stromgebiet des Rio de La Plata. Lediglich zwei Arten sind bisher als Aquarienfische gehalten worden.

**Roeboides guatemalensis** (Günther, 1864)
Guatemala-Glassalmler
Vorkommen: Mittelamerika.
Länge: bis 10 cm. Im Aquarium meist kleiner. Körperform mäßig gestreckt und seitlich stark abgeplattet. Ältere Exemplare bedeutend hochrückiger als Jungfische. Besonders bei Jungfischen erscheint der Körper glasartig durchsichtig, mit leicht gelblicher Tönung. Über die Körpermitte zieht sich vom Kiemendeckel bis zur Schwanzwurzel ein bläulich oder grünlich schimmerndes Längsband. Ein dunklerer Fleck auf der Schwanzwurzel ist nicht immer zu erkennen. Während der Laichperiode verfärben sich die sonst farblosen Flossen des Männchens und bekommen eine gelbbraune Tönung. Die Weibchen lassen sich ohne weiteres an ihrer kräftigen Bauchrundung erkennen. Zucht in größeren Aquarien einfach. Sie laichen zwischen Wasserpflanzen. Die bei einer Temperatur von 25°C am fünften bis sechsten Tage freischwimmenden Jungfische können sofort mit Artemianauplien angefüttert werden. Recht produktiv. Wie *Charax gibbosus*, schwimmt auch diese Art meist etwas schräg mit dem Kopf nach unten.

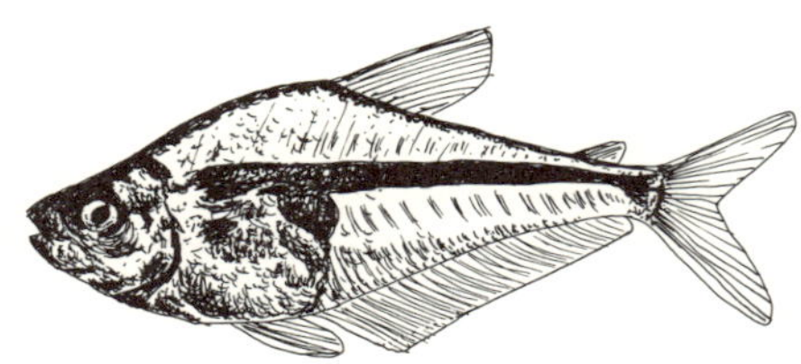

*Roeboides microlepis*

**Roeboides microlepis** (Reinhardt, 1849)
Vorkommen: Unteres und mittleres Amazonasgebiet.
Länge: bis 10 cm.
Der vorherigen Art ähnlich und als Jungfisch glasartig durchsichtig wie dieser. Von der vorherigen Art unterscheidet sie sich durch kleinere Schuppen und dadurch, daß bei ihr der Augendurchmesser im Verhältnis zum Kopf erheblich größer ist. Das Verhältnis Kopflänge zu Augendurchmesser ist bei *R. guatemalensis*

etwa 3,5:1, bei *R. microlepis* 2,5:1. Anhand dieser Merkmale lassen sich diese beiden recht ähnlichen Arten gut unterscheiden. Grundfärbung und Schwimmhaltung wie bei der vorherigen Art. Zur Laichzeit werden die Männchen mehr gelblich und ihre Kehl- und Brustpartie bekommt eine leicht rötliche Tönung. Weibchen haben eine gerundetere Körperform und sind meist etwas größer als die Männchen. Zucht wie bei der vorherigen Art.

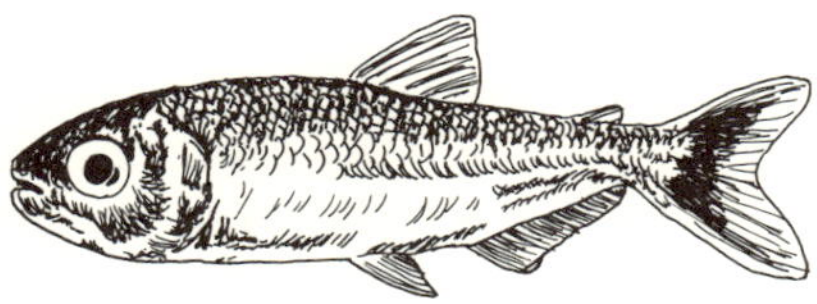

*Brycon*-Type

**Unterfamilie Bryconinae**
Besteht zum überwiegenden Teil aus größeren Arten, die sich auf ca. zehn Gattungen verteilen. Aus drei dieser Gattungen kennen wir Arten als Aquarienfische. Über Nachzuchten im Aquarium ist jedoch bei keiner dieser Arten etwas bekannt geworden.

**Gattung Brycon** Müller und Troschel, 1844
Umfaßt über 40 Arten mit weiter Verbreitung in Mittel- und Südamerika. Es sind verhältnismäßig große Schwarmfische, die nur als Jungfisch in den üblichen Zimmeraquarien gehalten werden können. Die folgende Art ist schon häufiger eingeführt worden.

**Brycon falcatus** Müller und Troschel, 1845
Vorkommen: Guyana, Surinam, Guiana und in den von Norden kommenden Zuflüssen des unteren und mittleren Amazonas.
Länge: bis 25 cm.
Körperform hochrückig, seitlich zusammengedrückt, Verhältnis von Körperhöhe zu Körperlänge etwa 1:3. Grundfärbung auf dem Rücken blaugrau, nach den Seiten hin heller bläulich und mit starkem Silberglanz. Auf der Schwanzwurzel ein dunkler Fleck, der sich nach oben und unten in den vorderen Teil der Schwanzflossenlappen erstreckt. Ein lebhafter Schwarmfisch, der sich nur in sehr großen Aquarien halten läßt.

**Gattung Chalceus** Cuvier, 1818
Eine kleine wahrscheinlich nur zwei Arten zählende Gattung schlanker Fische mit auffällig großen irisierenden Schuppen.

**Chalceus erythrurus** Cope, 1870
Vorkommen: Mittleres und oberes Amazonasgebiet.
Länge: bis 22 cm.
Körperform langgestreckt. Verhältnis von Körperlänge zur Körperhöhe etwa 4:1. Grundfärbung blaugrau mit stark irisierendem Glanz, nach den Seiten hin heller und unter dem Bauch silberfarbig. Schwanzflosse dunkelrot, Rückenflossen, Fettflosse, Afterflosse und Bauchflossen gelblich, Rückenflosse mit roter Spitze. Ein lebhafter Schwarmfisch, der viel Schwimmraum benötigt und ausgezeichnet springt. Gegenüber gleichgroßen Fischen friedlich. Haltungstemperatur 23–26°C. Allesfresser.

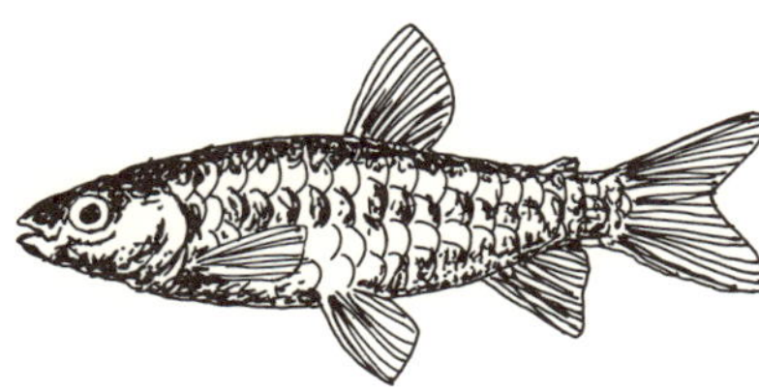

*Chalceus macrolepidotus*

**Chalceus macrolepidotus** Cuvier, 1817
Vorkommen: Guyana, Surinam und Guiana.
Länge: bis 25 cm.
Der vorherigen Art sehr ähnlich, doch ist die Grundfärbung grünlich-violetter. Die After-

flosse ist deutlich heller rot, was man gut sieht, wenn man beide Arten nebeneinander vergleicht. After- und Bauchflossen sind bei jüngeren Exemplaren fast farblos, bei älteren gelblich-braun.

**Gattung Triportheus** Cope, 1872
Kropfsalmler
Eine neun Arten zählende Gattung vorwiegend in schneller fließenden Gewässern lebender Fische von langgestrecktem und seitlich zusammengedrücktem Körperbau. Typisch für ihr Aussehen ist die mehr oder weniger vorgewölbte, kielartig ausgebildete Brustpartie, ein Merkmal, das ihnen den deutschen Namen „Kropfsalmler" einbrachte. Die mittleren Schwanzflossenstrahlen sind verlängert und die Schwanzflosse in der Mitte zu einer Spitze ausgezogen. Die sehr langen Brustflossen reichen bei manchen Arten angelegt bis etwa zur Körpermitte.

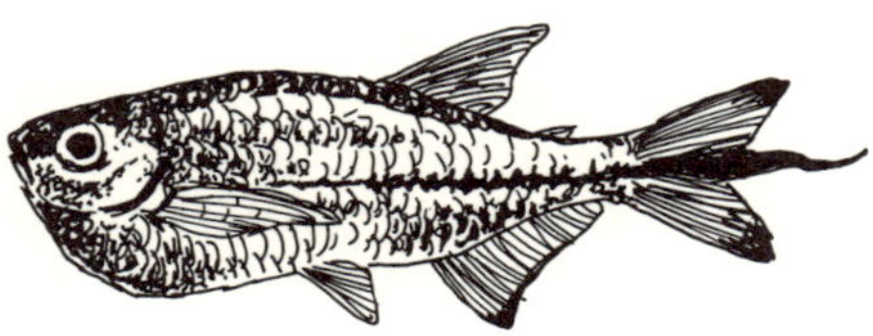

*Triportheus elongatus*

**Triportheus elongatus** (Günther, 1864)
Synonym: *Chalcinus elongatus* (Günther, 1864).
Vorkommen: Mittleres und oberes Amazonasgebiet.
Länge: bis 20 cm.
Grundfärbung auf dem Rücken grünlichbraun, nach den Seiten hin heller werdend, mehr grünlich und mit silbrigem Glanz. Auf der oberen Körperhälfte vier aus dunkleren Tupfen gebildete Längsbänder, von denen das untere etwa entlang der Körpermitte läuft. Mittlerer Teil der Schwanzflosse fast schwarz. Eine Art mit großem Schwimmbedürfnis, die nur für große Aquarien geeignet ist.
Außer dieser Art sind vereinzelt noch andere Arten dieser Gattung eingeführt worden. Wahrscheinlich handelte es sich bei den in früheren Jahren unter dem Namen *T. elongatus* gehandelten Fische häufig um andere *Triportheus*-Arten.

**Unterfamilie Paragoniatinae**
Besteht aus sechs artenarmen bzw. monotypischen Gattungen. Es sind Bewohner klarer Gewässer und typische Schwarmfische. Als Jungfische und bei manchen Arten auch als ausgewachsene Exemplare wirken sie mehr oder weniger glasartig durchsichtig. Einige Arten sind als Aquarienfische importiert worden und zumindest eine Art wurde schon häufiger im Aquarium vermehrt.

**Gattung Leptagoniates** (Boulenger, 1887)
Besteht lediglich aus der folgenden Art.

**Leptagoniates steindachneri** (Boulenger, 1887)
Vorkommen: Peruanischer Teil des Amazonasgebietes.
Länge: bis 10 cm.
Körperform langgestreckt und seitlich stark abgeplattet. Verhältnis von Körperhöhe zur Körperlänge etwa 1:4. Auffällig ist die besonders lange Afterflosse. Grundfärbung auf dem Rücken gelb bis leicht bräunlich, nach den Seiten hin heller und besonders bei jüngeren Exemplaren glasartig durchscheinend. Vom Kiemendeckel läuft entlang der Körpermitte bis zur Schwanzwurzel ein breiter bläulich schimmernder Längsstreifen. Eingewöhnung von Importfischen nicht ganz einfach, da sie offenbar ziemlich sauerstoffbedürftig sind, sollte man allzu hohe Temperaturen vermeiden. Haltungstemperatur 22–24°C. Gegenüber anderen Fischen mitunter unverträglich.

**Gattung Prionobrama** Fowler, 1913
Besteht aus zwei Arten, die sich äußerst ähnlich sind, aber in geographisch voneinander getrennten Verbreitungsgebieten vorkommen.

**Prionobrama filigera** (Cope, 1870)
Glassalmler
Vorkommen: Stromgebiet des Rio Madeira (im Amazonasgebiet).
Länge: bis 6 cm.
Körperform gestreckt und seitlich zusammengedrückt. Bei durchscheinendem Licht ist der Körper so durchsichtig, daß man sowohl das Körperinnere wie auch das Skelett erkennen kann. Grundfärbung hell graugelblich, mitunter auch grüngelblich. Bei auffallendem Licht mit silbrigem Glanz. Hinterer Teil der Schwanzwurzel und vorderer Teil der Schwanzflosse rot. Vorderste Strahlen der Afterflosse lang und bogenförmig, nach hinten eine Spitze bildend. Brustflossen groß. Ein lebhafter Schwarmfisch für größere Aquarien. Anspruchslos und friedlich gegenüber anderen Fischen. Zucht nicht schwer. Das Laichgeschäft erfolgt nach vorherigem starken Treiben zwischen Wasserpflanzen. Larven schlüpfen bei einer Temperatur von 25°C nach 36 Stunden. Die bereits am vierten bis fünften Tage nach dem Ablaichen frei schwimmenden Jungfische sind sehr klein und werden zweckmäßig mit Rädertierchen oder Pantoffeltierchen angefüttert.
Die zweite Art der Gattung **Prionobrama paraguayensis** (Eigenmann, 1914), die weiter südlich in Paraguay, im nordwestlichen Argentinien und Uruguay vorkommt, ist wahrscheinlich bisher noch nicht lebend eingeführt worden.

**Gattung Rachoviscus** Myers, 1926
Weicht von den anderen Gattungen dieser Unterfamilie in der Körperform ab. Nur eine Art.

**Rachoviscus crassiceps** Myers, 1926
Vorkommen: Umgebung von Rio de Janeiro.
Länge: bis 4,5 cm.
Körperform massiv und hochrückig, Kopf verhältnismäßig groß und mit tiefer Maulspalte. Grundfärbung grünlich-blau, zum Bauch hin heller und in gelblich-weiß übergehend. Ein oft nur am Hinterkörper erkennbares rötlich schimmerndes Band zieht sich vom Kiemendeckel bis zur Schwanzwurzel. Auf den Körperseiten zahlreiche bläulich glänzende Tupfen. Auffällig ist die leuchtend rote Fettflosse, die übrigen Flossen sind farblos. Die Männchen sind kräftiger in der Färbung und haben eine bedeutend größere Afterflosse als die Weibchen. Die systematische Stellung dieser Art ist äußerst unsicher und möglicherweise hat sie innere Befruchtung. Dafür sprechen neben ihrer großen Ähnlichkeit mit den Arten der Glandulocaudinae die auffällig große Afterflosse der Männchen sowie die bisher vorliegenden Angaben über das äußerst stürmische Paarungsverhalten, bei dem jedoch eine Eiabgabe nicht beobachtet wurde. Über gelungene Nachzuchten im Aquarium liegen bisher keine Angaben vor. Leider ist diese prächtige kleine Art anderen Fischen gegenüber recht unverträglich und nur für separate Haltung geeignet.

**Gattung Xenagoniates** Myers, 1942
Nur eine Art.

**Xenagoniates bondi** Myers, 1942
Vorkommen: Kolumbien und Venezuela.
Länge: bis 6 cm.
Ein äußerst eigentümlich glasartig durchscheinender Fisch, der in seinem Aussehen eher an einen Glaswels (*Kryptopterus* oder *Physailia*) erinnert als an einen Salmler. Körperform langgestreckt, Verhältnis von Körperhöhe zur Körperlänge 1:4,5. Alle inneren Organe deutlich sichtbar im vorderen Körperdrittel. Die sehr lange Afterflosse erstreckt sich von der

weit vorne liegenden Analöffnung über zwei Drittel der Körperlänge bis zum Schwanzflossenansatz. Grundfärbung leicht gelblich bis gelblich-grün getönt, kräftigere Farbflecke oder Zeichnungen. Bisher nur sparsam importiert, so daß auch eingehendere Erfahrungen über Aquarienhaltung nicht vorliegen.

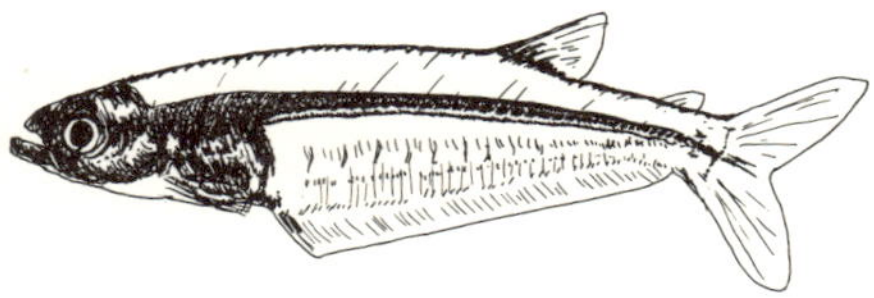

*Xenagoniates bondi*

**Unterfamilie Aphyocharacinae**
Umfaßt lediglich die folgende Gattung.

**Gattung Aphyocharax** Günther, 1868
Eine aus acht Arten bestehende Gattung kleiner, schlanker und lebhafter Schwarmfische. Typische Bewohner der oberen Wasserschichten. Die Abgrenzung der einzelnen Arten, die in der Natur voneinander getrennt in verschiedenen Strom- und Flußsystemen des östlichen Südamerikas von Guyana bis zum nördlichen Argentinien vorkommen, kann für den Aquarienfreund schwierig sein. Mehrere Arten werden als Aquarienfische gehalten.

**Aphyocharax alburnus** (Günther, 1869)
Synonym: Nach Géry ist wahrscheinlich *Aphyocharax erythrurus* (Eigenmann, 1912) ein Synonym von *A. alburnus*.
Vorkommen: Stromgebiet des Orinoco sowie unteres und mittleres Amazonasgebiet.
Länge: bis 7 cm.
In seinem Aussehen wirkt das Fischchen, wie sein deutscher Name ja schon andeutet, wie eine Miniaturausgabe unserer einheimischen Laube *(Alburnus lucidus)*. Körperform gestreckt und seitlich zusammengedrückt. Grundfärbung auf dem Rücken grünlich-blau, nach den Seiten hin bläulich und mit starkem silbrigen Glanz. Basis und vorderer Teil der Schwanzflosse rot. Diese Rotfärbung kann sich zeitweilig auf den unteren Schwanzflossenlappen ausdehnen, während gleichzeitig die Fettflosse eine leichte orangefarbige Tönung annimmt. Neuerdings einige Male im Aquarium vermehrt, Zucht wie bei der folgenden Art.

**Aphyocharax anisitsi** Eigenmann und Kennedy, 1903
Rotflosser
Synonyme: *Tetragonopterus rubropictus* (Berg, 1901), *Aphyocharax affinis* (Ahl, 1923), *Aphyocharax rubripinnis* (Pappenheim, 1921).
Vorkommen: Paraguay und nordwestliches Argentinien.
Länge: bis 5 cm.
Bereits 1906 erstmalig eingeführt und bereits kurz danach in größeren Mengen im Aquarium nachgezogen war dieses anspruchslose und muntere Fischchen durch Jahrzehnte hindurch eine der am häufigsten gehaltenen Salmler. In der Körperform der vorherigen Art ähnlich, jedoch nicht ganz so gestreckt. Grundfärbung gelblich-grün bis blaugrün und an den Körperseiten mit starkem Silberglanz. Brustflossen, Afterflosse und Schwanzflosse im basalen Teil rot. Bei Wohlbefinden kann sich die Rotfärbung auf den hinteren Teil des Bauches ausdehnen. Während der Laichzeit wird die Rotfärbung intensiver und dann kann auch die Rückenflosse eine leichte Rottönung zeigen. Die Männchen haben wohlausgebildete Widerhäkchen an den vorderen Afterflossenstrahlen, mit denen sie beim Herausfangen häufig am Netz hängenbleiben. Dies ist bei dieser Art das sicherste Merkmal zur Geschlechtsunterscheidung. Zwar werden die Weibchen während der Laichzeit etwas run-

der, unterscheiden sich aber auch dann in der Körperform nur unbedeutend von den Männchen. Die Zucht ist einfach. Der Rotflosser laicht am besten im sogenannten Schwarmansatz, wobei je nach Größe des Zuchtaquariums sechs bis 20 Fische gleichzeitig zur Zucht angesetzt werden. Da er ein starker Laichräuber ist, empfiehlt sich ein Laichrost oder ein Bodenbelag mit groben Kieseln. Die Laichabgabe erfolgt vorzugsweise in den oberen Wasserschichten, als Laichsubstrat sind Schwimmpflanzen geeignet. Larven schlüpfen bei 25 °C bereits nach 24 Stunden. Die Jungfische schwimmen vier Tage später frei. Anfütterung mit Pantoffeltierchen, Rädertierchen oder mit feinsten Cyclopsnauplien. Artemianauplien werden meist erst vom vierten oder fünften Tage nach dem Freischwimmen angenommen. Weitere Arten dieser Gattung, die vereinzelt eingeführt worden sind, deren Nachzucht im Aquarium bisher aber offenbar noch nicht gelungen ist, sind **Aphyocharax dentatus** (Eigenmann und Kennedy, 1903), eine Art die *A. alburnus* recht ähnlich ist und in Paraguay beheimatet ist, und **Aphyocharax agassizi** (Steindachner, 1882) aus dem Amazonasgebiet. Diese Art, welche ab und zu als „Beifang" importiert wird, ist nach Géry möglicherweise mit *Aphyocharax natterei* (Steindachner, 1882) identisch. In ihrer Körperform ist sie etwas gedrungener als die anderen Arten der Gattung. Im übrigen erinnert ihr Aussehen an *A. anisitsi,* nur wird bei ihr, wenn die Fische sich wohlfühlen, der hintere Teil der Bauchpartie und die Unterseite des Schwanzstieles rötlich.

## Unterfamilie Glandulocaudinae

Die Angehörigen dieser Unterfamilie haben als gemeinsames Merkmal innere Befruchtung. Nach erfolgter Paarung, bei der meist nach mehr oder weniger verwickelten Liebesspielen die Überführung der Samenpakete (Spermatophoren) erfolgt, legen die Weibchen mehrere Tage – bei manchen Arten selbst Wochen – später befruchtete Eier ab. Systematisch ist die in dieser Unterfamilie zusammengefaßte Fischgruppe doch keineswegs einheitlich und Géry teilt sie in zwei Gruppen, Glandulocaudini und Xenurobryconini. Von dieser Einteilung wurde hier abgesehen, und die Gattungen sind in alphabetischer Reihenfolge genannt. Es bestehen allgemein noch viele Unklarheiten betreffend der Arten mit innerer Befruchtung, und manche von ihnen werden auch weiterhin zu Gattungen der Unterfamilie Tetragonopterinae gestellt, wie z. B. die Creagrutusarten, bei denen ebenfalls innere Befruchtung nachgewiesen werden konnte. Die Verbreitung der Arten dieser Unterfamilie erstreckt sich vom südlichen Mittelamerika (Costa Rica) bis in das nördliche Argentinien. Einzelne Arten kommen auch westlich der Anden vor. Auf der Insel Trinidad ist eine Art vertreten.

### Gattung Coelurichthys De Miranda Ribeiro, 1908

Besteht aus zwei Arten, von denen die folgende häufiger im Aquarium gehalten und vermehrt wurde.

**Coelurichthys microlepis** (Steindachner, 1876)
Synonym: *Paragoniates microlepis* (Steindachner, 1876), *Mimagoniates microlepis* (Steindachner, 1876).
Vorkommen: Südöstliches Brasilien.
Länge: bis 7 cm.
Der folgenden Art in der Körperform ähnlich, doch schlanker. Grundfärbung silberfarbig, an den Körperseiten mit stark bläulichem Glanz. Beim Männchen ist die Afterflosse größer als beim Weibchen, ihre Basis wird zur Laichzeit dunkel, und entlang der Flossenmitte zeigt sich ein fast weißer Streifen. Vermehrung wie bei der folgenden Art.

**Coelurichthys tenuis** Nichols, 1913
Synonym: Wurde in der Aquarienliteratur bis vor kurzem als *Mimagoniates barberi* (Regan, 1907) geführt, doch ist sie mit dieser Art nicht identisch.
Vorkommen: Südöstliches Brasilien.
Länge: bis 4,5 cm.
Körperform langgestreckt und seitlich abgeplattet. Rückenflosse weit hinten angesetzt, Afterflosse lang und von der Analöffung bis zum Schwanzflossenansatz reichend. Mittlere Schwanzflossenstrahlen in ihrer Mitte verdickt, wodurch eine drüsenartige Erhebung entsteht. Beim Weibchen ist die Rückenflosse hinten abgerundet, beim Männchen zu einer Spitze ausgezogen. Färbung oberseits hellbraun, nach den Seiten hin heller gelbbraun und auf dem Hinterkörper bläulich schimmernd. Zwei dunkle Längsstreifen, einer längs der oberen Körperhälfte und einer entlang der Körpermitte, sind nicht immer vollständig sichtbar. Flossen gelbbräunlich. Rückenflosse

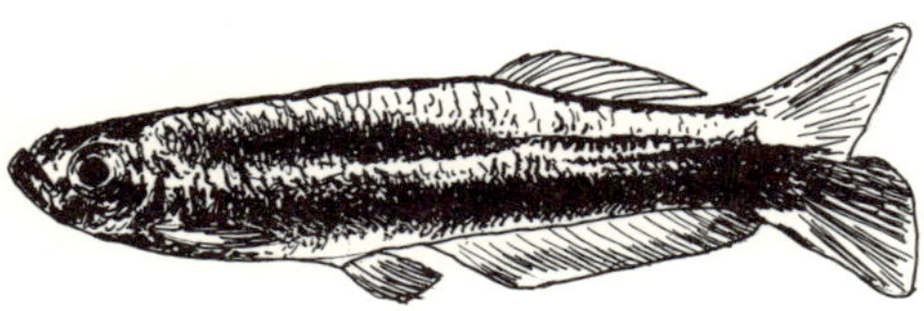

*Coelurichthys tenuis* (Männchen)

und Afterflosse mit dunklem äußeren Rand, Brust- und Bauchflossen mit dunklen Spitzen. Diese schöne Art ist empfindlich und fordert Haltung in weichem Wasser. Die Paarung erfolgt nach lebhaften Liebesspielen, bei dem die Fische in einfachen oder mehrfachen Bogen umeinander schwimmen, in Form einer Umschlingung, bei der sich das Männchen im Bogen um das Weibchen legt. Die Eiablage erfolgt in der Regel am folgenden Tag, und es ist zweckmäßig, entweder das Männchen zu entfernen oder das Weibchen für sich in ein kleines bepflanztes Aquarium zu setzen. Die Eier werden an der Unterseite von Blättern abgesetzt. Jungfische schwimmen bei 25°C sechs Tage nach der Eiablage frei, ihre Aufzucht ist einfach, Anfütterung mit Artemianauplien möglich, doch ist diese Art wenig produktiv.

**Gattung Corynopoma** Gill, 1858
Besteht lediglich aus folgender Art:

**Corynopoma riisei** Gill, 1858
Zwergdrachenflosser
Synonym: *Stevardia riisei* (Gill, 1858).
Vorkommen: In zwei geographisch vollständig voneinander getrennten Verbreitungsgebieten, im Einzugsbereich des Rio Meta in Kolumbien und auf der Insel Trinidad. Unterschiede zwischen Individuen aus beiden Vorkommensgebieten haben zu unterschiedlichen Namensgebungen geführt, die jedoch alle als Synonym mit *C. riisei* zu betrachten sind.
Länge: Männchen bis 7 cm, Weibchen bis 5 cm.
Körperform gestreckt und seitlich zusammengedrückt. Das Aussehen ist deutlich geschlechtsdimorph. Die Männchen haben eine auffallend große Rücken- und Afterflosse, und der untere Schwanzflossenlappen läuft in eine lange Spitze aus. Besonders auffällig sind die bis zur Körpermitte reichenden, vorne mit einer kugelartigen Spitze versehenen, Kiemendeckelfortsätze. Beim Weibchen läuft der Kiemendeckel lediglich in einen kurzen Dorn aus. Die Funktion der Kiemendeckelfortsätze und das Paarungsverhalten dieser Art wurde bereits im Kapitel „Verhalten", im Abschnitt „Arten mit innerer Befruchtung" (Seite 35), beschrieben. Bei durchscheinendem Licht wirken diese Fische etwas durchsichtig, sie sind braungrau bis grau und zum Bauch hin silberfarbig. Anspruchslos und leicht zu halten, läßt sich diese Art gut auch mit anderen kleineren

Arten vergesellschaften. Zucht einfach, es genügt, zuchtreife Weibchen, die aufgrund der Vorratsbefruchtung befruchtet sind – falls sie mit Männchen zusammengehalten werden –

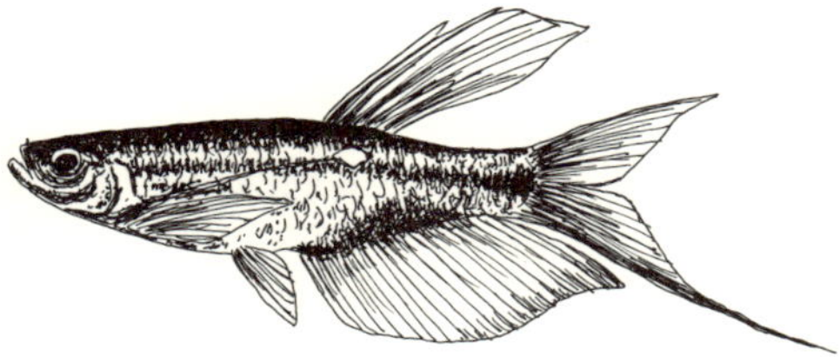

*Corynopoma riisei*

für sich in bepflanzte Aquarien zu setzen. Die meist schon einige Tage später auftauchenden Jungfische können mit Artemianauplien angefüttert werden.

**Gattung Gephyrocharax** Eigenmann, 1912

Umfaßt insgesamt zehn Arten, von denen bisher die beiden folgenden importiert und im Aquarium vermehrt worden sind. Die Männchen dieser Gattung haben in ihrem sogenannten Schwanzflossendorn ein sicheres Geschlechtsmerkmal. Dieser Dorn besteht aus dem untersten Flossenstrahl der Schwanzflosse. Die vorderen Strahlen der Afterflosse sind beim Männchen mit zahlreichen winzigen Widerhäkchen versehen.

**Gephyrocharax atracaudatus** (Meek und Hildebrand, 1916)
Synonym: *Deuterodon atracaudatus* (Meek und Hildebrand, 1916).
Vorkommen: Die in den Atlantik ausmündenden Wasserläufe Panamas.
Länge: bis 6 cm.
Körperform schlank und seitlich abgeplattet. Grundfärbung bläulich-grau bis grünlich-grau, auf dem Rücken dunkler grau und zum Bauch hin fast weiß. Ein schmales weißes Längsband, das unten von einer feinen blauen Linie abgeschlossen wird, läuft vom Kiemendeckel bis zur Schwanzwurzel. Beim ausgewachsenen Männchen ist die Afterflosse vergrößert und in ihrem vorderen Teil bogenförmig geformt. Beim Weibchen ist die Afterflosse nach innen ausgebuchtet. Die Schwanzflosse hat an ihrer Basis eine dunkle Zone, die sich längs der Außenkante der Schwanzflossenlappen als dunkler Strich fortsetzt. Zwischen diesen fast schwarzen Flossensäumen befindet sich eine stark irisierende Zone. Ein gleichfalls irisierender Fleck findet sich auf der Schwanzwurzel. Vermehrung wie bei der vorherigen Art.

**Gephyrocharax valenciae** Eigenmann, 1920
Valenciasalmler
Vorkommen: Valenciasee und dessen Zuläufe in Venezuela.
Länge: bis 5 cm.
Der vorherigen Art in der Körperform sehr ähnlich, doch von mehr blaugrünlicher Grundfärbung und ohne die markante Schwanzflossenzeichnung. Die Rückenflossenstrahlen sind im oberen Teil weiß. Eier werden gerne an der Unterseite größerer Blätter abgesetzt.

**Gattung Glandulocauda** Eigenmann, 1911

Besteht aus vier Arten, die den Angehörigen der Gattungen *Coelurichthys* und *Mimagoniates* recht ähnlich sind (Glandulocauda-Mimagoniates-Coelurichthys-Komplex). Die zu diesem Komplex gehörenden Arten unterscheiden sich von den meisten anderen Gattungen der Glandulocaudinae dadurch, daß die Männchen auf der Schwanzwurzel eine mit großen Schuppen bedeckte Drüse haben, die wahrscheinlich eine besondere Funktion im Zusammenhang mit der Paarung hat. Im Gegensatz zu den Männchen der anderen Gattungen haben die Männchen keine vergrößerte Afterflossen, doch sind entweder alle, oder zumindest die vorderen Strahlen der Afterflosse mit winzigen Widerhäkchen versehen. Nur eine Art wurde bisher häufiger als Aquarienfisch gehalten und im Aquarium vermehrt.

**Glandulocauda inaequalis** Eigenmann, 1911
Blauer Tetra
Vorkommen: Südliches Brasilien (Rio Grande Do Sul) und Uruguay.
Länge: Männchen bis 6 cm, Weibchen bis 4,5 cm.
Körperform mäßig gestreckt und seitlich zusammengedrückt. Schwanzstiel auffällig breit. Beim Männchen ist der untere Schwanzflossenlappen etwas vergrößert und abgerundet. Grundfärbung auf dem Rücken gelbbraunolivfarben, nach den Seiten hin in bläulichweiß übergehend, zum Bauch hin fast weiß. Ein langgestreckter Schulterfleck ist meist gut zu erkennen. Ein heller irisierender Streifen längs der Mitte des Hinterkörpers ist nur sichtbar, wenn die Fische sich wohlfühlen. Die Rückenflosse ist im obersten Teil dunkel, darunter ein schmaler weißer Streifen und darunter eine breitere rotbraune Zone; die Basis ist durchscheinend. Die Strahlen der Schwanzflosse sind im hinteren Teil schwarz. Der Blaue Tetra ist anspruchslos, nur darf er nicht zu warm gehalten werden. Haltungs- und Zuchttemperatur 18–22 °C.
Zucht einfach, doch nicht sonderlich produktiv. Die Weibchen setzen je Laichabgae 40–60 Eier an den Unterseiten breiterer Blätter ab. Die Jungfische können, sobald sie frei schwimmen, mit Artemianauplien angefüttert werden. Da diese Art in der Lage ist, für das menschliche Ohr vernehmbare Laute hervorzubringen, wurde sie zuweilen auch als „Quakender Tetra“ bezeichnet.

**Gattung Pseudocorynopoma** Perugia, 1891
Umfaßt zwei Arten aus dem südlichen Brasilien, Uruguay und dem nördlichen Argentinien. Von diesen ist nur die folgende Art häufiger als Aquarienfisch gehalten und auch im Aquarium vermehrt worden.

**Pseudocorynopoma doriae** Perugia, 1891
Drachenflosser
Vorkommen: Südliches Brasilien, Uruguay und nördliches Argentinien.
Länge: bis 8 cm.
Körper gestreckt und seitlich stark abgeflacht. Kehl- und Brustpartie vorgewölbt, Brustflossen sehr lang. Beim Männchen sind Rücken- und Afterflosse vergrößert und die vorderen Strahlen der Rückenflosse bei älteren Männchen frei ausgezogen. Grundfärbung hell-gelbgrünlich bis bläulich, an den Körperseiten mit starkem Silberglanz. Ein bläulich schimmerndes Längsband, das vom Kiemendeckel bis zum Schwanzflossenansatz reicht, läßt sich nur erkennen, wenn sich die Fische wohlfühlen. Die Laichabgabe erfolgt nach einem äußerst stürmischen Paarungsspiel, bei dem das Männchen das Weibchen förmlich umflattert. Aufzucht der Jungfische ist einfach. Der Drachenflosser ist ein harter Fisch, der jedoch nicht bei zu hohen Temperaturen gehalten werden sollte; 18–22 °C sind vollkommen ausreichend. Die Art ist mit ziemlich regelmäßigen Zwischenräumen importiert worden. Da jedoch die Aquariennachzuchten aus bisher noch nicht geklärten Gründen innerhalb weniger Generationen degenerieren, konnte sie bisher noch kein bleibendes Heimatrecht im Aquarium erwerben. Die zweite Art der Gattung, **Pseudocorynopma heterandria** (Eigenmann, 1914), wurde auch einige Male importiert, doch ist ihre Nachzucht offenbar nicht gelungen, so daß diese Fische schnell wieder aus unseren Aquarien verschwanden.

**Gattung Tyttocharax** Fowler, 1913
Eine aus nur wenigen Arten bestehende Gattung kleiner bis sehr kleiner Arten, die ähnlich wie die Arten des Glandulocauda-Mimagoniates-Coelurichthys-Komplexes eine von Schuppen bedeckte Drüse auf der Schwanzwurzel hat. Eine Art wurde eingeführt und im Aquarium vermehrt.

**Tyttocharax madeirae** Fowler, 1913
Moskitosalmler
Synonym: *Microbrycon cochui* (Ladiges, 1950).
Vorkommen: Mittleres und oberes Amazonasgebiet.
Länge: bis 2,5 cm.
Körperform nur mäßig gestreckt und seitlich abgeplattet. Grundfärbung hell-grünlich-blau. Rücken- und Afterflosse mit dunklem Saum. Längs der Körpermitte auf dem Hinterkörper ein blau irisierendes Längsband. Typisch ist die seltsam hüpfende Schwimmweise. Normal schwimmen sie in schräger Körperhaltung mit dem Kopf nach oben, wobei sie häufig ruckartig nach oben schießen, um anschließend direkt wieder abzusinken.
Nach Roloff setzen die Weibchen ihre Eier in Form eines geschlossenen Geleges an die Unterseite größerer Blätter. Normal wurden je Gelege 70–80 Eier abgegeben, doch wurden in einem Gelege etwa 160 Eier gezählt. Die Larven schlüpften bei einer Temperatur von 23–25 °C nach 24 Stunden, und die Jungfische schwammen am fünften Tag nach der Laichabgabe frei. Die Anfütterung erfolgte mit ausgesiebten Bosminen oder Pantoffeltierchen.

## Unterfamilie Stethaprioninae

Drei artenarme Gattungen hochrückiger und seitlich stark abgeplatteter Fische, die über weite Gebiete des nördlichen und mittleren Südamerikas verbreitet sind. Aus zwei ihrer Gattungen werden Arten als Aquarienfische gehalten

### Gattung Poptella Eigenmann, 1908

Nur eine, weit verbreitete und sehr variable Art.

**Poptella orbicularis** (Cuvier und Valenciennes, 1848)
Synonym: *Ephippicharax orbicularis* (Valenciennes, 1848).
Vorkommen: Mit zwei Unterarten von Kolumbien bis nach Paraguay verbreitet. Als Aquarienfisch ist bisher wahrscheinlich nur die Nominatform *P. o. orbicularis* eingeführt worden. Die zweite Unterart ist *P. o. longipinnis* (Popta, 1901) mit einer lokal begrenzten Verbreitung in Guiana.
Länge: bis 9 cm.
Körper hoch, fast scheibenförmig. Grundfärbung oberseits braungrau, nach den Seiten hin silberfarbig und mit stark irisierendem Glanz.

*Poptella orbicularis*

Vordere Kante der Afterflosse schwarz. Je nach Herkunft können die übrigen Flossen farblos durchscheinend oder gelb getönt sein, ein dunkler Längsstrich auf dem Hinterkörper kann vorhanden sein oder fehlen. Diese Merkmale sind offenbar nicht stimmungsbedingt, sondern herkunftsbedingt. Im Aquarium ist diese Art ein anspruchsloser und friedlicher Schwarmfisch, der jedoch nur in großen Aquarien wirklich zur Geltung kommt. Frißt auch pflanzliche Nahrung. Zucht in großen Aquarien bereits gelungen.

### Gattung Stethaprion Cope, 1870

Drei Arten, die der vorherigen Gattung sehr ähnlich sind und sich von dieser nach Sterba jedoch durch einen langen freistehenden, nach vorne gerichteten Stachel vor der Rückenflosse unterscheiden. Nur eine Art wurde bisher als Aquarienfisch gehalten.

**Stethaprion innesi** Myers, 1933
Vorkommen: Unteres Amazonasgebiet.
Länge: bis 12 cm.
Körperform hoch und scheibenförmig. Das Verhältnis von Körperhöhe zur Körperlänge beträgt etwa 1:1,5. Grundfärbung oberseits blaugrünlich, nach den Seiten hin grünlichsilberfarben und bei auffallendem Licht mit stark violettem Glanz. Ein friedlicher Allesfresser, der jedoch viel Schwimmraum benötigt und nur für eine Haltung in größeren Aquarien geeignet ist. Haltungstemperatur 23–26 °C. Über Vermehrung im Aquarium ist nichts bekannt.

**Unterfamilie Tetragonopterinae**
Diese in bezug auf die Anzahl der ihr zugehörigen Gattungen und Arten umfangreichste Unterfamilie der Characidae stellt den größten Teil der regelmäßig im Aquarium gehaltenen echten Salmler überhaupt. Bei ihnen handelt es sich zum überwiegenden Teil um kleine, nur wenige cm lange Arten, die sich meist gut für eine Haltung im Zimmeraquarium eignen. Die meisten der bisher eingeführten Arten werden auch regelmäßig im Aquarium vermehrt. Da diese aus allen Teilen des tropischen und subtropischen Südamerikas stammenden Arten manchmal unterschiedliche Haltungsansprüche haben, wird dazu bei den Gattungs- bzw. Artbeschreibungen verwiesen.

**Gattung Astyanax** Baird und Gairard, 1854
Vom südlichen Nordamerika (Arizona) bis nach Argentinien verbreitet. Insgesamt über 70 Arten, von denen jedoch nur wenige als Aquarienfische Verbreitung gefunden haben. Ihre Zucht ist einfach, doch fehlt bei den im Aquarium vermehrten Fischen meist der starke messingartige Glanz, der typisch für viele importierte *Astyanax*-Arten ist. Warum diese Farbenkomponente bei den Nachzuchten verloren geht, ist nicht genau bekannt.

**Astyanax fasciatus** (Cuvier, 1819)
Vorkommen: Mit mehreren Unterarten weit verbreitet, von Mittelamerika bis nach Argentinien. Kommt auch auf manchen Inseln in der Karibik vor.
Länge bis 17 cm, im Aquarium jedoch meist kleiner bleibend.
Körperform mäßig gestreckt, seitlich abgeplattet und ziemlich hochrückig. Verhältnis von Körperhöhe zur Körperlänge etwa 1:2. Grundfärbung oberseits gelbbraun, nach den

Normale und blinde Form von *Astyanax mexicanus*

Seiten hin heller gelblich. Auf dem Hinterkörper ein dunkles Längsband, welches bis in die Schwanzflosse hineinreicht. Schon häufiger importiert und auch im Aquarium nachgezüchtet. Laichen nach stürmischem Treiben im Pflanzengewirr. Sehr produktiv. Da aber die Aquariennachzucht nicht den starken Messingglanz der Wildfänge bekommt, sondern einfarbig silbrig bleibt, wurde diese Art als Aquarienfisch nie populär. Dies gilt auch für andere Unterarten von *A. fasciatus*, die ab und zu eingeführt werden, wie z. B. **A. f. jequiti-**

**honhae** (Steindachner, 1876) aus der brasilianischen Provinz Pernambuco. Diese Unterart ist etwas schlanker als die Nominatform, und Importfische haben einen wundervollen Goldglanz, der bei ihren im Aquarium nachgezogenen Nachkommen verschwindet.

Äußerst schwierig ist in systematischer Hinsicht die Stellung des blinden Höhlensalmlers. Géry führt denselben als eine Unterart von *Astyanax fasciatus,* schränkt dies aber insoweit ein, daß er darauf aufmerksam macht, daß manche Autoren *Astyanax mexicanus* (Philippi, 1853) nicht als Unterart von *Astyanax fasciatus,* sondern als gute Art betrachten. Die Angabe des wissenschaftlichen Namens des Blinden Höhlensalmlers erfolgt mit denselbem Vorbehalt. Ist *Astyanax mexicanus* eine gute Art, so wäre die blinde Form zu dieser zu stellen *(A. mexicanus jordani).* Neben dem Umstand, daß die Heimatgewässer von *A. f. mexicanus* direkt mit den unterirdischen Wasserläufen, in denen der Blinde Höhlensalmler lebt, in Verbindung stehen, konnte die äußerst nahe Verwandtschaft auch durch Kreuzungsversuche (Sandoglu, 1956) nachgewiesen werden. Dabei zeigte sich, daß die unterirdisch lebenden blinden Fische uneingeschränkt mit normalen *A. f. mexicanus* kreuzbar waren. Die $F_1$-Generation dieser Kreuzung zeigte ein intermediäres Erblichkeitsbild.

**Astyanax fasciatus jordani** (Hubbs und Innes, 1936)
Blinder Höhlensalmler
Vorkommen: In Höhlengewässern der mexikanischen Provinz San Luis Pontosi.
Länge: bis 8 cm.
Körperform gestreckt und seitlich etwas abgeplattet. Die normalerweise farbstofftragenden Zellen der Unterhaut (Iridocyten) sind stark zurückgebildet und die Fische haben eine gleichmäßig fleischfarbige Grundfärbung. Sie sind äußerst interessante Aquarienbewohner, die sich vollständig mit Hilfe von Seitenlinienorgan, Geruch-, Geschmacks- und Tastsinn orientieren. Bei Aquariennachzucht über mehrere Generationen kommt es zu einer teilweisen Zurückbildung der farbstofftragenden Zellen und die Nachzuchten werden mehr und mehr silberfarbig. Nach S. Frank haben die Jungfische Augen, die jedoch im Laufe der Entwicklung unter Gewebe verschwinden und sich nicht weiter entwickeln. Die Zucht ist nicht schwer, am besten in mittelhartem oder hartem Wasser bei 25–27°C. Je Laichabgabe werden von ausgewachsenen Weibchen 400–800 Eier abgesetzt. Die Larven schlüpfen bereits nach 24 Stunden und die Jungfische schwimmen am vierten Tage nach der Laichabgabe frei. Sie fressen alle lebenden Futtertierchen entsprechender Größe und können sofort mit Artemianauplien angefüttert werden; äußerst gefräßig und raschwüchsig.

Neben der blinden Form wird ab und zu auch die normale, sehende Form von Astyanax fasciatus mexicanus eingeführt. Als Aquarienfisch kommt ihr kaum Bedeutung zu, doch sind sie gesuchte Ausstellungsobjekte für öffentliche Aquarien, Museen usw. Dort können sie pädagogisch wirkungsvoll als Gegenstück zu ihren blinden Verwandten ausgestellt werden.

**Gattung Boehlkea** Géry, 1966
Zwei Arten von denen die folgende häufig als Aquarienfisch gehalten wird.

**Boehlkea fredcochui** Géry, 1966
Vorkommen: Peruanischer Teil des Amazonasgebietes (Einzugsbereich des Maranon).
Länge: bis 5 cm.
Körperform langgestreckt, Körperquerschnitt hochoval. Grundfärbung auf dem Rücken grüngelblich, nach den Seiten hin bläulichglänzend. Spitze der Rückenflosse, Fettflosse und hinterer Teil der Schwanzflossenlappen hell, bei Wohlbefinden fast weiß. Männchen schlanker als Weibchen. Zucht im Aquarium bereits häufiger gelungen.

**Gattung Carlastyanax** Géry, 1972
Eine monotypische und systematisch isolierte Gattung, die nach den derzeitigen Erkenntnissen nur aus der folgenden Art besteht.

**Carlastyanax aurocaudatus** (Eigenmann, 1913)
Vorkommen: Die einzigen bekannten Vorkommen der Art liegen im Einzugsbereich des oberen Rio Cauca in Kolumbien.
Länge: bis 5 cm.
Bei dieser Art handelt es sich um eine für einen Salmler recht eigentümliche Form, die in ihrem Aussehen eher an manche Karpfenfische, z. B. hochrückige *Rasbora*-Arten, erinnert, als an einen Salmlerverwandten.

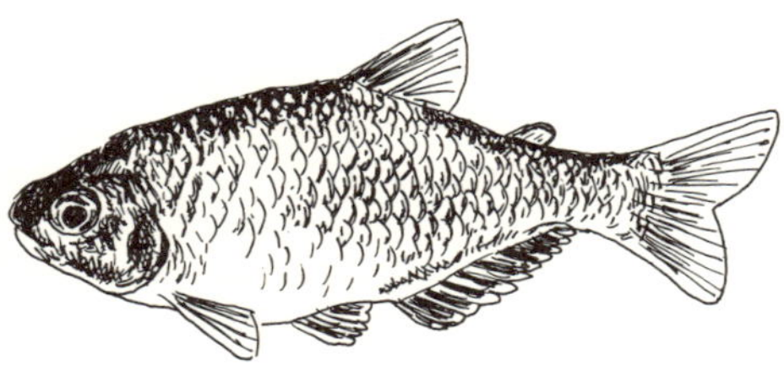

*Carlastyanax aurocaudatus*

Körperform mäßig gestreckt, hochrückig und seitlich abgeplattet. Grundfärbung auf dem Rücken grün-oliv, nach den Körperseiten hin gelbrötlich und bei Wohlbefinden mit intensiv purpurrotem Schimmer. Diese Rotfärbung ist insbesondere auf der hinteren unteren Körperhälfte ausgeprägt. Ein dunkler Schulterfleck ist nicht immer sichtbar. Haltung am besten in größerer Anzahl, da diese Art ein ausgeprägter Schwarmfisch ist. Schätzt sauberes und klares Wasser, scheint aber zumindest bei der Haltung gegenüber härterem Wasser nicht empfindlich zu sein. Als Aquarienfisch erstmalig 1968 importiert. Über Nachzuchten im Aquarium ist bisher nichts bekannt geworden.

**Gattung Creagrutus** Günther, 1864
Eine aus ca. zwanzig Arten bestehende Gattung, von denen bisher lediglich eine Art häufiger als Aquarienfisch gehalten worden ist. Bei ihrer Vermehrung im Aquarium stellte sich heraus, daß sie innere Befruchtung hat. Ob dieses auch für die übrigen Arten der Gattung gilt, ist bisher noch nicht untersucht worden.

**Creagrutus beni** Eigenmann, 1911
Vorkommen: Weit verbreitet in verschiedenen Gewässern des nördlichen Südamerikas.
Länge: bis 8,5 cm, im Aquarium jedoch meist kleiner bleibend.
Körperform gestreckt, seitlich zusammengedrückt. Je nach Herkunft recht variabel. Aus Venezuela stammende Exemplare waren oberseits graugrün, nach den Seiten hin gelblich und unter dem Bauch fast weiß. Längs der Körpermitte auf der hinteren Körperhälfte ein schwarzes Längsband, welches oben und unten von einer goldenen Linie begrenzt ist. Auf der Schulter ein langgestreckter dunkler Fleck. Rückenflosse vorne mit einem roten Fleck, Afterflosse im vorderen Teil dunkel. Oberer Teil des Schwanzstieles zeitweilig rot. Keine farblichen Unterschiede zwischen den Geschlechtern, doch sind die Weibchen etwas runder in der Form. Lebhaft und anspruchslos. Zucht nicht schwer. Die Weibchen setzen die vorher befruchteten Eier an der Unterseite von Blättern ab. Jungfische können mit jedem Staubfutter geeigneter Größe, einschließlich Artemianauplien, angefüttert werden.

**Gattung Ctenobrycon** Eigenmann, 1908
Fünf Arten, von denen lediglich die folgende als Aquarienfisch gehalten wird.

**Ctenobrycon spilurus** (Cuvier und Valenciennes, 1848)
Talerfisch
Vorkommen: Mit mehreren Unterarten im nördlichen Südamerika verbreitet. Im Aqua-

rium wird meist die aus Venezuela und Guyana stammende Nominatform *C. s. spilurus* gepflegt.
Länge: bis 8 cm.
Körperform hoch und seitlich stark zusammengedrückt. Körperhöhe im Verhältnis zur Körperlänge etwa 1:2. Grundfärbung auf dem Rücken olivgrün, nach den Seiten hin heller und mit bläulich schimmerndem Glanz. Auf der Schulter ein dunkelblauer Fleck. Afterflosse gelb, mit rotem äußeren Saum. Anspruchsloser, dekorativer Schwarmfisch. Frißt auch Pflanzenkost. Bepflanzung mit härteren Wasserpflanzen angebracht, da zartere Pflanzen abgefressen werden. Zucht nicht schwer. Laichen nach heftigem Treiben zwischen Pflanzen. Die Jungfische schwimmen bei 25°C nach fünf Tagen frei. Sie können sofort mit Artemianauplien angefüttert werden.

**Gattung Gymnocorymbus** Eigenmann, 1908
Eine aus vier Arten bestehende Gattung, die systematisch den Gattungen *Megalamphodus* und *Moenkhausia* nahesteht. Nur eine Art wird bisher als Aquarienfisch gehalten.

**Gymnocorymbus ternetzi** (Boulenger, 1895)
Trauermantelsalmler
Vorkommen: Stromgebiet des Rio Paraguay.
Länge: Männchen bis 4 cm, Weibchen bis 5,5 cm.
Körperform hoch und scheibenförmig. Der Eindruck der hohen Körperform wird durch eine große Rücken- bzw. Afterflosse verstärkt, so daß der Fisch fast genau so hoch wie lang wirkt. Grundfärbung oberseits dunkel grün-grau. Auf der vorderen Körperhälfte drei schwarze Querstreifen, die jedoch nicht ganz bis an die Rücken- bzw. Bauchkante reichen. Hinterkörper einschließlich der Afterflosse schwarz. Fische, die sich wohlfühlen, können sehr dunkel werden. Dann erscheint auch der Vorderkörper fast schwarz. Die Intensität der Schwarzfärbung ist jedoch teils altersbedingt sowie auch von der Temperatur abhängig. Jungfische sind häufig dunkler und bei hohen Temperaturen, über 28°C, wird die Schwarzfärbung besonders intensiv. Die Zucht ist einfach. Nach einem Paarungstanz, bei dem das Männchen das Weibchen mit zitternden Flossen kreisförmig umschwimmt, laichen die Fische zwischen den Pflanzen. Ausgewachsene Weibchen können bei einer Laichabgabe bis zu 1500 Eier ablegen. Aus den glasklaren Eiern schlüpfen bei einer Temperatur von 25–27°C die Larven. Diese hängen einige weitere Tage an den Scheiben und Pflanzen, vorzugsweise an Stellen, die nur gedämpftes Licht erhalten. Am fünften bis sechsten Tage nach dem Ablaichen schwimmen die Jungfische frei. Sie können sofort mit Artemianauplien angefüttert werden. Bei Verwendung entsprechend großer Zuchtaquarien schnellwüchsig und sehr produktiv.

*Gymnocorymbus ternetzi*

**Gattung Hasemania** Ellis, 1911
Diese aus nur vier Arten bestehende Gattung steht sowohl den Gattungen *Hyphessobrycon* und *Hemigrammus* nahe. Ähnlich wie bei den *Hemigrammus*-Arten ist bei den *Hasemania*-Arten der basale Teil der Schwanzflosse teilweise beschuppt. Im Gegensatz zu den beiden

genannten Gattungen haben jedoch die Arten der Gattung *Hasemania* keine Fettflosse. In bezug auf die im Aquarium gehaltene Art (Arten?) dieser Gattung bestehen einige Unklarheiten. Gut bekannt als Aquarienfisch und seit seiner Ersteinfuhr in den dreißiger Jahren laufend im Aquarium vermehrt ist der „Kupfersalmler“, ein Fischchen, das 1938 von Meinken als *Hasemania marginata* beschrieben wurde. Nach Géry soll *H. marginata* ein Synonym von *Hasemania nana* (Reinhardt, 1874) sein und aus dem Rio Sao Francisco stammen. Ein weiteres Synonym ist nach Géry *Hemigrammus nanus* (Reinhardt, 1874).

*Hasemania nana*

Ende der vierziger Jahre wurde ein Fischchen in die USA eingeführt, das unter dem Namen „Silver-tipped tetra“ schnell populär wurde. Bei diesem Fisch sollte es sich um *Hemigrammus nanus* (Reinhardt, 1874) handeln. Die Fischchen gelangten auch nach Europa. In der Färbung unterschieden sie sich deutlich vom Kupfersalmler. Den Männchen fehlte die für den Kupfersalmler typische Kupferfärbung, sie hatten aber stärker weiß pigmentierte Flossenspitzen als dieser. Bei Wohlbefinden zeigten sie eine hellere Rotfärbung, die zum Hinterkörper hin in Blutrot überging. Ihre Körperform war etwas schlanker als die des Kupfersalmlers. Dieses Fischchen habe ich mehrere Male nachgezogen und darüber in der DATZ (1953) berichtet. Auf dem von meinen Fischchen dort publizierten Foto ist ersichtlich, daß auch dieser Fisch keine Fettflosse hatte. Besonders auffällig war, daß sich dieser „Silver-tipped tetra“ nur in einem sehr weichen Wasser vermehren ließ, während man den Kupfersalmler auch in härterem Wasser vermehren kann. Da nun dieser „Silver-tipped tetra“ schon seit längerer Zeit wieder aus unseren Aquarien verschwunden ist, wird ungeklärt bleiben, ob es sich bei ihm um eine andere *Hasemania*-Art gehandelt hat oder lediglich um eine aus extrem mineralarmem Wasser stammende Lokalform. Handelte es sich beim „Silver-tipped tetra“ eventuell um Fische desselben Typs, welche der Beschreibung Reinhardts zugrunde lagen, und stellt der von Meinken beschriebene Fisch eine Unterart dar? Sicher ist lediglich, daß es sich um zwei äußerlich gut unterscheidbare Formen handelte. Die folgende Beschreibung gilt für den Kupfersalmler, dessen wissenschaftlicher Name mit Vorbehalt angegeben ist.

**Hasemania nana** (Reinhardt, 1874)
Kupfersalmler
Vorkommen: Stromgebiet des Rio Sao Francisco.
Länge: bis 4,5 cm.
Grundfärbung hell-olivfarben, nach den Seiten hin heller und unter dem Bauch weißsilbrig. Eine silbrige Längsbinde ist nur mitunter, besonders auf dem Hinterkörper, erkennbar. Rücken- und Afterflosse mit weißem Saum, Schwanzflossenlappen oben und unten weiß. Die etwas schlankeren Männchen werden, wenn sie sich wohlfühlen, kupferrot. Jungfische und nicht eingewöhnte Fische wirken unscheinbar und lassen kaum etwas von dem Eindruck ahnen, den ein Schwarm gut

---

**Oben:** Ein Paar des Schrägschwimmers *(Thaeria boehlkei)*, Männchen links, Weibchen rechts.
**Unten links:** *Moenkhausia colletii.*
**Unten rechts:** Schwarzer Phantomsalmler *(Megalamphodus megalopterus)*, Männchen.

eingewöhnter Kupfersalmler machen kann. Die Zucht ist einfach, doch ist die Aufzucht der sehr kleinen Jungfische etwas schwieriger. Nach heftigem Treiben laichen die Fische paarweise zwischen den Pflanzen. Die am fünften Tage bei einer Zuchttemperatur von 25–26 °C schwimmenden Jungfische müssen mit Pantoffeltierchen, Rädertierchen oder mit allerfeinsten Cyclopsnauplien angefüttert werden. 100 Jungfische aus einer Laichabgabe sind ein gutes Ergebnis der nicht sonderlich produktiven Art.

**Gattung Hemibrycon** Günther, 1864

Eine aus knapp 20 Arten bestehende Gattung schlanker Fische. Systematisch stehen sie den Gattungen *Boehlkea* und *Nematobrycon* nahe. In ihrer Verbreitung sind sie auf das nördliche Südamerika einschließlich der Insel Trinidad beschränkt. Als Einzelstücke wurden mehrere Arten eingeführt, die doch keine Verbreitung als Aquarienfische gefunden haben. Nur die folgende Art ist häufiger gehalten und auch im Aquarium vermehrt worden.

**Hemibrycon taeniurus** (Gill, 1858)

Vorkommen: Trinidad.

Länge: bis 7 cm.

Körperform gestreckt und seitlich zusammengedrückt. Grundfärbung blaugrünlich und mit silbrigem Glanz. Mittlere Strahlen der Schwanzflosse schwarz, nach vorne läuft diese Schwarzfärbung in ein kurzes Längsband aus, das ein Stück in den Schwanzstiel hineinreicht. Ein dunkelblaugrüner Schulterfleck zeigt sich nur, wenn sich die Fische wohlfühlen. Diese Art ist (wie auch andere *Hemibrycon*-Arten) am besten in einem härteren Wasser zu halten. Anspruchslos und friedlich. Schon einige Male nachgezüchtet. Der Laich wird zwischen Pflanzen abgesetzt. Die Larven schlüpfen bei 25 °C nach 24 Stunden und die Jungfische schwimmen fünf Tage später frei. Sie können sofort mit Artemia angefüttert werden.

**Gattung Hemigrammus** Gill, 1858

Die nach heutigen Kenntnissen gut 40 Arten umfassende Gattung *Hemigrammus* ist von größter Bedeutung für uns. Viele der zu ihr gehörenden Arten sind schon seit längerer Zeit bewährte Aquarienfische, die sich großer Beliebtheit erfreuen. Bei den meisten von ihnen handelt es sich um kleine, lebhafte Schwarmfische. In ihrem Verhalten untereinander und auch anderen Fischen gegenüber sind sie ausgesprochen friedlich und etliche von ihnen sind prächtig gefärbt. In der Natur bewohnen sie fließende wie auch stehende Gewässer und werden auch in kleineren Wasseransammlungen und Rinnsalen angetroffen. Manche Arten, die in stark beschatteten Regenwaldgewässern zu Hause sind, haben leuchtende Signalflecke. Die meisten von ihnen sind anspruchslose Pfleglinge, die sich bei Temperaturen zwischen 22–25 °C gut halten lassen. Neben kleineren lebenden Futtertierchen fressen sie auch Ersatzfutter und manche nehmen auch Pflanzenkost zu sich. Geschlechtsunterschiede in der Färbung oder der Beflossung kommen in der Regel nicht vor, doch lassen sich bei den meisten Arten die Geschlechter an der Körperform gut unterscheiden. Die Männchen sind schlanker und häufig auch etwas kleiner als die Weibchen.
Alle regelmäßiger gehaltenen Arten sind bereits im Aquarium vermehrt worden. Bei Zuchtversuchen ist der Ansatz einzelner Paare anzuraten. Das Zuchtaquarium muß vor dem Ansatz gründlich gesäubert werden und wird nach der Säuberung mit Frischwasser gefüllt. Auf Arten, die für ihre Vermehrung auf wei-

---

**Oben links:** Brillantsalmler *(Moenkhausia pittieri)*, Männchen.
**Oben rechts:** Falscher Neontetra *(Paracheirodon simulans)*.
**Unten:** Roter Phantomsalmler *(Megalamphodus sweglesi)*.

ches Wasser angewiesen sind, wird bei der Artbeschreibung verwiesen. Als Laichsubstrat werden feinblättrige Wasserpflanzen verwendet. Verwendung von Laichrosten kann bei besonders laichräuberischen Paaren mitunter notwendig sein. Beim Treiben, welches den Paarungen vorausgeht, stößt das Männchen das Weibchen mit dem Maul gegen den Bauch und in die Analpartie. Bei der Umschlingung befindet sich das Männchen parallel etwas hinter dem Weibchen. Die Drehung nach dem Anklammern ist oft nur angedeutet. Das Haftvermögen der Eier ist nur gering (doch teilweise von der Wasserbeschaffenheit abhängig), daher sinkt ein großer Teil der Eier zu Boden. Die Larven schlüpfen je nach Art und Temperatur nach 24–36 Stunden. In der Regel schwimmen die Jungfische am fünften oder sechsten Tage nach der Laichabgabe frei. Sie halten sich anfangs hauptsächlich dicht über dem Boden und an dunklen Stellen im Aquarium auf. Die meisten Arten können sofort mit Artemianauplien angefüttert werden.

**Hemigrammus caudovittatus** E. Ahl, 1923
Rautenflecksalmler
Vorkommen: Stromgebiet Rio de La Plata.
Länge: bis 7 cm.
Körper mäßig gestreckt und seitlich zusammengedrückt. Grundfärbung auf dem Rücken gelblich-braun, nach den Seiten hin mit starkem silbrigen Glanz. Eine kurze Binde auf der Mitte des Hinterkörpers endet auf dem Schwanzflossenansatz in einem rautenförmigen schwarzen Fleck. In seinem hinteren Teil wird dieser Fleck oben und unten von einer hellen Zone begrenzt. Rücken-, Schwanz- und Afterflosse hellrot. Die Rotfärbung der Flossen ist beim Männchen in der Regel ausgeprägter. Diese Art ist äußerst anspruchslos und unempfindlich. Sie verträgt auch einen Temperaturabfall bis etwa zu 10°C, ohne Schaden zu nehmen. *H. caudovittatus* ist sehr produktiv, und seine Zucht ist einfach. Leider ist dieser Fisch ein Pflanzenfresser, der sich an höheren Wasserpflanzen vergreift und auch härtere Pflanzen bis auf die Wurzeln abfressen kann.

**Hemigrammus erythrozonus** Durbin, 1909
Glühlichtsalmler
Vorkommen: Guayana.
Länge: bis 4,5 cm. Das Männchen ist kleiner, nur 3–3,5 cm lang und wesentlich schlanker als das Weibchen.
Grundfärbung auf dem Rücken graugrün. Ein breites orange- bis rubinfarbiges Längsband läuft vom Kiemendeckel bis zur Schwanzwurzel. Alle Flossen mit Ausnahme der Brustflossen mit bläulich-weißen Spitzen. Rücken- und Afterflosse im vorderen Teil an der Basis rot. Auf der Schwanzflossenwurzel eine rote Zone. Oberer Teil der Augeniris rot. Anfänglich war die Zucht dieser Art nur in weichem Wasser möglich. Die heutigen Aquarienstämme dieses Fisches lassen sich jedoch auch noch in mittelhartem Wasser (Gesamthärte bis 15°dH) vermehren. In ihrem Paarungsspiel weicht diese Art von den anderen *Hemigrammus*-Arten ab und zeigt ein Verhalten, das mehr dem der *Paracheirodon*-Arten gleicht. Zuchttemperatur 22–24°C.

**Hemigrammus hyanuary** Durbin, 1918
Vorkommen: Hyanuarysee an der Mündung des Rio Negro. Andere Vorkommen sind aus dem oberen Amazonasgebiet bekannt.
Länge: bis 4 cm.
Körperform der vorherigen Art ähnlich. Grundfärbung hell-olivgrün, auf dem Rücken dunkler olivfarben und zum Bauch hin hellersilberfarben. Vom oberen Teil des Kiemendeckels ausgehend, erstreckt sich entlang der Körpermitte ein blaugrünlich schimmerndes Längsband, welches auf der Schwanzwurzel in einem schwarzen Fleck endet. Oberhalb dieses Fleckens eine goldfarben leuchtende Zone. Die Geschlechter unterscheiden sich nur durch

ihre Körperform; die Männchen erscheinen etwas schlanker als die Weibchen. Für die Vermehrung dieser Art ist weicheres Wasser (Gesamthärte bis höchstens 5°dH) notwendig. Die Haltung bereitet auch in wesentlich härterem Wasser keine Schwierigkeiten.

**Hemigrammus marginatus** Ellis, 1911
Bassamsalmler
Vorkommen: Weit verbreitet, von Venezuela bis nach Paraguay und dem nördlichen Argentinien.
Länge: bis 8 cm.
Körperform gestreckt und seitlich zusammengedrückt. Grundfärbung graugrün, auf dem Rücken in Braun übergehend. Charakteristisch ist die Zeichnung der Schwanzflosse. In ihrem basalen Teil ist die Schwanzflosse leuchtend-gelb. An die gelbe Zone schließt sich eine schwarze Querbinde an, die über beide Flossenlappen geht. Die Schwarzfärbung dieser Querbinde erstreckt sich jedoch lediglich auf die Flossenhaut, die Flossenstrahlen sind hell, fast weiß. Die Schwanzflossenlappen haben weiße bis gelblich-weiße Spitzen. Ein dunklerer Schulterfleck und ein dunkleres Längsband sind nicht immer zu erkennen. Die Art ist nach ihrer Ersteinfuhr 1933 häufiger eingeführt und auch im Aquarium vermehrt worden, ohne daß sie eine wirkliche Verbreitung als Aquarienfisch gefunden hätte.

**Hemigrammus ocellifer** (Steindachner, 1882)
Laternensalmler
Von dieser Art sind zwei Unterarten bekannt, deren Status jedoch nicht sicher ist. Der bereits 1910 erstmalig eingeführte und seitdem als Aquarienfisch viel gehaltene Laternensalmler ist nicht mit der Nominatform *H. o. ocellifer* identisch, die erst 1958 erstmalig eingeführt wurde. Die schon lange bekannte Form wurde als Unterart von Meinken unter dem Namen *H. o. falsus* beschrieben. Géry äußert die Vermutung, daß es sich bei unserem altbekannten Laternensalmler überhaupt nicht um *H. ocellifer,* sondern um eine andere *Hemigrammus*-Art, nämlich *Hemigrammus mattei* (Eigenmann, 1918) handeln könne. Dagegen spricht, daß sich die beiden als Aquarienfische gehaltenen Formen fertil kreuzen lassen. Die folgende Beschreibung bezieht sich mit allem Vorbehalt für den wissenschaftlichen Namen auf unseren altbekannten Laternensalmler.
Vorkommen: Guyana, Surinam und im Stromgebiet des Amazonas.
Länge: bis 4 cm.
Das Weibchen ist in der Körperform runder und meist auch etwas größer als das Männchen. Grundfärbung auf dem Rücken graugrünlich, nach den Seiten hin heller und silberglänzend. Auf der Schwanzwurzel ein kreuzförmiger dunkler Fleck, der jedoch meist von einer stark leuchtenden goldenen Zone überlagert wird. Augeniris leuchtend orangefarbig bis rot.
*H. o. ocellifer* unterscheidet sich vom Laternensalmler durch einen zweiten Leuchtfleck, der aus einem dunklen Schulterfleck und einer überlagerten gold-leuchtenden Zone besteht. Die Zucht ist einfach und auch in härterem Wasser möglich.

**Hemigrammus pulcher** Ladiges, 1938
Karfunkelsalmler
Vorkommen: Mit zwei Unterarten im Amazonasgebiet. Die Nominatform *H. p. pulcher* stammt aus dem peruanischen Teil des oberen Amazonasgebietes. Die zweite Unterart, *H. p. haraldi* (Géry, 1961), wurde im mittleren Amazonasgebiet in der Umgebung von Manaos gefunden. Als Aquarienfisch wird in Europa, soweit bekannt, nur die Nominatform gehalten.
Länge: bis 4,5 cm.
Körperform gedrungen und hochrückig, seitlich nur mäßig zusammengedrückt. Grundfärbung gelbgrünlich bis blaugrünlich mit einem

gold- bis orangefarben leuchtenden Schulterfleck. Unterer Teil des Schwanzstieles dunkel, darüber eine goldfarben leuchtende Zone, die sich bei Wohlbefinden auch auf den hinteren Teil der Bauchseite erstreckt. Die Färbung dieses prächtigen Fisches ist weitgehend von seinem Befinden und von der Beleuchtung abhängig. Haltung in nicht zu hartem, möglichst etwas saurem Wasser und bei nicht zu kräftiger Beleuchtung. Die Geschlechter lassen sich an der Körperform unterscheiden, die Weibchen sind meist etwas runder in der Form und häufig in der Färbung etwas matter als die Männchen. Zucht nur in weichem Wasser (Gesamthärte möglichst unter 5°dH) möglich.

**Hemigrammus rhodostomus** Ahl, 1924
Rotmaulsalmler
Vorkommen: Unteres Amazonasgebiet.
Länge: bis 4 cm.
Während der letzten Jahrzehnte ist der Rotmaulsalmler immer wieder mit *Petitella georgiae* (Géry und Boutiere, 1964) verwechselt worden, und viele Publikationen über *H. rhodostomus* beziehen sich auf *P. georgiae.* Im lebenden Zustand sind sich diese beiden Arten äußerst ähnlich. Unterscheidungsmerkmale siehe bei *Petitella,* Seite 165. Grundfärbung oberseits grünlich bis braun. Bauch heller und silbern glänzend. Bei Wohlbefinden ist der vordere Kopf und die Augeniris blutrot. Auf dem Hinterkörper ein dunkles Längsband. Afterflosse fast schwarz mit vier weißen Querstreifen. Oberhalb des Längsbandes auf der Schwanzwurzel ein leuchtender Fleck. Die Männchen sind etwas schlanker als die Weibchen. Als Aquarienfisch etwas empfindlich und Zucht nur selten gelungen. Zuchterfolge sind nur aus weichem Wasser bekannt.

**Hemigrammus rodwayi** Durbin, 1909
Vorkommen: Guayana.
Länge: bis 5,5 cm.
Grundfärbung auf dem Rücken gelblich-grün, nach den Seiten hin heller und in bläulich-grün übergehend. Längs der Körpermitte ein silbern schimmerndes Längsband, das auf der Schwanzwurzel in einem dunklen Flecken endet. Über und unter diesem Flecken befindet sich jeweils eine schmale orangefarben bis rote Zone. Augeniris in ihrem oberen Teil rot. Seiner Körperform nach gehört *H. rodwayi* zu den schlankeren Arten seiner Gattung. Als Aquarienfisch trifft man ihn nicht gerade häufig an, doch werden Fische dieser Art ziemlich regelmäßig als Einzelstücke oder in kleinerer Anzahl als „Beifänge“ mitgebracht. Auch im Aquarium ist die Art schon nachgezüchtet worden.
Eine goldgelb-glänzende Form von *H. rodwayi* ist jedoch schon häufiger importiert und unter dem nicht korrekten Namen „Hemigrammus armstrongi“ in den Handel gebracht worden. Derartige goldgelb-glänzende Formen, die man ja auch bei anderen Arten (z. B. bei *Astyanax* und *Nannostomus*) kennt, entstehen in der Regel durch eine parasitäre Erkrankung, die, ohne die befallenen Fische sonst zu schädigen, eine krankhafte Farbreaktion in der Haut auslöst. Diese Farbreaktion führt zu einer intensiven Goldfärbung, die meist auch eventuell vorhandene Zeichnungsmuster überdeckt. Züchtende Aquarienfreunde haben zu ihrem Leidwesen erfahren müssen, daß diese wundervoll goldfarbenen Fische, wenn man sie im Aquarium vermehrt, keine goldfarbenen Nachkommen haben. Géry und Delage weisen darauf hin, daß **Hemigrammus armstrongi** (Schultz und Axelrod, 1955) lediglich eine derartige Goldform von *H. rodwayi* ist.

**Hemigrammus ulreyi** (Boulenger, 1895)
Synonym: *Tetragonopterus ulreyi* (Boulenger, 1895).
Vorkommen: Oberes Stromgebiet des Rio Paraguay.
Länge: bis 5 cm.

Eine nur selten eingeführte Art, die häufig mit dem Dreibandsalmler *(Hyphessobrycon heterorhabdus)* verwechselt worden ist. Bei *H. ulreyi* handelt es sich um ein zartes Fischchen mit einer fast durchscheinend wirkenden grünlichbraunen Grundfärbung. Längs der Körpermitte ein rötliches Längsband. Augeniris in ihrem oberen Teil rot. In ihrer Körperform gehört auch diese Art zu den schlanken Formen der Gattung, wie z. B. *H. erythrozonus* oder *H. hyanuary*. Vermehrung im Aquarium bereits gelungen.

**Hemigrammus unilineatus** (Gill, 1858)
Schwanzstrichsalmler
Synonym: *Tetragonopterus unilineatus* (Gill, 1858).
Vorkommen: Über das ganze nordöstliche Südamerika von Venezuela und Trinidad bis zum Stromgebiet des Rio Paraguay verbreitet.
Länge: bis 5 cm.
Körperform hochrückig und seitlich etwas abgeplattet. Männchen wesentlich kleiner und schlanker als Weibchen. Bei durchfallendem Licht erscheint der Fisch durchsichtig, und man kann in der Durchsicht die Wirbelsäule erkennen. Bei auffallendem Licht jedoch wirkt er silberglänzend. Längs der Körpermitte ein golden glänzendes schmales Längsband. Am vorderen Rand der Afterflosse eine weiße Kante, die hinten von einem tiefschwarzen Strich begrenzt wird. Leicht zu halten und leicht zu vermehren. Diese 1910 erstmalig eingeführte Art ist jedoch heute nur noch selten als Aquarienfisch anzutreffen.
Weitere Hemigrammusarten, die vereinzelt eingeführt wurden, sind:

**Hemigrammus elegans** (Steindachner, 1882) aus dem mittleren Amazonasgebiet und

**Hemigrammus levis** (Durbin, 1908) aus demselben Vorkommensgebiet.

**Gattung Hyphessobrycon** Durbin, 1908
Mit über 60 Arten eine der artenreichsten Gattungen der Salmlerverwandten. Über den größten Teil Südamerikas und das südliche Mittelamerika verbreitet. Vorkommen von *Hyphessobrycon*-Arten findet man vom südlichen Mexiko bis nach Uruguay und dem nördlichen Argentinien. Einzelne Arten kommen auch westlich der Anden vor. Systematisch ist die Gattung äußerst schwierig und nicht nur von Aquarienfreunden sondern selbst von Fachzoologen sind ähnliche Arten verwechselt worden. Bei Arten mit großen Verbreitungsgebieten kommen mitunter mehrere voneinander abweichende Lokalformen vor. Andere über weite Räume verbreitete Arten können in Form und Zeichnung eine große Variationsbreite haben. Nach Géry (1977) sind viele altbekannte Namen wahrscheinlich nicht korrekt. Berichtigungen könnten jedoch nur in Verbindung mit einer vollständigen Revision der gesamten Tetragonopterinae erfolgen und auf eine solche Revision dürfte noch einige Zeit zu warten sein. Von den *Hemigrammus*-Arten unterscheiden sich die Angehörigen der Gattung *Hyphessobrycon* dadurch, daß bei ihnen der basale Teil der Schwanzflosse nicht beschuppt ist.
Bisher sind etwa 25 Arten der Gattung lebend importiert worden, von denen jedoch nur ca. 15 Arten längere Zeit als Aquarienfische gehalten wurden. Die häufiger gehaltenen Arten werden regelmäßig im Aquarium vermehrt.
Bei den Arten dieser Gattung handelt es sich um kleinere Fische von meist nur wenigen Zentimetern Länge, die zum überwiegenden Teil aus ausgesprochenen Flachwasserbereichen stammen. In der Natur dürfte ihre Nahrung neben Insektenlarven zu einem Teil aus dem Anflug bestehen. Im Aquarium füttert man sie mit lebenden Futtertierchen entsprechender Größe; alle Arten nehmen ohne Schwierigkeit auch verschiedenartiges Ersatz-

futter an. Entsprechend ihrer Herkunft stellen manche Arten bei der Vermehrung gewisse Ansprüche an die Wasserbeschaffenheit, auf die bei der entsprechenden Artbeschreibung verwiesen wird. Ihr Fortpflanzungsverhalten stimmt in etwa mit dem der *Hemigrammus*-Arten überein. Die Anklammerung bei der Paarung ist jedoch meist ausgeprägter und die Drehung erfolgt mit schräggestellter Körperachse.

**Hyphessobrycon bentosi** Durbin, 1908
Synonym: *Hyphessobrycon ornatus* (Ahl, 1934).
Zwei Unterarten. Nach Géry kommt die Nominatform im Amazonasbecken vor, während die Unterart *H. b. rosaceus* in Guyana, Surinam und Guiana sowie im Einzugsbereich des Rio Guaporé angetroffen wird. Die Unterscheidung der Unterarten ist nicht schwer, vorausgesetzt, daß man sie in ausgewachsenen Exemplaren zu sehen bekommt. Im Handel sind jedoch während der letzten Jahre verschiedene merkwürdige Zwischenformen aufgetaucht, die möglicherweise Kreuzungsprodukte zwischen beiden Unterarten sind. Die Nominatform ist identisch mit dem „klassischen Rosentetra", der erstmalig 1933 nach Europa eingeführt wurde und seitdem fortlaufend im Aquarium vermehrt worden ist. Die 1933 importierten Fische wurden anfänglich als *H. rosaceus* (Durbin 1909) angesprochen. Vergleiche mit Spiritusmaterial ergaben jedoch einige Unterschiede, und Ahl beschrieb die eingeführten Fische 1934 unter dem Namen *Hyphessobrycon ornatus*. In neuerer Zeit stellte sich heraus, daß dieser „H. ornatus" die Nominatform der von Durbin, 1908, als *Hyphessobrycon bentosi* beschriebenen Art ist, und daß der ebenfalls von Durbin, 1909, beschriebene *Hyphessobrycon rosaceus* eine Unterart von *H. bentosi* darstellt. Der richtige Name dieser Unterart ist *H. b. rosaceus*.
Länge: 4 cm.
Die ausgewachsenen Männchen unterscheiden sich von den Weibchen durch eine größere Afterflosse und eine ausgezogene Rückenflosse. Grundfärbung der Nominatform olivgelb mit mehr oder weniger ausgeprägter rötlicher Tönung. Die Intensität der Rotfärbung ist vom Wohlbefinden abhängig. In der Rückenflosse ein tiefschwarzer Fleck, der oben von einer reinweißen Zone begrenzt wird. Besonders bei Jungfischen ist dieser Fleck scharf abgegrenzt. Der Schulterfleck fehlt und ist auch andeutungsweise nicht vorhanden. In der Schwanzflosse befindet sich im vorderen Teil des oberen und unteren Lappens eine halbmondförmige rote Zone. Bauchflossen rot und mit weißen Spitzen. Unterer Teil der Afterflossen dunkel-bräunlich, äußerste Spitze weiß. Die Unterart **H. b. rosaceus** ist etwas schlanker und bei ihr läßt sich zumindest angedeutet ein Schulterfleck erkennen. Besonders bei den Männchen ist die ganze Afterflosse rot.
Zucht in Wasser bis zu einer Gesamthärte von 10°dH ist nicht schwierig. Laichabgabe erfolgt zwischen den Pflanzen, ziemlich produktiv. Larven schlüpfen bei 25°C nach 24–30 Stunden. Jungfische schwimmen am sechsten Tag nach der Laichabgabe frei und können sofort mit Artemianauplien angefüttert werden.
Außer den beiden erwähnten Unterarten kommt seit einiger Zeit im Handel ein weiterer Fisch vor, der in seiner Erscheinung *H. bentosi* gleicht und unter der Phantasiebezeichnung **„Hyphessobrycon robertsi"** gehandelt wird. Bisher konnte nicht einwandfrei ermittelt werden, ob es sich bei diesem Fisch um ein Aquarienzuchtprodukt (Kreuzung??) oder um eine Wildform handelt. Angeblich soll eine Kreuzung dieser Fische mit der Nominatform von *H. bentosi* gelungen sein. Géry vermutet, daß es sich bei diesem Fisch um eine wissenschaftlich noch nicht beschriebene Art handelt. Nach Scheel stimmt die Chromosomenanzahl und Struktur mit der von *H. bentosi* überein,

was jedoch nicht mehr besagt, als daß dieser Fisch mit Sicherheit keine *Megalomphodus*-Art ist (wie dies auch schon vermutet wurde).

**Hyphessobrycon bifasciatus** Ellis, 1911
Gelber Salmler
Vorkommen: Südöstliches Brasilien.
Länge: bis 5 cm.
Körperform nur mäßig gestreckt, hochrückig und seitlich zusammengedrückt. Grundfärbung hell-gelboliv mit zwei meist deutlich sichtbaren dunklen Schulterstreifen. Ein dunkles Längsband läuft vom Kiemendeckel bis zur Schwanzwurzel. Bei durchscheinendem Licht erscheint die hintere Körperhälfte fast durchsichtig und das Längsband zeigt eine an eine Fischgräte erinnernde Struktur. Alle Flossen, mit Ausnahme der Brustflossen, sind gelblich getönt. Die Art wurde bereits 1923 erstmalig eingeführt und war in früheren Jahren ein häufig gehaltener Aquarienfisch. Heute wird sie nur noch selten angetroffen. Zucht einfach und in jedem Wasser möglich.

**Hyphessobrycon callistus** (Boulenger, 1900)
Blutsalmler
Vorkommen: Einzugsgebiet des Rio Paraguay und südlicher Teil des Amazonasgebietes.
Länge: bis 4 cm.
Körperform mäßig gestreckt, seitlich abgeplattet und ziemlich hochrückig. Die Unterscheidung der Geschlechter ist meist einfach, die Weibchen haben eine etwas rundere Körperform und die Rücken- und Afterflosse ausgewachsener Männchen ist etwas größer. Rükkenflosse mit großem schwarzen Fleck und oben meist weiß gesäumt. Schwanzflosse rot. Afterflosse im basalen Teil rot, im unteren Teil eine braungraue Zone, die unten von einem weißen Saum begrenzt wird.
Zusammen mit einigen anderen Arten (Formen?) gehört *H. callistus* zum sogenannten callistus-serpae-Komplex. Dieser Komplex ist eine Gruppe nahe miteinander verwandter Arten und Formen aus dem gesamten Amazonasbecken. Die gegenseitige Abgrenzung der zu diesem Komplex gehörenden Arten und Formen ist äußerst schwierig und im einzelnen Fall oft unmöglich. Der Aquarienfreund muß sich bei dieser Frage vergegenwärtigen, daß das gewaltige Gebiet des Amazonasbeckens mit seinen tausenden und abertausenden von Wasserläufen, Bächen und Rinnsalen alle Voraussetzungen für eine Aufspaltung in eine große Anzahl von Formen derselben Art bietet. Kommt nun eine derartige Form lebend nach Europa, so ist es oft nicht möglich, ihre exakte Artzugehörigkeit sicher zu bestimmen. Zwar hat es nicht an Versuchen gefehlt, Ordnung in die Arten- und Formenvielfalt dieser Gruppe zu bringen, ein wirklich brauchbares Modell der Einteilung liegt bisher jedoch nicht vor und ist bei der Problematik dieser Frage auch kaum zu erwarten.
Neben dem hier genannten *H. callistus* wurde in Europa zeitweise eine diesem nahestehende Form gehalten und vermehrt, die als „Roter Serpae“ bzw. als „Roter Serpaetetra“ bekannt ist. In seiner Grundfärbung ist dieser Fisch etwas dunkler rot und von nicht ganz so runder Körperform als der heute gehaltene *H. callistus*.
*H. callistus* ist eine verhältnismäßig schnellebige Art, die im Aquarium kaum älter als zwei Jahre wird. Für Zuchtversuche ist weicheres Wasser von einer Gesamthärte bis höchstens 8°dH anzuraten.

**Hyphessobrycon copelandi** Durbin, 1908
Eine nur selten eingeführte Art, die jedoch schon im Aquarium nachgezüchtet wurde.
Vorkommen: Mittleres und oberes Amazonasgebiet.
Länge: bis 4,5 cm.
In ihrer Körperform wirkt diese Art wie ein zu schlank geratener Rosensalmler. Rücken- und Afterflosse beim Männchen größer als beim Weibchen. Grundfärbung blaß gelb-rötlich

mit einem etwas stärker rötlich markierten Längsband entlang der Körpermitte. Auf der Schulter ein dunkler Fleck. Im oberen Teil der Rückenflosse ein schwarzer Fleck, der vorne von einem weißen Saum begrenzt wird. Bauchflossen besonders beim Männchen auffällig lang und mit weißen Spitzen.

**Hyphessobrycon eos** Durbin, 1909
Sonnensalmler
Vorkommen: Westliches Guayana.
Länge: bis 4 cm.
Mit seiner schlanken Körperform gehört der Sonnensalmler zu den gestreckteren Typen der Gattung. Grundfärbung hell-olivgrün, auf dem Rücken bräunlicher. Im auffallenden Licht mit stark irisierendem bläulichen Glanz. Die Schuppen auf der oberen Körperhälfte haben dunkle Ränder, die ein feines Netzmuster bilden. Ein dunkler Schulterfleck ist nicht immer sichtbar. Auf der Schwanzwurzel ein schwarzer Fleck, der oben und unten von einer hell leuchtenden Zone begrenzt wird. Afterflosse im basalen Teil dunkelbraun und vorne mit hellem Saum. Übrige Flossen farblos. Ein etwas empfindliches Fischchen, das nur mit anderen kleinen Arten zusammengehalten werden sollte. Kommt am besten in einem kleinen Schwarm zur Geltung. Vermehrung im Aquarium schon einige Male gelungen. Die sehr kleinen Jungfische sind mit Rädertierchen oder Pantoffeltierchen anzufüttern. Die bisherigen Nachzuchten wurden in sehr weichem Wasser (unter 4°dH Totalhärte) erzielt.

**Hyphessobrycon erythrostigma** (Fowler, 1943)
Kirschflecksalmler
Synonym: *Hyphessobrycon rubrostigma* (Hoedeman, 1956).
Vorkommen: Oberes Amazonasgebiet.
Länge: bis 9 cm.
Meist wird in der Aquarienliteratur für diese Art eine Maximallänge von 6 cm angegeben, was wahrscheinlich darauf zurückzuführen ist, daß diese Art häufig mit dem ihr äußerst ähnlichen *Hyphessobrycon socolofi* verwechselt wird. Besonders als Jungfische sind beide

*Hyphessobrycon erythrostigma*

Arten kaum zu unterscheiden. In der Körperform dem Rosensalmler sehr ähnlich. Auf der Körpermitte in gerader Linie unter dem vorderen Rückenflossenansatz ein runder kirschroter Fleck. Grundfärbung gelbrötlich und besonders auf der oberen Körperhälfte mit weinroter Tönung. Beim ausgewachsenen Männchen ist die Rückenflosse lang ausgezogen, im basalen Teil durchscheinend und im oberen Teil schwarz und vorne mit weißem Saum. Oft läßt sich auch in der Rückenflosse zwischen dem durchscheinenden und dem schwarzen Teil eine weinrote Zone erkennen. Beim Weibchen ist die Rückenflosse oben abgerundet. In der Mitte der Rückenflosse ein schwarzer Fleck, der nach oben von einer weißen Zone begrenzt wird. Die Afterflosse ist in ihrem basalen Teil schwefelgelb, nach außen hin dunkel braungrau und beim Männchen spitz ausgezogen. Nur für größere Aquarien geeignet. Die Vermehrung dieser Art im Aquarium ist bisher nur vereinzelt gelungen. Leider ist man auch in bezug auf Nachzuchten und die damit im Zusammenhang stehenden Angaben nie sicher, ob nicht Verwechslungen mit *H. socolofi* vorliegen.

**Hyphessobrycon flammeus** Myers, 1924
Roter von Rio
Vorkommen: Umgebung von Rio de Janeiro.
Länge: bis 3,5 cm.
Bereits 1920 erstmalig eingeführt, hat diese Art durch die Jahre hindurch ihre Beliebtheit als Aquarienfisch bewahren können, was für ihre guten Eigenschaften spricht. Körperform ziemlich hochrückig, nur mäßig gestreckt und seitlich stark zusammengedrückt. Grundfärbung oberseits grünlich-grau, nach den Seiten hin heller und in gelblich übergehend. Hintere Körperhälfte karminrot. Hinter dem Kiemendeckel ein dunkler Querstrich und auf der Schulterpartie zwei längliche dunkle Flecken. Ein Strich durch das Auge läßt sich nicht immer erkennen. Bauchflossen, Afterflosse und Schwanzflosse beim Männchen rot, beim Weibchen leicht rötlich. Die Weibchen unterscheiden sich von den Männchen außerdem durch eine rundlichere Körperform. Die Rükkenflosse hat vorne einen hellen und die Afterflosse unten einen dunklen Saum. Wenn sich die Fische wohlfühlen, so erscheint der ganze Körper rötlich angehaucht und die Augeniris leuchtet grünlich. Ein äußerst anspruchsloses Fischchen, welches in jedem Wasser vermehrt werden kann.

**Hyphessobrycon georgettae** Géry, 1961
Vorkommen: Einzugsgebiet des Rio Sipaliwini in Surinam.
Länge: bis 3 cm.
Eine kleine zarte Art, die dem aus derselben geographischen Region stammenden *Hyphessobrycon minor* nahesteht und mit zum callistus-Komplex gehört. In der Körperform *H. callistus* ähnlich, doch etwas schlanker. Grundfärbung zart gelblich-rot und fast durchscheinend. Bei Wohlbefinden werden besonders die Männchen intensiver rot. Die Rotfärbung erscheint dann besonders auf dem Hinterkörper blutrot, und Rücken-, Fett- und Schwanzflosse nehmen dieselbe Färbung an. Die Weibchen unterscheiden sich von den Männchen durch eine rundere Körperform und meist sind sie auch in der Färbung matter. Schon einige Male im Aquarium vermehrt. Die Männchen sollen sehr stark treiben. V. d. Nieuwenhuizen rät, stark treibende Männchen mit zwei Weibchen zur Zucht anzusetzen und in das Zuchtaquarium viel Pflanzen (z. B. Javamoos) einzubringen, so daß sich das Weibchen zeitweilig verstecken kann. Zuchttemperatur 25–28 °C.

**Hyphessobrycon griemi** Hoedeman, 1957
Vorkommen: Einzugsgebiet des oberen Tocantins in der Provinz Goias (Zentralbrasilien).
Länge: bis 3,5 cm.
In seiner Erscheinung *H. flammeus* recht ähnlich. Zwei langgestreckte Schulterflecke, von denen jedoch der erste häufig etwas verschwommen wirkt und mitunter überhaupt nicht sichtbar ist. Grundfärbung auf dem Rükken olivbraun und nach den Seiten hin heller, etwas ins rötliche übergehend und bei auffallendem Licht mit silbrigem Glanz. Beim Männchen ist die After- und Schwanzflosse hell rot, und die ausgezogene Spitze der Afterflosse ist weiß. Ein anspruchslose und leicht zu züchtende Art.

**Hyphessobrycon herbertaxelrodi** Géry, 1961
Schwarzer Neontetra
Vorkommen: Einzugsgebiet des Rio Taquari (ein Nebenfluß des Rio Paraguay) in der brasilianischen Provinz Matto Grosso. Gehört zusammen mit den vier nächstfolgenden zu den schlankeren Arten der Gattung.
Länge: bis 4 cm.
Grundfärbung oberseits olivbraun. Längs der Körpermitte ein gelbgrünlich irisierendes Längsband. Darunter ein schwarzer Streifen, der nach unten in eine dunkle graubraune Zone übergeht. Unter dem Bauch fast weiß. Augeniris im oberen Teil rot. Auf dem Rücken

haben die Schuppen dunkle Ränder, die ein feines Netzmuster bilden. Die Geschlechter lassen sich nur an der Körperform unterscheiden. Bei der Haltung verträgt diese Art auch härteres Wasser, zur Zucht ist weiches Wasser mit einer Gesamthärte von maximal 6°dH erforderlich. Jungfische müssen mit Rädertierchen oder Pantoffeltierchen angefüttert werden.

**Hyphessobrycon heterorhabdus** (Ulrey, 1895)
Dreibandsalmler
Synonym: *Tetragonopterus heterorhabdus* (Ulrey, 1895). In früheren Jahren in der Aquarienliteratur fälschlich auch als *Hyphessobrycon (Tetragonopterus) ulreyi* bezeichnet.
Vorkommen: Einzugsgebiet der südlichen Zuflüsse des mittleren Amazonas.
Länge: bis 4,5 cm.
Körperform schlank und seitlich nur wenig abgeplattet. Grundfärbung auf dem Rücken rötlich-braun, nach den Seiten hin heller und zum Bauche hin silberfarbig. Vom Kiemen-

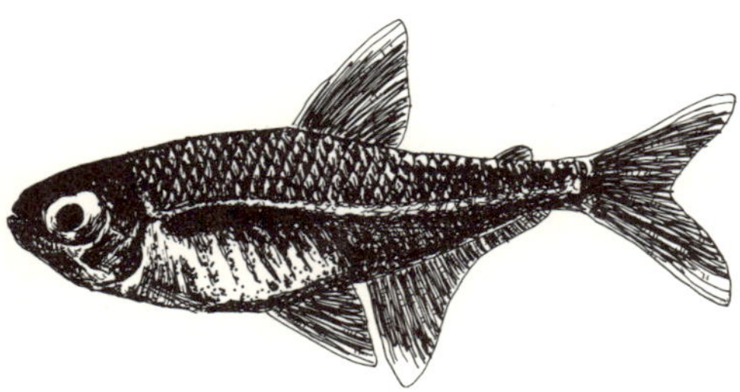

*Hyphessobrycon heterorhabdus*

deckel bis zur Schwanzwurzel läuft ein leuchtend rotes Band, das unten von einem weißen Streifen begrenzt wird. Unter dem weißen Streifen folgt ein schwarzes Band. Nach vorne findet das rote Band eine Fortsetzung in der oberen Hälfte der Augeniris, die gleichfalls leuchtend rot ist. Dreibandsalmler, die sich wohlfühlen und bei nicht zu heller Beleuchtung gehalten werden, können sehr intensiv gefärbt sein und gehören mit zu den schönsten Arten der Gattung. Erstmalig wurde die Art bereits 1906 eingeführt, doch gelang es lange nicht, diesen begehrten Fisch im Aquarium zu vermehren. Seine Zucht ist nur in sehr weichem Wasser möglich.

**Hyphessobrycon loretoensis** Ladiges, 1938
Loretosalmler
Vorkommen: Loretogebiet im peruanischen Teil des Amazonasbeckens.
Länge: bis 4 cm.
Körperform schlank, Verhältnis von Körperhöhe zur Körperlänge etwa 1:3,5. Grundfärbung oberseits grünoliv mit einem durch dunkle Schuppenränder gebildeten Netzmuster. Eine breite dunkle Binde entlang der Körpermitte wird nach oben von einem mehr oder weniger deutlich markierten goldglänzenden Streifen abgeschlossen. Schwanzflossenlappen rötlich und bei Wohlbefinden intensiv rot. Die Art wurde in den fünfziger Jahren einige Male importiert und konnte, wenn auch mit bescheidenem Resultat, im Aquarium vermehrt werden. Ihre Zucht war nur in sehr weichem Wasser möglich. Neuerdings sind wieder Importfische von *H. loretoensis* im Handel angeboten worden.

**Hyphessobrycon metae** Eigenmann und Henn, 1914
Vorkommen: Einzugsbereich des Rio Meta in Kolumbien.
Länge: bis 4 cm.
Der vorherigen Art äußerst ähnlich und öfter mit ihr verwechselt. *H. metae* hat jedoch eine dunklere und mehr zu Blau tendierende Grundfärbung. Im Gegensatz zu *H. loretoensis* sind bei ihr Rücken- und Afterflosse bläulich pigmentiert und an der Schwanzflossenbasis befindet sich oben und unten ein rötlicher Fleck. Schon einige Male importiert, aber wahrscheinlich noch nicht im Aquarium vermehrt.

**Hyphessobrycon peruvianus** Ladiges, 1938
Vorkommen: Peruanischer Teil des Amazonas (Iquitos).
Länge: bis 4 cm.
Gehört zusammen mit den beiden vorherigen Arten zu einer Gruppe nahe miteinander verwandter Arten. In der Körperform dieser ähnlich, doch etwas schlanker. Verhältnis von Körperhöhe zu Körperlänge fast 1:4. Grundfärbung auf dem Rücken gelblich-braun, nach den Seiten hin geht die Färbung in eine mehr grünlich-blaue Tönung über, unter dem Bauche fast weiß. Eine dunkelrote Linie verläuft vom Auge bis zur Schwanzwurzel. Wenn sich die Fische wohlfühlen, nimmt die Intensität der Blaufärbung zu. Der untere Teil der Körperseiten erscheint dann schwarzblau und alle Flossen, mit Ausnahme der Brustflossen, erscheinen rötlich. Bisher nur vereinzelt eingeführt und wahrscheinlich noch nicht nachgezüchtet.

**Hyphessobrycon pulchripinnis** E. Ahl, 1937
Zitronensalmler
Vorkommen: Zentralbrasilien.
Länge: bis 4,5 cm.
Gehört seiner Körperform nach zu den hochrückigeren Arten der Gattung. Grundfärbung gelblich, bei entsprechender Beleuchtung fast durchscheinend. Auf dem Rücken dunkler gelblich-braun. Augeniris leuchtend rot. Afterflosse im vorderen Teil intensiv gelb und unten mit schwarzem Saum. Trotz seiner eher dezenten Färbung kann diese Art, unter guten Bedingungen und im Schwarm gehalten, einen sehr dekorativen Eindruck machen. Zucht nicht ganz einfach und nur in weicherem Wasser (Gesamthärte bis 8°dH) möglich.

**Hyphessobrycon scholzei** E. Ahl, 1937
Schwarzbandsalmler
Vorkommen: Umgebung von Para (Brasilien).
Länge: bis 5 cm.
Steht in seiner Körperform zwischen den schlanken und den mehr hochrückigen Arten der Gattung. Seitlich nur wenig abgeplattet, Bauchlinie gleichmäßig gerundet. Grundfärbung auf dem Rücken grünlich-grau, nach den Seiten hin heller und mit gelb-silbrigem Glanz. Ein breites, oben von einem goldenen Strich begrenztes Längsband zieht sich vom Kiemendeckelrand bis zur Schwanzwurzel. Dieses Band endet mit in einem schwarzen Fleck, der bis in die Schwanzwurzel hineinreicht. Vordere Kante der Afterflosse weiß. Die Unterscheidung der Geschlechter ist nur anhand der Körperform möglich. Hart und anspruchslos wie kaum eine andere Art der Gattung. Zucht einfach und in jedem Wasser möglich.

**Hyphessobrycon serpae** Durbin, 1908
Serpasalmler
Vorkommen: Amazonasgebiet.
Länge: bis 4 cm.
Von gleicher Körperform wie *H. callistus*. Grundfärbung oberseits braunoliv, nach den Seiten hin gelblich-rot. Bei Wohlbefinden wird der ganze hintere Körper intensiv rot. Auf der Schulter ein deutlicher langgestreckter Fleck. Die Rückenflosse ist an ihrer Basis durchscheinend und über ihr befindet sich eine schwarze Zone, die nach oben von einer weißen Spitze abgeschlossen wird. Die Weibchen haben eine etwas rundere Körperform und sind in der Regel etwas blasser in der Färbung. Diese früher ziemlich häufig gehaltene Art ist heute nur noch selten als Aquarienfisch anzutreffen. Nahe mit *H. callistus* verwandt und zum callistus-serpae-Komplex zu rechnen. Zucht in weicherem Wasser nicht schwer.

**Hyphessobrycon socolofi** Weitzman, 1977
Vorkommen: Einzugsgebiet des Rio Negro.
Länge: bis 6 cm.
Als Jungfisch nur schwer von *H. erythrostigma* zu unterscheiden. In kleineren Mengen mitunter zusammen mit Kardinalsalmlern (Roten

Neon) importiert und meist als *H. erythrostigma* verkauft. Auch umgekehrte Verwechslungen kommen sicherlich vor. *H. socolofi* ist mit maximal 6 cm Länge ausgewachsen, während *H. erythrostigma* bis gut 9 cm lang werden kann. Bei ausgewachsenen Männchen erreicht bei *H. socolofi* die Rückenflosse nie dieselbe Länge wie bei *H. erythrostigma,* und auch die Afterflosse ist nicht, oder nur unbedeutend ausgezogen. Der senkrecht unter der Rückenflosse auf der Körpermitte befindliche rote Flecken ist bei *H. socolofi* meist nur verschwommen angedeutet und nicht so deutlich abgegrenzt wie der „Kirschfleck" bei *H. erythrostigma.* Über Aquariennachzuchten von *H. socolofi* ist mit Sicherheit nichts bekannt.
Hyphessobrycon heterorhabdus
Außer den erwähnten *Hyphessobrycon*-Arten werden ab und zu noch weitere Arten importiert, die jedoch bisher als Aquarienfische kaum Verbreitung gefunden haben. So z. B. von den Arten des callistus-serpae-Komplexes:

**Hyphessobrycon minor** (Durbin, 1909) aus Guayana und Surinam.

**Hyphessobrycon haraldschultzi** (Travassos, 1960) aus Zentralbrasilien
und von den schlankeren Arten:

**Hyphessobrycon stegemanni** (Géry, 1961) aus dem Einzugsgebiet des unteren Tocanti und

**Hyphessobrycon vilmae** (Géry, 1966) aus dem Quellgebiet des Rio Tapajos.

**Gattung Iguanodectes** Cope, 1872
Eine Gattung mit einer etwas unklaren systematischen Stellung, die zeitweise als Unterfamilie (Iguanodectinae) geführt wurde. Géry stellt sie zusammen mit der Gattung *Piabucus* als Tribus Iguanodectini zur Unterfamilie Tetragonopterinae. Bei den Angehörigen der Gattung handelt es sich um sehr langgestreckte schlanke Fische, die in schnell strömendem Gewässer zu Hause sind. Insgesamt sind bisher fünf Arten bekannt, von denen die folgende Art einige Male eingeführt worden ist.

**Iguanodectes spilurus** (Günther, 1864)
Eidechsensalmler
Vorkommen: Unteres und mittleres Amazonasgebiet und Guyana.
Länge: bis 9 cm.
Körperform schlank und spindelförmig, seitlich nur unbedeutend abgeplattet. Verhältnis von Körperhöhe zur Körperlänge etwa 1:6. Rückenflosse klein, spitz und auf der Rückenmitte angesetzt. Afterflosse auffällig lang, beginnend an einem Punkt etwa auf der Höhe des vorderen Rückenflossenansatzes erstreckt sie sich bis zur Schwanzwurzel. Die sehr großen Brustflossen reichen angelegt fast bis zum Bauchflossenansatz. Grundfärbung fast durchscheinend, braun bis gelbgrünlich. Längs der Körpermitte ein schmales goldglänzendes Längsband, das auf der Schwanzwurzel in einem golden leuchtenden Flecken endet. Der Eidechsensalmler ist ein Fischchen, dessen Bewegungen tatsächlich an eine Eidechse erinnern. Die Art stellt hohe Forderungen an die Wasserhygiene und sollte nicht allzu warm gehalten werden; 22–24 °C sind als Haltungstemperatur angebracht. Neben lebenden Futtertierchen wird auch Trockenfutter angenommen und auch pflanzliche Kost wird verzehrt. Bereits im Aquarium vermehrt. Nach den vorliegenden Angaben werden nur wenige, aber verhältnismäßig große Eier gelegt (Durchmesser etwa 2 mm). Die Jungfische sollen erst nach zehn Tagen schlüpfen. Die Laichabgabe erfolgte in einem sehr weichen Wasser mit einer Gesamthärte von nur 2 °dH.

**Gattung Inpaichthys** Géry und Junk, 1977
Eine Gattung, die der Gattung *Nematobrycon* nahe stehen dürfte und von der bisher lediglich die folgende Art bekannt ist.

**Inpaichthys kerri** Géry und Junk, 1977
Kerris Salmler
Erstmalig 1977 durch H. Bleher eingeführt, hat diese Art bereits gewisse Verbreitung als Aquarienfisch gefunden.
Vorkommen: Das Verbreitungsgebiet dieser Art scheint sich auf das Einzugsgebiet des Rio Aripuana, eines Nebenflusses des Madeira, im südlichen Amazonasbecken zu beschränken.
Länge: Männchen bis 4,5 cm, Weibchen kleiner.
Grundfärbung oberseits gelbbräunlich, längs der Körpermitte von der Schnauzenspitze bis zur Schwanzwurzel ein breites dunkles Längsband, unterseits heller weißlich-gelb. Ausgewachsene Männchen mit wundervollem bläulichem Glanz. Rücken-, Schwanz- und Afterflosse beim Männchen bläulich getönt, beim Weibchen farblos.
Nach bisher vorliegenden Erfahrungen leicht zu halten und zu vermehren. Kommt am besten in einem kleinen Schwarm zur Geltung. Vermehrung in Wasser mit einer Gesamthärte bis 8°dH möglich. Die Zucht erfolgt am einfachsten im Daueransatz. Da die Männchen während der Laichperiode ein gewisses Revier verteidigen, sollte die Anzahl der Männchen nicht zu groß sein. Bei Daueransatz in einem Aquarium von etwa 80 l Inhalt sind zwei Männchen die etwa richtige Anzahl. Zuchttemperatur 23–25°C. Jungfische können sofort mit Artemianauplien angefüttert werden.

**Gattung Markiana** Eigenmann, 1903
Die Angehörigen dieser Gattung sind Fische von hohem Körperbau und haben als besonderes Kennzeichen eine eigentümlich geformte unsymmetrische Schwanzflosse. Systematisch steht ihr die Gattung *Moenkhausia* nahe. In älteren systematischen Aufstellungen wurden häufig etliche Arten zu dieser Gattung gezählt, die heute anderen Gattungen zugeordnet sind. Nach heutigen Kenntnissen hat die Gattung nur zwei Arten, von denen die folgende auch im Aquarium gehalten und vermehrt worden ist.

**Markiana nigripinnis** (Perugia, 1891)
Vorkommen: Einzugsbereich des Rio de La Plata und Rio Paraguay.
Länge: bis 10 cm.
Körperform hoch und seitlich stark zusammengedrückt. Körperhöhe im Verhältnis zur Körperlänge etwa 1:2. Schwanzflosse nur unbedeutend eingeschnitten, oberer Lappen spitz, unterer abgerundet. Rückenflosse kurz und spitz, an der Rückenmitte angesetzt. Afterflosse sehr lang und von der Bauchmitte bis zur Schwanzwurzel reichend. Grundfärbung grüngrau und nach den Körperseiten hin in gelblich übergehend. Jungfische sehr hübsch gefärbt und mit zahlreichen roten Tüpfelchen auf den Seiten. Auf der Schwanzwurzel ein deutlich markierter schwarzer Fleck. Gelbrötlich getönte Flossen. Ältere Fische mehr blaugrau und mit undeutlichem Schwanzwurzelfleck. Die Färbung ist jedoch stark vom Wohlbefinden abhängig und, unter guten Bedingungen gehalten, zeigen auch ältere Fische weinrot getönte Flossen, wobei die Rotfärbung bei den Männchen stärker hervortritt. Die Vermehrung ist in größeren Aquarien nicht schwer, und in früheren Jahren ist diese Art einige Male von Großzüchtereien auch in Europa in Freilandaquarien vermehrt worden. Aus dem La Plata-Gebiet stammende Fische sind gegen vorübergehende Temperaturabfälle bis herab zu etwa 14°C unempfindlich. Das Paarungsverhalten soll mit dem von *Hemigrammus-* und *Moenkhausia-*Arten übereinstimmen. Im Aquarium sind sie friedlich, auch gegenüber kleineren Fischen, fressen aber häufig zartere Wasserpflanzen ab. Neben lebendem Futter fressen sie Ersatzfutter jeder Art und benötigen auch Pflanzenkost.

**Gattung Moenkhausia** Eigenmann, 1903
Eine systematisch unübersichtliche Gattung, der z. Z. etwa 40 Arten zugerechnet werden. In ihrer Körperform sind sie recht unterschiedlich und neben ausgesprochen hochrückigen Arten findet man auch solche mit schlankem, spindelförmigem Körperbau. Auch in bezug auf zwei für die systematische Klassifizierung wichtige Merkmale, wie die Streckung der Seitenlinie und die Bezahnung, ist die Gattung nicht einheitlich. In manchen Fällen ist die Abgrenzung gegenüber anderen Gattungen (*Hemigrammus, Gymnocorymbus, Cheirodon* u. a.) unsicher. Der basale Teil der Schwanzflosse ist beschuppt, die Fettflosse immer vorhanden. In der Natur findet man *Moenkhausia*-Arten über große Teile Südamerikas, von Kolumbien, Venezuela und Guyana über das untere und mittlere Amazonasgebiet bis nach Paraguay und dem südlichen Brasilien. Als Aquarienfische werden regelmäßig nur drei Arten gehalten.

**Moenkhausia oligolepis** (Günther, 1864)
Vorkommen: Guayana, Surinam, Guiana und nördlicher Teil des Amazonasbeckens.
Länge: bis 12 cm. Im Aquarium wird die Maximalgröße nur selten erreicht, und in der Regel sind Fische von 6 cm Länge fortpflanzungstauglich.
Körperform mäßig gestreckt und seitlich stark abgeplattet. Verhältnis von Körperhöhe zur Körperlänge etwa 1:2,5. Grundfärbung oberseits grünoliv, nach den Seiten hin in blaugrün übergehend und mit starkem Silberglanz. Schuppen groß und mit dunklen Rändern, die auf dem Rücken und den Seiten ein Netzmuster bilden. Ein Längsband und zwei Schulterflecke lassen sich meist nur bei Jungfischen erkennen. Auf der Schwanzwurzel ein dunkler Fleck, der nach vorne von einer helleren Zone begrenzt wird. Zwischen den Geschlechtern bestehen keine größenmäßigen und farblichen Unterschiede. Laichreife Weibchen haben eine etwas rundlichere Körperform. Zucht in entsprechend großen Aquarien (mindestens 100 l) nicht schwer und auch in mittelhartem Wasser möglich. Die am sechsten Tage nach dem Ablaichen frei schwimmenden Jungfische können mit Artemianauplien angefüttert werden.

**Moenkhausia pittieri** Eigenmann, 1920
Brilliantsalmler
Vorkommen: Venezuela (Valenciasee).
Länge: bis 6 cm.
Körperform: Nur mäßig gestreckt und beim ausgewachsenen Fisch ziemlich hochrückig und seitlich stark zusammengedrückt. Verhältnis von Körperhöhe zu Körperlänge etwa 1:2,2. Beim ausgewachsenen Männchen sind Schwanz- und Afterflosse, wie auch die Bauchflossen, stark vergrößert und die Rückenflosse ist fahnenartig ausgezogen. Grundfärbung gelblich-silberfarbig. Ausgewachsene Männchen erscheinen wie mit Brillantsplittern übersät. Im auffallenden Licht äußerst eindrucksvoll. Im Schwarm gehalten, liefern sich die Männchen häufig harmlose Scheinkämpfe, bei denen sie in ihren schönsten Farben erstrahlen. Da diese Art als Jungfisch im Händleraquarium unscheinbar grau aussieht, wird sie leicht übersehen und ist daher heute als Aquarienfisch nicht mehr so häufig zu finden. Unzweifelhaft ist sie jedoch einer der schönsten Salmler überhaupt und anspruchslos wie wenige andere. Zucht einfach und auch in härterem Wasser möglich.

**Moenkhausia sanctaefilomenae** (Steindachner, 1907)
Rotaugen-Moenkhausia
Vorkommen: Südlicher Teil des Amazonasbeckens und Einzugsbereich des Rio Paraguay.
Länge: bis 4,5 cm.
Wurde Anfang der fünfziger Jahre erstmalig eingeführt und ist heute die am häufigsten als

Aquarienfisch gehaltene Art der Gattung. In der Körperform gestreckter als die vorherige Art und an *M. oligolepis* erinnernd. Die silberglänzende Grundfärbung erstreckt sich über den ganzen Körper und ist nur auf dem Rücken etwas dunkler. Dunkel markierte Schuppenränder bilden ein Netzmuster. Quer über die Schwanzwurzel läuft ein tiefschwarzes Querband. Augeniris rot. Die Unterscheidung der Geschlechter ist nicht ganz einfach, da die Geschlechtsunterschiede sich auf eine etwas rundere Körperform beim Weibchen beschränken. Ein anspruchsloses Fischchen, das im Schwarm gehalten sehr eindrucksvoll wirkt und am besten bei auffallendem Licht zur Geltung kommt. Zucht mit Sicherheit in einem Wasser mit einer Gesamthärte von 12°dH möglich, eventuell auch in noch härterem Wasser.

Andere *Moenkhausia*-Arten, die vereinzelt eingeführt worden sind, sich aber, soweit bekannt, bisher im Aquarium noch nicht vermehrt haben, sind:

**Moenkhausia comma** (Eigenmann, 1908), eine bis 8 cm lang werdende Art aus dem Amazonasbecken, die *M. oligolepis* ähnlich ist,

**Moenkhausia colletii** (Steindachner, 1882), eine kleine, nur 3 cm lang werdende und gelblich durchscheinend wirkende Art, die ebenfalls aus dem Amazonasbecken kommt, sowie

**Moenkhausia intermedia** (Eigenmann, 1908), eine schlanke, etwa 5 cm lang werdende Art, die in ihrem Aussehen eher einer *Hasemania*-Art gleicht und in weiten Gebieten von Guyana bis nach dem südlichen Brasilien verbreitet ist.

**Gattung Nematobrycon** Eigenmann, 1911

Nur zwei Arten, welche beide beliebte Aquarienfische sind. Typisch für sie ist neben der fehlenden Fettflosse, die eigentümlich geformte Schwanzflosse. Diese ist gleichmäßig bogenförmig eingeschnitten und mitten aus dem nach innen gewölbten Bogen ragen in der Mitte die zu einer Spitze ausgezogenen mittleren Strahlen heraus. Außer dem als Aquarienfisch schon lange gehaltenen Kaisertetra *(Nematobrycon palmeri)* wurde während der letzteren Jahre eine zweite Art im Handel angeboten.

Diese Fische wurden fälschlich mitunter als *Nematobrycon amphiloxus* bzw. als *Nematobrycon palmeri amphiloxus* gehandelt. Nach Géry ist jedoch *Nematobrycon amphiloxus* (Henn und Wilson, 1914) ein Synonym von *N. palmeri.* Bei diesen Fischen handelt es sich um eine andere Art, nämlich um *Nematobrycon lacortei.* Die beiden *Nematobrycon*-Arten sind nahe miteinander verwandt, leben aber in der Natur offenbar in getrennten Vorkommensgebieten. Nach vorliegenden Angaben kommt *N. lacortei* lediglich in einem begrenzten Teil des Rio San-Juan-Beckens vor, dessen Gewässer nicht in Verbindung mit den Vorkommensgebieten von *N. palmeri* stehen. Nachweislich lassen sich beide Arten kreuzen und da eine Bastardierung unerwünscht ist, sollten diese Arten getrennt gehalten werden.

**Nematobrycon lacortei** Weitzman und Fink, 1971

Vorkommen: Wie in der Gattungsbeschreibung angegeben.

Länge: bis 5 cm.

Grundfärbung oberseits braungrau, nach den Seiten hin in hell-blaugrau übergehend. Längs der Körpermitte ein blau-grünlich schimmerndes Längsband, dem sich nach unten eine breitere dunkle Zone anschließt, die zum Bauch hin wieder heller wird. Schwanzflosse an der Basis rötlich, Afterflosse unten mit einem dunklen Streifen, der nach außen von einem gelben Saum abgeschlossen wird. Zucht nicht schwierig, doch wenig produktiv. Die Eier werden einzeln in den Pflanzen abgesetzt und die Laichabgabe erfolgt fortlaufend über eine längere Periode. Am ehesten erfolgversprechend ist die Vermehrung im Daueransatz. Jungfische können sofort mit Artemianauplien angefüttert werden. Zuchttemperatur 23–26 °C.

**Nematobrycon palmeri** Eigenmann, 1911
Kaisertetra
Vorkommen: Einzugsgebiet des Rio San Juan in Kolumbien.
Länge: bis 6 cm.
In der Körperform der vorherigen Art sehr ähnlich. Grundfärbung oberseits grünlichbraun, im auffallenden Licht stark irisierend. Ein helles, blaugrün schimmerndes Längsband zieht sich vom Auge bis zur Schwanzwurzel. Unter diesem Längsband befindet sich eine breite dunkelbraune Zone. Diese beginnt am Unterkiefer und reicht nach hinten bis in die verlängerte Spitze der Schwanzflosse hinein. Nach unten zum Bauch hin ist diese Zone jedoch nicht scharf abgegrenzt. Flossen, mit Ausnahme der Brustflossen, gelblich. Die Afterflosse hat unten einen roten Rand, der nach außen von einem schwefelgelben Saum abgeschlossen wird. Augeniris meist grünlich, doch kommen auch Fische mit roter Iris vor. Diese Art ist überhaupt farbmäßig sehr variabel und außerdem kann die Färbung auch von der Stimmung abhängig sein.
Untereinander sind die Männchen oft unverträglich, und wenn man mehrere in einem großen Aquarium hält, so kommt es nicht selten zu einer Revierbildung. Da die ausgewachsenen Männchen die Grenzen ihres Revieres nicht nur gegenüber der eigenen Art verteidigen, sondern häufig auch anderen Fischen gegenüber, können sie im Gesellschaftsaquarium bisweilen sehr störend und unverträglich auftreten.
Vermehrung wie bei der vorherigen Art. Zucht in Wasser bis zu einer Gesamthärte von 10 °dH nachweisbar möglich.

**Gattung Tetragonopterus** Cuvier, 1817
Nur vier bekannte Arten von kurzem, hohem und seitlich stark abgeplattetem Körperbau. Zwei Arten werden mitunter als Aquarienfische angeboten. In früheren Jahren wurde zumindest eine Art häufiger im Aquarium vermehrt. Heute stammen im Handel angebotene Fische meist aus Freilandzuchten aus Südostasien oder Florida.

**Tetragonopterus argenteus** Cuvier, 1818
Vorkommen: Vom unteren Amazonasgebiet bis zum Einzugsbereich des Rio de La Plata.
Länge: bis 10 cm.
Körperform hoch und seitlich zusammengedrückt, Verhältnis von Körperhöhe zu Körperlänge etwa 1:2. Grundfärbung auf dem Rücken grünolivfarben, nach den Seiten hin silberglänzend. Bauchflossen hellrot, Afterflosse rötlich. Auf der Schwanzwurzel ein großer schwarzer Fleck. Nur für größere Aquarien geeignet.

**Tetragonopterus chalceus** Agassiz, 1829
Schillersalmler
Vorkommen Guyana, Surinam und Guiana.
Länge: bis 12 cm.
In der Körperform der vorigen Art ähnlich, doch ist *T. chalceus* als Jungfisch von etwas gestreckterer Körperform. Ältere Exemplare werden jedoch genau so hochrückig wie *T. argentus*. Auch in der Grundfärbung der vorherigen Art ähnlich, doch ohne Rot in den Flossen. Junge Fische haben auf der Schulter zwei dunkle Flecken, die mit zunehmendem Alter

---

**Oben:** Sternflecksalmler *(Pristella maxillaris)*, Männchen links, Weibchen rechts.
**Unten links:** Kardinalsalmler oder Roter Neon *(Paracheirodon axelrodi)*.
**Unten rechts:** Purpurkopftetra *(Petitella georgiae)*.

verschwinden. Ein dunkler Fleck auf der Schwanzwurzel kann vorhanden sein, es kommen aber auch Exemplare (lokale Populationen?) vor, bei denen der Schwanzfleck fehlt. In seinem Fortpflanzungsverhalten soll diese Art dem Trauermantelsalmler *(Gymnocorymbus ternetzi)* ähnlich sein.

**Gattung Thayeria** Eigenmann, 1908
Eine kleine Gattung, die nur drei, eventuell vier Arten umfaßt. In ihrem Aussehen und ihrem Verhalten sind diese so charakteristisch, daß sie kaum mit irgendwelchen anderen Fischen zu verwechseln sind. Ihre Körperform ist spindelförmig und seitlich abgeplattet. Der basale Teil der Schwanzflosse ist beschuppt. Der untere Schwanzflossenlappen ist größer als der obere. Fettflosse vorhanden. Besonders typisch ist die Körperhaltung im Ruhezustand und beim langsamen Schwimmen. Die Fische stehen, bzw. bewegen sich mit dem Kopf schräg nach oben, so daß ihre Körperachse im Verhältnis zum Wasserspiegel einen Winkel von 35–45° bildet. Nur wenn sie schnell schwimmen, nehmen sie eine waagerechtere Schwimmhaltung ein. Nach Géry ist *Thayeria santaemariae* (Ladiges, 1951) möglicherweise nur ein Synonym von *Thayeria obliqua.*

**Thayeria boehlkei** Weitzmann, 1957
Vorkommen: Peruanischer Teil des Amazonasbeckens.
Länge: bis 6 cm.
Nachdem diese Art 1935 erstmalig lebend eingeführt wurde, ist sie lange fälschlich als *Thayeria obliqua* bezeichnet worden. Ältere Publikationen unter diesem Namen in der aquaristischen Literatur beziehen sich auf *T. boehlkei.* Grundfärbung auf dem Rücken braungrünlich, nach den Seiten hin in gelbgrünlich übergehend und mit starkem Silberglanz. Ein breites schwarzes Längsband zieht sich von Kiemendeckelrand bis zur Schwanzwurzel, setzt sich von dort im Winkel fort und geht bis zur Spitze des unteren Schwanzflossenlappens. Im Aquarium kommt dieser Fisch am besten im Schwarm zur Geltung. Bei der Zucht im Aquarium ist folgendes zu beachten: *Thayeria boehlkei* stammt aus sehr weichem Wasser und die Vermehrung ist nur in einem solchen (Gesamthärte bis höchstens 6°dH) möglich. Die Geschlechtsunterschiede sind so unbedeutend, daß sich nur wirklich laichreife Weibchen an der Körperrundung von den Männchen unterscheiden lassen. Anflugnahrung, die im Aquarium in Form von Essigfliegen, Blattläusen und anderen Kleininsekten gereicht wird, begünstigt die Bildung von Geschlechtsprodukten. Da diese Art sehr produktiv ist, und ein ausgewachsenes Weibchen bei einer Laichabgabe bis zu 1000 Eier legen kann, sollte man möglichst große Zuchtaquarien verwenden. In zu kleinen Aquarien kommt es leicht zu einer Verpilzung der Eier. Zuchttemperatur 23–25°C. Jungfische sind mit feinsten Cyclopsnauplien oder Rädertierchen anzufüttern.

**Thayeria obliqua** Eigenmann, 1908
Vorkommen: Mittleres Amazonasgebiet.
Länge: bis 8 cm.
In Färbung und Körperform der vorherigen Art ähnlich. Der untere Schwanzflossenlappen ist jedoch bei ihr noch mehr verlängert als bei *T. boehlkei.* Das dunkle Längsband beginnt als dünner Strich etwa auf der Körpermitte, wird nach hinten breiter und winkelt in den unteren Schwanzflossenlappen ab. Diese Art ist schon wiederholte Male eingeführt

---

**Oben:** *Erythrinus erythrinus,* einer der urtümlichsten und primitivsten Salmler.
**Unten:** *Nannostomus marylinae,* eine nur selten importierte Art. Der obere Fisch ist ein Männchen. Auf seinem Schwanzstiel läßt sich die winzige Fettflosse, ein Charakteristikum dieser Art, erkennen.

worden, hat sich aber bisher wahrscheinlich noch nicht im Aquarium vermehrt.

## Unterfamilie Cheirodontinae

Systematisch lassen sich die Gattungen und Arten dieser Unterfamilie häufig nicht exakt gegen die Tetragonopterinae abgrenzen. Manche der heute bei den Cheirodontinae geführten Gattungen wurden füher den Tetragonopterinae zugerechnet. Die morphologischen und anatomischen Merkmale, die von verschiedenen Systematikern zur Unterscheidung herangezogen worden sind, sagen wenig – wenn überhaupt etwas – über die stammesgeschichtlichen Zusammenhänge bzw. den Verwandtschaftsgrad der einzelnen Arten untereinander aus. Wie schwierig die Grenzziehung offenbar ist, bzw. wie verschieden selbst die Fachleute die unterscheidenden Merkmale deuten – bzw. gedeutet haben –, sei hier an einem praktischen Beispiel gezeigt. Dieses Beispiel betrifft einige Fische, die jedem Aquarienfreund ein Begriff sind.

Der Neontetra wurde von Myers 1936 als *Hyphessobrycon innesi* (= Tetragonopterinae) beschrieben, später u. a. von Géry zur Gattung *Paracheirodon* (= Cheirodontinae) gestellt. Der Kardinaltetra oder Rote Neon wurde 1955 zunächst fast gleichzeitig unter zwei verschiedenen Namen beschrieben und zwei verschiedenen Gattungen zugerechnet. Schultz beschrieb ihn als *Cheirodon axelrodi* (= Cheirodontinae), Myers und Weitzman als *Hyphessobrycon cardinalis* (= Tetragonopterinae). Der sogenannte „Falsche Neontetra" wurde 1963 von Géry als *Hyphessobrycon simulans* (Tetragonopterinae) beschrieben. In einer neuen Bearbeitung stellen Weitzman und Fink 1983 die drei genannten Arten zusammen in die Gattung *Paracheirodon* (= Cheirodontinae). Wie wenig derartige Einteilungen über den Verwandtschaftsgrad aussagen, geht aus folgendem hervor. In seiner Aufstellung führt Géry unter anderen auch die Gattung *Megalamphodus* bei den Cheirodontinae. Genetisch steht, wie Kreuzungsversuche gezeigt haben, diese Gattung manchen *Hyphessobrycon*-Arten (= Tetragonopterinae) so nahe, daß Kreuzungen zwischen Arten aus diesen beiden Gattungen, also nicht nur über Gattungsgrenzen, sondern auch über die Unterfamiliengrenze hinweg, möglich sind. Nach Untersuchungen von S. Frank (1977) ist *Megalamphodus megalopterus* mit *Hyphessobrycon callistus* kreuzbar.

Der Aquarienfreund tut also gut daran, der ganzen Unterfamilienaufteilung keine allzu große Bedeutung zuzumessen. Für den praktischen Gebrauch begnügt man sich am besten lediglich mit den Gattungs- und Artnamen.

## Gattung Cheirodon Girard, 1854

Umfaßt insgesamt ca. 25 Arten kleinerer Fische von langgestrecktem und seitlich abgeflachtem Körperbau. Eine Fettflosse ist immer vorhanden, und die fast gleichmäßig gewölbte Bauch- und Rückenlinie gibt ihrer Körperform ein harmonisches Aussehen. Mehrere Arten wurden bereits in den zwanziger und dreißiger Jahren eingeführt und auch in größeren Mengen im Aquarium vermehrt, sind aber seit Jahrzehnten wieder verschwunden. Diese Arten, wie z. B. **Cheirodon interruptus** (Jennys, 1842) aus Uruguay und **Cheirodon piaba** (Lütken, 1874) aus dem Mündungsgebiet des Amazonas und dem Einzugsgebiet des Rio de La Plata, waren harte und leicht zu vermehrende Fische, die sich aber in ihrem Aussehen kaum von kleineren Weißfischen unterschieden. Neuerdings ist jedoch aus dieser Gattung die folgende Art importiert worden.

**Cheirodon parahybae** (Eigenmann, 1915)
Vorkommen: Einzugsgebiet des Rio Paraiba im südöstlichen Brasilien.
Länge: bis 4,5 cm.
Grundfärbung fast durchscheinend gelblich, im auffallenden Licht mit bläulichem Glanz.

Auf der Schwanzwurzel ein runder schwarzer Fleck. Über Nachzuchten im Aquarium ist bisher nichts bekannt geworden.

**Gattung Megalamphodus** Eigenmann, 1915
Eine Gattung, die der Gattung *Hyphessobrycon* sehr nahe stehen dürfte. Die Körperform der *Megalamphodus*-Arten erinnert stark an die *Hyphessobrycon*-Arten der bentosi- und callistus-serpae-Gruppen. Wie schon in der Beschreibung der Unterfamilie erwähnt, gelang es, *Hyphessobrycon ornatus* (heute *H. bentosi bentosi)* mit *Megalamphodus megalopterus* zu kreuzen. Die Kreuzungsnachkommen stellten einen zwischen beiden Ausgangsarten stehenden Erscheinungstyp dar (intermediärer Ergang). Auch wenn diese Bastarde mit größter Wahrscheinlichkeit nicht fortpflanzungsfähig sind, so spricht doch die Bastardierungsmöglichkeit für eine nahe Verwandtschaft. Damit ist auch die systematische Stellung der Gattung, einschließlich des Gattungsstatus, in Frage gestellt. Als ausgewachsene Fische unterscheiden sich die *Megalamphodus*-Arten von den genannten *Hyphessobrycon*-Arten durch etwas stärker vergrößerte Rücken- und Afterflossen. Das durch diese großen Flossen bedingte Aussehen brachte ihnen den deutschen Namen „Phantomsalmler" ein. In ihren Fortpflanzungsverhalten stimmen sie mit den *Hyphessobrycon*-Arten überein. Insgesamt zählt die Gattung etwa zehn Arten, von denen bisher zwei als Aquarienfische Verbreitung gefunden haben.

**Megalamphodus megalopterus** Eigenmann, 1915
Schwarzer Phantomsalmler
Vorkommen: Einzugsgebiet des Rio Guapore (Zentralbrasilien).
Länge: bis 4,5 cm.
Die Körperform erinnert an die von *Hyphessobrycon callistus,* nur sind beim ausgewachsenen Männchen des Phantomsalmlers Rücken und Afterflosse größer. Die Rückenflosse ist beim ausgewachsenen Männchen fahnenartig verlängert und die Afterflosse vorne zu einer Spitze ausgezogen. Ausgewachsene Fische, die sich wohlfühlen, zeigen einen deutlichen farblichen Geschlechtsdimorphismus. Die Grundfärbung ist bei Männchen hellgrau, mit einer blau-lilaartigen Tönung. Das Weibchen hat eine mehr rötliche Grundfärbung. Beim Männchen haben Rücken-, Schwanz- und Afterflosse schwarze Ränder und im Erregungszustand, z. B. beim Paarungsspiel oder bei Revierkämpfen, werden sie vollständig schwarz. Beim Weibchen sind Rücken- und Schwanzflosse grau, Bauchflossen und Afterflosse rot. Beide Geschlechter haben einen großen quergestellten Schulterfleck, der außen von einer hellen Zone umgeben ist. Die Färbung der Art ist jedoch nicht ausschließlich von der Stimmung abhängig, denn unter den im Aquarium nachgezüchteten Stämmen kommen außerdem beträchtliche Farbabweichungen vor. Die Vermehrung ist in Wasser mit einer Gesamthärte von bis zu 6°dH nicht schwer.

**Megalamphodus sweglesi** Géry, 1961
Roter Phantomsalmler
Vorkommen: Oberes Amazonasgebiet.
Länge: bis 4 cm.
In der Körperform der vorigen Art ähnlich, aber von gelb-rötlicher Grundfärbung bei beiden Geschlechtern. Flossen beim ausgewachsenen Männchen nicht so stark vergrößert wie bei der vorigen Art, und außen von blutroter Färbung. Schulterfleck groß und nicht so langgestreckt wie bei *M. megalopterus,* sondern runder oder dreieckig. Auch bei dieser Art kommen unter den im Aquarium nachgezüchteten Stämmen etwas unterschiedliche Typen vor. Bei manchen hat die Rückenflosse im oberen Teil einen schwarzen Fleck, der nach oben von einem weißen Saum abgeschlossen wird, bei anderen ist die ganze Rückenflosse

rot. Etwas empfindlicher als der schwarze Phantomsalmler und nicht so leicht zu vermehren wie dieser.

**Gattung Paracheirodon** Géry, 1961

Diese Gattung umfaßt nach den Untersuchungen von Weitzman und Fink (1983) drei Arten von Neonfischen. Kennzeichnend für diese Fische sind ihre kräftigen blau und rot leuchtenden Signalfarben. Als Aquarienfische gehören zwei von ihnen zu den beliebtesten Aquarienfischen überhaupt. Bei der Hälterung sind sie gegenüber härterem Wasser nicht direkt empfindlich und lassen sich auch in solchem Wasser halten. Ihre Zucht ist jedoch nur in sehr weichem Wasser möglich.

Im Aquarium kommen Neonfische am besten zur Geltung, wenn sie in größerer Anzahl gehalten werden. Als Bewohner von Regenwaldgewässern und nicht selten Schwarzwasserbiotopen, sagt ihnen allzu starke Beleuchtung nicht zu. In bezug auf die Ernährung stellen sie keine größeren Ansprüche und fressen außer kleineren lebenden Futtertierchen auch Ersatzfutter jeder Art. Für ihre Vermehrung gilt folgendes: *P. innesi* läßt sich nachweislich in Wasser vermehren, dessen Gesamthärte 5°dH nicht übersteigt; Zuchttemperatur 20–22°C. Für *P. axelrodi* sollte die Härte des Wassers möglichst 3°dH nicht übersteigen; Zuchttemperatur 24–25°C. Über die Vermehrung von *P. simulans* liegen bisher nur wenige Angaben vor, die bei der Artbeschreibung erwähnt sind. Zuchtaquarien und alles Zubehör, welches mit dem Wasser des Zuchtaquariums in Kontakt kommt, wie z. B. Heizer, Luftleitungen oder Ausströmer, sind vor der Anwendung gründlich zu reinigen. Laichpflanzen werden sorgfältig von toten Teilen befreit und ebenfalls gründlich ausgewaschen. Der Zuchtansatz erfolgt paarweise in abgestandenem Frischwasser. Zuchtaquarien werden nur ganz schwach beleuchtet, da bei stärkerer Beleuchtung die Laichabgabe häufig überhaupt nicht zustande kommt. Bei den genannten Temperaturen schlüpfen die Larven nach 24–30 Stunden. Die am fünften bis sechsten Tage nach dem Ablaichen frei schwimmenden Jungfische werden am besten mit feinsten Cyclopsnauplien oder mit Rädertierchen angefüttert. Unter der Voraussetzung, daß es sich um Artemia von der kalifornischen Küste handelt, lassen sich auch Artemianauplien verwenden; Nauplien von Artemia aus anderen Gebieten sind häufig zu groß. Die Jungfische von *P. axelrodi* sind etwas größer als die von *P. innesi.*

**Paracheirodon axelrodi** Schultz, 1956

Kardinalsalmler oder Roter Neon

Synonym: *Cheirodon axelrodi* (Schultz, 1956), *Hyphessobrycon cardinalis* (Myers und Weitzman, 1956).

Vorkommen dieser Art sind aus den linken Nebenflüssen des Rio Negro, aus dem oberen Orinocogebiet und aus dem westlichen Kolumbien bekannt. Der umfangreiche Fang, Handel und Transport dieser Fische haben dazu geführt, daß entkommene Fische in Gewässer gelangt sind, in denen sie ursprünglich nicht heimisch waren. Heute wird diese Art bisweilen in der Nähe von Sammelstationen und Umschlagplätzen in Brasilien und Venezuela angetroffen. Die meisten bekannten ursprünglichen Fundstellen sind Schwarzwasserbiotope, jedoch kommt der Kardinalsalmler stellenweise auch in Klarwasser vor. Obwohl die Zucht dieser Art im Aquarium durchaus möglich ist, sind die meisten in Westeuropa gehandelten Fische dieser Art Importe aus südamerikanischen Gewässern.

Länge: bis 5 cm.

Färbung auf dem Rücken grüngrau. Darunter läuft von der Schnauzenspitze durch das Auge, etwas oberhalb der Körpermitte, ein leuchtend blaues Band bis zum oberen Teil des Schwanzstieles. Nach unten schließt an dieses Band eine breite leuchtend kardinalrote Zone an, die fast die ganze untere Körperhälfte umfaßt. Lediglich der vordere Teil des Bauches ist gelblich weiß. Die Geschlechter lassen sich lediglich an der etwas rundlicheren Körperform bei ausgewachsenen Exemplaren unterscheiden.

**Paracheirodon innesi** (Myers, 1936)
Neontetra
Synonym: *Hyphessobrycon innesi* (Myers, 1936).
Vorkommen sind aus Zuläufen des oberen Amazonas bekannt, insbesondere aus den Einzugsgebieten des Rio Putumayo und Rio Puru.
Länge: bis 4 cm.
In der Körperform etwas kompakter als die vorherige Art. Besonders die Weibchen sind bei *P. innesi* bedeutend runder in der Körperform und leicht von den schlankeren Männchen zu unterscheiden. Bei *P. innesi* reicht das blaue Band von der Schnauzenspitze bis zu einem Punkt an der Rückenlinie dicht vor der Fettflosse. Die darunter liegende rote Zone deckt den unteren Teil des Hinterkörpers nur bis etwa zur Bauchmitte. Die meisten heute in Westeuropa und USA gehandelten Neontetras stammen aus ostasiatischen Zuchten.

**Paracheirodon simulans** (Géry, 1963)
Falscher Neontretra
Synonym: *Hyphessobrycon simulans* (Géry, 1963).
Vorkommen: Im Einzugsgebiet des Rio Jufari und Tupari (beide Nebenflüsse des Rio Negro).
Länge: bis 4 cm, Männchen kleiner und erheblich schlanker als Weibchen.
Eine bisher nur selten eingeführte Art. In ihrer Farbkombination den vorherigen Arten ähnlich, doch nicht mit ganz so intensiv leuchtenden Farben – daher der Name Falscher Neon. Vom Auge bis zum oberen Teil der Schwanzwurzel läuft entlang der Körpermitte ein leuchtend blaues Band, welches nach oben und unten scharf begrenzt ist. Die darunter liegende rote Zone ist blasser rot als bei den vorherigen Arten und deckt etwa die hintere untere Bauchhälfte. Die vordere Bauchhälfte ist gelblich-weiß. Angaben, daß die Vermehrung dieser Art nur in extrem weichem Wasser (unter 2°dH) möglich sei, stimmen nicht. Bei mir kamen die Eier dieser Art in einem Wasser zum Schlüpfen, dessen Gesamthärte 6°dH betrug. Die Aufzucht der sehr kleinen Jungfische erfolgte mit Rädertierchen. Nach bisherigen Erfahrungen nur wenig produktiv.

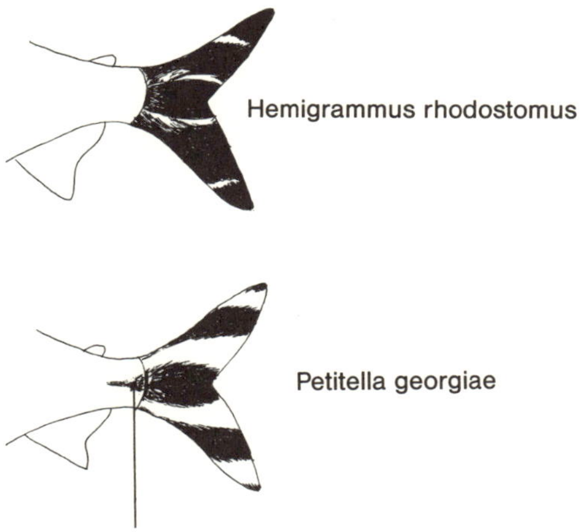


Unterschied zwischen *Hemigrammus rhodostomus* und *Petitella georgiae*

**Gattung Petitella** (Géry und Boutière, 1964)
Eine monotypische Gattung mit folgender Art:

**Petitella georgiae** Géry und Boutière, 1964
Purpurkopftetra
Vorkommen: Rio Huallaga, ein Nebenfluß des Amazonas, der oberhalb von Iquitos in den Hauptstrom ausmündet.
Länge: bis 5 cm.

Im Aussehen *Hemigrammus rhodostomus* äußerst ähnlich und oft mit diesem verwechselt. Unterschiede zwischen diesen Arten gehen aus der Abb. (S. 165) hervor. Körperform langgestreckt und schlank. Verhältnis von Körperhöhe zu Körperlänge 1:4. Maul und oberer Kopf leuchtend purpurrot. Grundfärbung des Körpers oberseits grünlich, nach den Seiten hin silberfarben und mit starkem Glanz. Auf der Schwanzwurzel oben, in der Mitte, und unten ein kurzer schwarzer Strich. In der Schwanzflosse werden drei dunkle Felder von vier längsgehenden weißen Binden begrenzt. Der Purpurkopftetra stammt aus Schwarzwasserbiotopen und kommt im Aquarium am besten im Schwarm bei etwas abgeschirmter Beleuchtung zu seinem Recht. Seine Nachzucht im Aquarium ist im weichen Wasser bereits gelungen.

**Gattung Phoxinopsis** Regan, 1907

Eine aus nur zwei Arten bestehende Gattung sehr kleiner Fische, die aus schnell strömenden Gewässern stammen. Eine dieser Arten ist schon häufiger eingeführt worden, konnte aber obwohl ihre Zucht gelang, in unseren Aquarien keine Verbreitung finden. Aus nicht näher geklärter Ursache degenerierten die Aquariennachzuchten schnell und vermehrten sich nach einigen Generationen nicht mehr. Da diese Art in der älteren deutschen Aquarienliteratur als Aquarienfisch genannt wird, sei sie auch hier kurz erwähnt, da eine erneute Einführung wünschenswert wäre.

**Phoxinopsis typicus** Regan, 1907

Nach Géry ist diese Art wahrscheinlich identisch mit *Spintherobolus broccae* (Myers, 1925); in der deutschen Aquarienliteratur als *Phoxinopsis broccae* (Myers, 1925) bekannt. Beide Namen sind somit wahrscheinlich Synonyme von *P. typicus*.

Vorkommen: Angeblich wurden die in früheren Jahren importierten Fische in schnellfließenden Wasserläufen in der Umgebung von Rio de Janeiro gefangen.

Länge: bis 3 cm.

Keine Fettflosse. Grundfärbung hellbraun bis gelblich. Nach den Körperseiten hin weißgelblich und mit starkem Silberglanz. Zwei dunkelbraune Längsbinden, eine vom Kiemendeckel bis in die Schwanzflosse laufend, die zweite entlang des Bauches vom Brustflossenansatz bis zum hinteren Ansatz der Afterflosse. Flossen mit Ausnahme der Brustflossen gelblich.

**Gattung Pristella** Eigenmann, 1908

Nur eine Art, die schon seit vielen Jahren zum „eisernen Bestand“ der Aquarienfische gehört.

**Pristella maxillaris** (Ulrey, 1894)

Sternflecksalmler

Synonym: *Pristella riddlei* (Meek, 1907).

Vorkommen: Venezuela, Guyana, Surinam, Guiana und unteres Amazonasgebiet.

Länge: bis 4 cm.

Körperform hoch und seitlich zusammengedrückt. Bei durchscheinendem Licht wirkt der ganze Fisch fast durchsichtig. Bei auffallendem Licht auf dem Rücken gelblich-braun, nach den Seiten hin gelblich und mit starkem silbrigen Glanz. Die Zeichnung der Rückenflosse ist charakteristisch und hat eine Schlüsselfunktion für den Schwarmzusammenhalt (siehe S. 28). Die Rückenflosse ist an ihrer Basis durchscheinend, darüber folgt ein großer schwarzer Fleck, dem sich die weiße Spitze anschließt. Sobald sich die Fische beunruhigt fühlen, führen sie mit dieser „Signalflagge“ zuckende Bewegungen aus. Die Afterflosse ist an der Basis ebenfalls durchscheinend, an die durchsichtige Zone schließt sich ein gelber und danach ein schwarzer Fleck an, und die äußerste Spitze ist weiß. Schwanzflosse rot. Das Zeichnungsmuster brachte dieser Art noch einen zweiten deutschen Namen ein: stellenweise wird er treffend „Wasserstieglitz" genannt. Ein anspruchsloses und dankbares Schwarmfischchen, das leicht zu halten und vermehren ist. Stellt bei der Zucht keine besonderen Anforderungen an die Wasserbeschaffenheit. Beim Zuchtansatz muß jedoch auch bei dieser Art auf gute Wasserhygiene geachtet werden. Zuchttemperatur 23–26 °C. Jungfische können sofort mit Artemianauplien angefüttert werden.

# Literaturverzeichnis

Nachstehend sind neben wissenschaftlichen Standardwerken und aquaristischen Fachbüchern auch eine Anzahl von Arbeiten aus deutschsprachigen Fachzeitschriften aufgeführt. Bei der Auswahl dieser Arbeiten wurde besonderer Wert auf Arbeiten gelegt, die sich mit grundlegenden Verhaltensweisen salmlerartiger Fische, speziellen Zuchtbedingungen, Nachzuchten seltener oder schwer züchtbarer Arten, Erstnachzuchten u. ä. befassen. Dabei werden für die betreffenden Fachzeitschriften folgende Abkürzungen angewandt:

| | |
|---|---|
| DATZ | „Die Aquarien und Terrarienzeitschrift“ (Reimar Hobbing Verlag GmbH, Essen) |
| AM | „Aquarienmagazin“ (Kosmos Verlag, Stuttgart) |
| AT | „Aquarien Terrarien“ (Urania Verlag, Leipzig/Jena/Berlin) |
| W | „Wochenschrift für Aquarien und Terrarienkunde“ (Verlag Gustav Wenzel & Sohn, Braunschweig) |
| TI | „TI international“ (Tetra-Verlag, Melle) |

Ältere Jahrgänge dieser Zeitschriften stehen Aquarienfreunden in der Regel in den Vereinsbüchereien zur Verfügung. Von einer Aufnahme wissenschaftlich-taxonomischer Spezialarbeiten in das Literaturverzeichnis wurde abgesehen, da sich solche Arbeiten oft nur mit großem Aufwand beschaffen lassen und für den Aquarienfreund oft nur von begrenztem Wert sind.


Adolf, A.: Sind Beilbauchfische keine typischen Oberflächenfische? DATZ 1985, S. 210 und S. 243.

Arnold, J. P. und Ahl, E.: Fremdländische Süßwasserfische. Gustav Wenzel u. Sohn, Braunschweig 1936.

Berkenkamp, H. O.: Unsere Beilbauchfische. AM 1972, S. 196.

Boulenger, G. A.: Catalogue of the Fishes of Afrika. British Museum, London 1916.

Böhm, O.: Dreimal Kaisertetras. AM 1979, S. 478.

– Der „schwarze Flaggensalmler“ *Hyphessobrycon herbertaxelrodi.* DATZ 1968, S. 162.

– Gelungene Nachzucht des Eidechsensalmlers *Iguanodectes spilurus.* TI 1985, S. 12.

Breider, H.: Vom Eierlegenden zum Lebendgebärenden. W. 1949, S.152.

Brünner, G., Frank, S. u. a. (Autorenkollektiv): Kosmos-Handbuch Aquarienkunde: das Süßwasseraquarium, 4. Aufl. Kosmos Verlag, Stuttgart 1983.

Dünnebier, F.: Die Zucht des Scheibensalmlers *Metynnis schreitmuelleri* (Ahl). AT 1958, S. 273.

Eigenmann, C. H.: The American Characidae. Mem. Mus. Comp. Harvard Coll., Cambridge/USA 1918.

Eigenmann, C. H. and Allen, W. R.: Fishes of western South America. Kentucky Univ., Lexington/Kentucky 1942.

Ellis, J.: *Hemigrammus hyanuary* (Durbin, 1918) – der grüne Neon oder Costello. DATZ 1980, S. 124.

– Der Spritzsalmler, *Copella arnoldi* (Regan, 1912). DATZ 1984, S. 123.

– Spitzmaulsalmler – *Nannostomus eques* (Steindachner, 1876). DATZ 1977, S. 268.

– *Thayeria boehlkei,* der Schrägschwimmer. DATZ 1984, S. 220.

Ewald, W.: Fische mit besonderem Schliff: Brillantsalmler. AM 1981, S. 5.

– Im Schwarm wie Silber und Scharlach, Rotflossensalmler Pflege und Zucht. AM 1980, S. 278.

Foersch, W.: Erfolgreiche Zucht von *Nannostomus marginatus.* DATZ 1954, S. 308.

Franke, H. J.: *Chilodus punctatus* (Müller und Troschel, 1845). Studien über die Lebensweise des punktierten Kopfstehers. AT 1963, S. 111.

– Die Gattung *Metynnis,* Betrachtungen über Lebensweise und Fortpflanzungsethologie von *Metynnis rosevelti, Metynnis schreitmuelleri* und *M. species.* AT 1967, S. 151, 188, 224, 270.

– Ein Zaungast: Die Zick-Zack-Copella. AM 1979, S. 298.

– Eine Salmlernovität: Die Dreipunktpyrrhulina (Pflege und Zucht von *Pyrrhulina spilota)* AM 1981, S. 179.

– Der Prachtraubsalmler *Exodon paradoxus.* AT 1979, S. 313.

– Neuland für Salmlerfreunde. Der Pfauenaugenhechtsalmler. AM 1982, S. 20.

– Zur Methodik der rationellen Zucht des Rotflossers. AT 1971, S. 292.
Frank, S.: Haltungs- und Zuchterfahrungen mit Rotschwanzsalmlern *(Prionobrama filigera).* DATZ 1981, S. 386.
– Haltungs- und Zuchterfahrungen mit Rotmaulsalmlern *(Hemigrammus rhodostomus).* DATZ 1981, S. 426.
Frank, S. u. Zukal, R.: Aufzucht in der Intensivstation. Mit Vorsicht zu behandeln, Rathbuns Rotflosser. AM 1982, S. 238.
– Ein Zufallsimport aus dem Mato Grosso, *Inpaichthys kerri.* AM 1970, S. 462.
Friederich, U. u. Volland, W.: Futtertierzucht. Verlag Eugen Ulmer, Stuttgart 1981.
Frey, H.: Zierfisch-Monographien, Band 1: Salmler. Verlag J. Neumann, Radebeul 1971. Das Aquarium von A–Z, 10. Aufl. Verlag J. Neumann, Radebeul 1971.
Fusko, R.: *Neolebias tritaeniatus.* DATZ 1976, S. 40.
Gartner, O.: Meine Erfahrungen bei der Zucht des Neonsalmlers. DATZ 1969, S. 130.
Geisler, R.: Wasserkunde für die aquaristische Praxis. Alfred Kernen-Verlag, Stuttgart 1968.
– Zuchterfolge beim Kopfsteher *Chilodus punctatus.* DATZ 1959, S. 138.
– Im Land des Roten Neon, Biotop von *Cheirodon axelrodi.* AM 1972, S. 64.
Gedaschke, H.: Gelungene Piranha-Zucht im Duisburger Zoo. AM 1971, S. 142.
Géry, J.: Characoids of the world. T. F. H. Publications, Inc., Neptune City 1977.
Gossler, H.: Haltung und Zucht des Scheibensalmlers-*Metynnis schreitmuelleri.* DATZ 1969, S. 98.
Günther, A.: Catalogue of the fishes in the British Museum. London 1858–1870. Facsimile-Neudruck 1937.
Hoedeman, J. J.: *Nannaethiops geissleri,* eine neue Art aus dem Kongo nebst einer Übersicht über die Arten der Sippe Nannaethiopidi. DATZ 1956, S. 259.
– Über die Verbreitung der Hyph. Callistus-Gruppe und die systematische Stellung der sechs Formen. DATZ 1954, S. 109.
– *Hyphessobrycon griemi,* eine farbenprächtige Neuheit der Bifasciatus-Gruppe. DATZ 1957, S. 87.
– Die Nachtfärbung der Nannostomiden. AT 1959, S. 8.
Hoffmann, P.: *Hemigrammus ulreyi,* der Flaggensalmler. DATZ 1986, S. 201.
– *Inpaichthys kerri,* der Königssalmler – seine Pflege und Zucht. DATZ 1980, S. 361.
– Näheres über *Nannostomus espei,* den Barrenziersalmler. DATZ 1986, S. 49.
– Zucht des Rotkopfsalmlers *Petitella georgiae.* DATZ 1977, S. 338.
Holly, M., Meinken, H. und Rachow, A.: Die Aquarienfische in Wort und Bild. Alfred Kernen Verlag, Stuttgart (fortlaufend) seit 1932.
Jonels, A. G.: Notes on fishes from the Gambia River. Kgl. Svenska Vetenskapsakademien, Serie 2, Band 17. Stockholm 1954.
Jordan, D. S. and Everman, B. W.: The Fishes of North and Middle America. Smithonian Institution, Washington 1896.
Kahl, B.: Funkelnde Juwelen: Salmler aus zwei Kontinenten. AM 1971, S. 278.
Kluge, K.: *Neolebias ansorgei,* Fang, Verbreitungsgebiet, Lebensweise. AT 1971, S. 40.
Koslowski, J.: Eine kleine Sensation: Der Britton-Salmler im Aquarium. DATZ 1983, S. 285.
Krafscheck, H.: Die Zucht des Roten Neon *Cheirodon axelrodi.* DATZ 1960, S. 70.
Ladiges, W.: Der Fisch in der Landschaft, 3. Aufl. Alfred Kernen-Verlag, Essen 1984.
Mann, H.: Befruchtungsstoffe bei Fischen. W 1949, S. 36.
Mayland, H. J.: Große Aquarienpraxis, 3 Bände. Landbuch Verlag, Hannover 1978.
Meinken, H.: *Hyphessobrycon heterorhabdus* (Ulrey). Der Dreibandsalmler. W 1950, S. 265.
– *Moenkhausia comma* (Eigenmann, 1908), der Komma-Salmler, ein revierbildender Characide. DATZ 1964, S. 102.
– *Nannaethiops tritaeniatus,* ein hübscher neuer Characide vom Kongo. W 1950, S. 367.
– *Poecilocharax weitzmani,* der Grünpunkt-Tetra. DATZ 1969, S. 71.
Mischke, H.: Pflege und Zucht der Rotaugenmoenkhausia *Moenkhausia sanctaefilomenae.* DATZ 1959, S. 332.
Nieuwenhuizen, A. v. d.: *Anostomus taeniatus* (Kner). DATZ 1958, S. 227.
– Das Paarungsverhalten von *Nannobrycon eques* (Steindachner) und *Nannostomus bifasciatus* (Hoedeman). AT 1958, S. 249.
– *Pyrrhulina laeta.* DATZ 1980, S. 374.
– *Pyrrhulina metae.* DATZ, 1964, S. 34.
Nachstedt, J. und Tusche, H.: Züchterkniffe I–IV. Alfred Kernen-Verlag, Stuttgart 1951.
Ott, G.: Über bestimmte Beuteverhaltungsweisen und Rangordnung beim Langflossensalmler *Bryconalestes longipinnis.*
DATZ 1971, S. 322.
– *Poecilocharax weitzmani* (Géry, 1965). DATZ 1982, S. 41.

– Neonsalmler heißen nur noch *Paracheirodon.* TI 1986, S. 7.
Pfeffer, P.: *Moenkhausia collettii.* Die Organschwanz-Moenkhausia, eine hübsche Neuheit. DATZ 1986, S. 437.
Pinter, H.: Handbuch der Aquarienfischzucht 4. Aufl. Alfred Kernen Verlag, Essen 1983.
– Der afrikanische Einstreifensalmler *(Nannaethiops unitaeniatus).* DATZ 1954, S. 4.
– Die Zucht des Karfunkelsalmlers *Hemigrammus pulcher* (Ladiges). AT 1957, S. 33.
– Die Zucht des Dreistreifen-Ziersalmlers: *Nannostomus trifasciatus* ist kein Problemfisch. AM 1975, S. 271.
– Erkenntnisse bei der Zucht von Problemfischen unter besonderer Berücksichtigung von *Hyphessobrycon innesi.* DATZ 1951, S. 206.
– *Hemigrammus nanus* (Reinhardt, 1824), ein neuer Salmler. DATZ 1953, S. 4.
– Nachzuchten mit dem Kardinalsalmler. DATZ 1960, S. 68.
– *Nannostomus marylinae* (Weitzman u. Cobb, 1975). DATZ 1987, S. 196.
– Planmäßige Zucht von Kongosalmlern. AT 1973, S. 400.
– Praktische Versuche über die wasserchemischen Voraussetzungen für die Entwicklung der Eier bei einigen Characiden. DATZ 1965, S. 206.
– Über die Bedeutung von Befruchtungsstoffen. AT 1957, S. 33.
– Vermehrung von Arnolds Rotaugensalmler – *Arnoldichthys spilopterus* (Boulenger, 1909). AT 1986, S. 68.
Raschka, R.: *Hyphessobrycon socolofi* (Weitzman, 1977), ein neuer Vertreter der Kirschflecksalmler. DATZ 1977, S. 222.
Richter, H. J.: Nachts tragen sie Quergestreiftes. Pflege und Zucht des Ziersalmlers. AM 1974, S. 183.
– Das schwarze Phantom aus Mato Grosso. Pflege und Zucht von *Megalomphodus megalopterus.* AM 1977, S. 38.
Riehl, R. und Baensch, H. A.: Aquarienatlas Bd. 1, 4. Aufl., 1984; Bd. 2, 2. Aufl. 1987, Mergus, Melle.
Riehl, R.: Kleine Fischkunde. Geschlechtsunterschiede bei Salmlern. TI 1985, S. 40.
Rohrbach, K.: *Thayeria obliqua.* W 1949, S. 147.
Roloff, E.: Die Zucht des Neonfisches. W 1949, S. 27.
– Kleine Fische aus Westafrika vom Fang bis zur Zucht im Aquarium. AM 1970, S. 362.
– *Mycrobrycon cochui* (Ladiges, 1949). W 1949, S. 337.
– *Neolebias unifasciatus.* DATZ 1969, S. 68.
Schikirsch, L.: Pflege und Zucht von *Poecilobrycon eques* (Steindachner). DATZ 1954, S. 251.
Schneller, R.: Meine Beobachtungen und Erfahrungen mit dem Karfunkelsalmler *Hemigrammus pulcher.* DATZ 1951, S. 226.
Schultz, H.: Ein Piranha für das Gesellschaftsaquarium. DATZ 1958, S. 298.
– Wie ich den Phantomsalmler fand. DATZ 1959, S. 293.
Stawikowski, R.: Außergewöhnliche Salmler *Parodon* und *Saccodon* aus Ecuador. DATZ 1986, S. 294.
Stallknecht, H.: Der Spritzsalmler – *Copella arnoldi* – 80 Jahre im Aquarium gezüchtet. AT 1985, S. 299.
– Zum Ablaichverhalten des blinden Höhlensalmlers *Anoptichthys jordani* (Hubbs und Innes). AT 1964, S. 53.
Sterba, G.: Süßwasserfische aus aller Welt, 2 Bände. Urania-Verlag, Berlin 1959.
Sterba, G. u. a. (Autorenkollektiv): Lexikon der Aquaristik und Ichthyologie. Editon, Leipzig 1978.
Vogt, D.: *Nannostomus*-Namen. DATZ 1959, S. 65.
– Flaggensalmler oder Dreibandsalmler? DATZ 1975, S. 217.
Weiss, W.: Das gibt es auch: Brutpflegende Salmler und Salmler mit Vorratsbefruchtung. AM 1975, S. 386.
– Das sollen Salmler sein? Ein paar Seiten aus dem Salmler-„Gotha". AM 1980, S. 419.
Wilhelm, H.: Pflege und Zucht des Dreibandsalmlers *Hyphessobrycon heterhorhabdus* (Ulrey). DATZ 1960, S. 162.
Wilkerling, K.: Characidium – Salmler im Schmerlengewand. DATZ 1984, S. 529.
Wolf, K.: Meine Erfahrungen mit dem Dreibinden-Ziersalmler *(Nannostomus trifasciatus).* DATZ 1962, S. 356.
Woynarovich, E. und Kausch, H.: Hypophysierung und Laicherbrütung bei Karpfen. In Vortragsveranstaltung über neue Methoden der Fischzüchtung und -haltung. Selbstverlag Max-Planck-Institut für Kulturpflanzenzüchtung, Hamburg 1967.
Zsilinszky, S.: Zuchterfolge bei *Lamprocheirodon axelrodi,* dem Roten Neon. AT 1965, S. 4.
Zukal, R.: Leibspeise: Der eigene Kaviar. Bei der Ziersalmlerzucht heißt es auf der Hut sein. AM 1971, S. 52.
– Beim Kaisertetra rieseln die Eier spärlich. AM 1971, S. 314.
Zukal, R. und Frank, S.: Geschlechtsunterschiede der Aquarienfische. Landbuch Verlag, Hannover 1979.

# Register

Seitenziffern mit * verweisen auf Farbfotos

# Bildnachweis

A. Kochetow: S. 34 oben rechts, S. 160 oben
J.-E. Larsson: S. 88 oben rechts
J. Meulengracht-Madsen: S. 87 oben

alle übrigen Fotos von Helmut Pinter